智读中国史

趣解盛世、治世与中兴

冯敏飞◎著

中共中央党校出版社

图书在版编目（CIP）数据

智读中国史：趣解盛世、治世与中兴 / 冯敏飞著 .
-- 北京：中共中央党校出版社，2020.9（2021.7 重印）
ISBN 978-7-5035-6893-0

Ⅰ. ①智… Ⅱ. ①冯… Ⅲ. ①中国历史—通俗读物
Ⅳ. ① K209

中国版本图书馆 CIP 数据核字 (2020) 第 177029 号

智读中国史——趣解盛世、治世与中兴

策划统筹 冯 研
责任编辑 王玉兰
版式设计 苏彩红
责任印制 陈梦楠
责任校对 马 晶
出版发行 中共中央党校出版社
地　　址 北京市海淀区长春桥路 6 号
电　　话 （010）68922815（总编室）　（010）68922233（发行部）
传　　真 （010）68922814
经　　销 全国新华书店
印　　刷 北京盛通印刷股份有限公司
开　　本 700 毫米 ×1000 毫米 1/16
字　　数 234 千字
印　　张 16.25
版　　次 2020 年 9 月第 1 版　2021 年 7 月第 2 次印刷
定　　价 52.00 元

网　　址：www.dxcbs. net　**邮　　箱**：zydxcbs2018@163.com
微 信 ID：中共中央党校出版社　**新浪微博**：@ 党校出版社

读史如观荷，只问是否华丽转身（自序）

李白仰天长叹："秦王扫六合，虎视何雄哉！"秦始皇武功盖世，死后犹威震殊俗。不料短短数年，秦崩而楚亡，只比秦始皇小 3 岁的刘邦手提三尺剑清寰海，创业垂基 400 载。相比长寿王朝，秦朝如同一个强壮的小伙子忽然暴病身亡，特别令人喟叹！

《剑桥中国秦汉史》有一节《崩溃的原因》，归纳了秦亡的 5 个原因：一是残暴和剥削严重；二是秦始皇及秦二世不愿纳谏，秦三世子婴则软弱；三是没能吸取历史教训；四是陈胜、吴广起义；五是好大喜功。除此之外，是不是还有其他原因？

从盛世看末世

这些年来，笔者专注中国历史王朝兴衰问题，着重创世、盛世、危世与末世历史四季，全面梳理历史上 43 个盛世（含治世、中兴），剖析 10 余个长寿王朝建国立朝之初，以及十几个王朝的最后 10 年。一系列看下来，有一个词逐渐浮现并明朗化，这就是"华丽转身"。

"华丽转身"是指从一种社会角色形象转变为另一种社会角色形象。转身是改变，华丽则强调这种改与变是朝着积极的、好的、公众认可或期望的方向。引申到政治，就是古人所谓的“皇道开明”，现代所谓的“文明执政”。“天下虽得之马上，不可以马上治”说的也是这个意思。对一个帝王来说，这才是关键。

历史上，不论中外，国家或王朝政权的更替往往伴随着战争杀伐，没有几个来自和平。现代史学名家吕思勉说：“篡弑，也是历代英雄的公罪。”法国历史学家米涅也说：“好事和坏事一样，也是要通过篡夺的方法和暴力才能完成。”夺权之后，才分出统治者的高下。汉人所谓“逆取顺守”，汤武之道也，大致就是这个意思。人类历史就是一部华丽转身之史，那种说远古多美好，厚古薄今，我是不认同的。我觉得读史如观荷，不必纠缠它出身多泥浊，而应当着重看它是否及时“华丽转身”。有些帝王迅速华丽转身，励精图治，即使当时没有形成盛世，也为之后打下了良好的基础，两三代之后步入盛世。更多帝王迟迟不肯“转身”，一根筋走下去，王朝即使没亡在自己手里也坚持不了几代。汉光武帝刘秀、晋武帝司马炎、梁武帝萧衍、隋文帝杨坚、宋太祖赵匡胤、明太祖朱元璋，都是开国即盛世。周成王、宋文帝刘义隆、齐武帝萧赜、唐太宗李世民、后唐明宗李嗣源、清圣祖康熙等，两三代后也开创盛世。所谓中兴，南宋王观国解释为“王道衰而有能复兴者”，从前辈那里接过来的就是“王道衰”的班底，再不“华丽转身”就来不及了。

“开元盛世”如日中天，可就在这时爆发了“安史之乱”。日本讲谈社《中国的历史》分析：“安史之乱从根本上动摇了唐朝的统治根基，使得唐朝处于濒临灭亡的危险境地，然而在不知不觉中，唐王朝却又稳住了阵脚，竟然又延续了一个半世纪的命脉。究其原因，应该说与蕴含在唐朝内部的柔性结构所具有的强韧性有关。”这种蕴含在王朝内部柔性结构中的“强韧性”，就是盛世的结晶。有了这种“强韧性”，唐朝才能够承受住意外打击。而秦统一虽然迅猛，但没有“强韧性”，看似无比坚硬，其实很脆，经得起高压却经不起打击，一打就断。人算不如天算，百密一疏，意外防不胜防。有没有“强韧性”，或者说有没有盛世，以及稳定发展期的长短，决定一个王朝寿命的长短。

从暴君到明君

将一个人物简单标签化，很容易一叶障目。

面对春秋战国礼崩乐坏、烽火连天的局势，许多有识之士挺身而出，积极寻求解救之道，只不过多数人都失败了。秦始皇收拾了那么大的乱局，应该说功莫大焉。

统一之后，秦始皇仍然励精图治。《史记》载："天下之事无小大皆决于上，上至以衡石量书，日夜有呈，不中呈不得休息。"说他大小事都亲自抓，每天要批阅完一石文件才睡觉。当时文件刻在竹简上，一石约为现在的 30 公斤。

《中国历史大事编年》记载了始皇帝的主要作为：公元前 221 年统一六国、定官制、改行郡县制、统一度量衡、收民间兵器铸乐器，公元前 220 年西巡、筑国道，公元前 219 年东巡封禅、凿灵渠，公元前 216 年查核田亩，公元前 215 年伐匈奴，公元前 214 年击南越、筑长城。柏杨"不为君王唱赞歌，只为苍生说人话"，却破例赞秦始皇"做出了几乎比此后两千年大多数帝王所做的总和还要多的事"。

但这一系列大事，对于一个历经几百年战乱之后刚刚统一的国家来说，确实难以承受。史书描述，秦朝时"赭衣塞路，囹圄成市"，惨不忍睹。如果说伐匈奴、击南越、筑长城出于无奈，那么造宫殿和修骊山墓可以暂缓吧？超出实际能力的事，就难免用暴力强制实施了。最糟的是"焚书坑儒"，虽然坑儒存在很多争议，但就像《剑桥中国秦汉史》中所说，"它使后世的文人对秦帝国产生了持久的反感"。

然而，秦始皇显然也有"华丽转身"。他认为"天下共苦战斗不休，以有侯王"，所以从体制上挖掉了诸侯混战的根源。统一度量衡、凿灵渠都关系经济民生；收兵器铸乐器则极富象征意义。深入历史的大街小巷，还可以找到些耐人寻味的细节。秦始皇聘有 70 位学者，授以"博士"官衔。北京大学历史系教授辛德勇在他的《生死秦始皇》一书中写道：这 70 名"当然都是儒学博士"。秦始皇又为博士招 2000 多名学生，称"诸生"，并"尊赐甚厚"。2002 年湖南龙山里耶出土的秦简表明：公元前 214 年被调派服徭役的 12 名犯罪男子，每日工资 8 钱，除去伙食费可余 6 钱。一天收入扣除伙食费可余 3/4，这并不太像“劳改”。公元前 215 年北巡时，秦始皇令李斯代撰《碣石门辞》，其中有句：“男乐其畴，女修其业，事各有序。”即使这不是现实写照，至少表明秦始皇有这样的理想，与儒家所追求的并不矛盾。辛德勇还明确说：“儒家在秦代不仅没有受到特别压抑，而且与其他诸家学说比较起来，还可以说是独得朝廷的眷顾，有着其他诸家无可比拟的优越地位。”不然，如果真“焚书坑儒”殆尽的话，刘邦制礼作乐哪来“颇采古礼与秦仪式杂就之”？陈寅恪甚至认为《中庸》是“秦时儒生之作品也”。

可见秦始皇不是不想华丽转身，只不过是没转成功，或者说是还没来得及转成功，就被贴上“暴君”的标签了。秦始皇死时才 50 岁。他在地下如有灵，恐怕会常吟白居易的那首诗：“周公恐惧流言日，王莽谦恭未篡时……”

从恩人变敌人

直到秦始皇死，秦朝局势比此前此后许多政权变易之时看起来更平稳。公元前 210 年上半年，秦始皇东巡至云梦祭虞舜，到会稽山祭大禹时，他眺望南方战场，也许还在想继续南下呢，哪有半点土崩瓦解的迹象？然而，正如孟德斯鸠所说：“这种稳定并不是太平，它只是缄默而已。”

然而，当秦始皇病倒时，局势也随之如山倒。大公子扶苏曾公然为儒生辩护，被逐边境督军，这是秦始皇的一个致命错误。但辞世前夕，秦始皇遗诏扶苏接班，说明他已有改过之心。不想这个重大时刻出了意外，大臣赵高与大将蒙恬之间有怨，赵高便篡改遗诏，赐扶苏与蒙恬死，而让另一个公子胡亥继位。不过，至此，局势还不算最坏。胡亥少时跟赵高学过法律，时年 23 岁。此时距陈胜揭竿而起还有整整一年时间，刘邦起兵更是在其之后，胡亥仍有时间“华丽转身”。问题是胡亥根本没有此心。

在这里，姑且不抨击赵高、李斯之流，因为任何时候都有恶人；也不抱怨六国后人复辟，仅仅是胡亥这不肖之子认贼为父，贪图享乐，像木偶一样任恶人摆布，就不难想象其结局。

刘义隆之父刘裕也是开国皇帝，命更薄，即位第三年病死。长子刘义符继位，却根本不把朝政放心上，而当时形势严峻，顾命大臣谢晦等人感到问题严重，便将刘义符杀了，改立刘义隆。刘义隆的皇位可谓是捡来的，理当感恩戴德，然而，他却将谢晦等人治罪，然后北伐南征、平息内乱、发展经济，开创了“元嘉之治”。这不是孤例。此后10余年，北魏太监宗爱杀太武帝拓跋焘，改立其子拓跋余。拓跋余佯装胸无大志，暗中谋划。宗爱觉察后先下手将他杀了，然后立拓跋濬。拓跋濬吸取教训，继位后即杀宗爱个措手不及。拓跋濬在位13年，局势逐渐稳定，病死后由其子拓跋弘继位，开创了“孝文中兴”。如果胡亥能像刘义隆、拓跋濬一样，继位后“华丽转身”，不说盛世，保持大局稳定应该不难吧？

民军势如破竹，火烧眉毛，胡亥、赵高、李斯之流却还在那里内耗，直到赵高杀了李斯，胡亥才意识到危险，怒责赵高。赵高怕了，逼胡亥自杀，拥立其侄子婴。子婴不是傻瓜，赵高派人请子婴去受玺即位，子婴称病。赵高信以为真，前往探望，一进门便被杀了。

子婴也许不凡，但为时已晚。继位第46天，刘邦的军队即入咸阳。子婴不愿再连累百姓，放弃抵抗，向刘邦投降。强大无比的秦帝国仅仅存在了15年零47天。

说到底，还得追究秦始皇。由于他没能及时“华丽转身”，虽然干了一堆大事，但人心尽失。想想拓跋濬，他当时年仅12岁，能有多少大智大勇，还不是靠左右大臣？可是，秦始皇遗诏被篡改之时，为什么没有其他人站出来阻止？胡亥继续横征暴敛修阿房宫，而将各地越来越激烈的内战误以为鼠窃狗偷，直到战火烧到距咸阳仅30公里的地方，他才如梦初醒，慌忙赦免骊山修墓的数十万刑徒，发给武器，鼓动他们拼死抵抗。而此时，局势已经无法控制了。

古往今来，人们都希望长寿，也希望国运永祚。迄今怨始皇，只因为他浪费了太多性命！

从折线转射线

如果将秦王朝的历史用线条描画出来，折线形最形象，上升线 11 年，下降线 4 年，顶端只有公元前 210 年一个点。

隋朝与之类似，但有所不同。公元 581 年杨坚受北周静帝“禅让”，公元 589 年结束南北朝乱局，随即“华丽转身”，被誉为“开皇之治”。公元 604 年杨坚去世，儿子杨广继位，说是弑父篡权，但没有影响大局，完成大运河开发，完善科举制，拓展疆土，畅通“丝绸之路”，直到公元 609 年还一派升平景象。但随后发生突变，特别是三征高丽陷入泥沼，老天爷又雪上加霜，山东、河南严重水灾，各地纷纷造反，仅文献确认的反叛组织就有 200 多个，官军根本应付不过来，公元 618 年被唐取代。这说明仅有一个“华丽转身”的开国帝王还不够。

汉武帝刘彻曾为自己辩护：“汉家庶事草创，加四夷侵陵中国，朕不变更制度，后世无法。”其实，历史上哪一个国家或者王朝不是“草创”？何况如范仲淹所说：“历代之政，久皆有弊，弊而不救，祸乱必生。”即使盛世，也无不隐藏着或多或少的问题。因此，即使开局转身得够华丽，也不可一劳永逸，还需要一次又一次的华丽转身，才可能形成足以抵御各种意外打击的“强韧性”。

汉唐宋明清与秦、隋等大不一样。唐朝前期有“贞观之治”“永徽之治”“武周之治”“开元盛世”，好比一节节火箭助推卫星升入太空，一口气发展与兴盛了 130 多年。“安史之乱”后，相继有“元和中兴”“会昌中兴”“大中中兴”，王朝又延续了 150 余年。明朝与此类似，前期有“洪武之治”“永乐之治”“仁宣之治”三大盛世，后期因为“弘治中兴”“隆庆之治”“万历中兴”又延续了 150 多年。如果描绘它们的历史轨迹，一个盛世就是一个波峰，整个王朝有数个波峰。将这些波峰的高点用曲线连起来，大致呈一个上升的弧线。如果把椭圆形圆心放置在一个坐标系的原点上，王朝上升的弧线就像第二象限中的弧线。长寿王朝如同横放型椭圆第二象限的弧线，稍短一些的王朝如竖放型椭圆第二象限的弧线——它们都绝不是仅仅只有一个高点、冲高之后直接向下的折线。

谭宝信说历史上中国的疆界“像法国手风琴一样忽大忽小”，其实包括法国在内的其他国家也一样。在亚欧大陆的历史丛林里，除了古埃及、西罗马和东罗马、奥斯曼和汉唐等帝国那样的参天大树，多数时候的政权都是灌木或草丛，人称“帝国的坟场”。第二次世界大战之后不一样了。人类通过深刻反省，建立了一系列国际秩序与文明准则。从此，强国也不能随意去灭一个穷弱小国了。

正是基于此，笔者畅想今后一个国家的历史轨迹有望由椭圆形变成“射线”。射线的特点：一是只有一个端点和一个方向；二是不可度量。在世界总体和平的时代，只要保持执政定力，不断改革进取，完全有望让国家的历史在一个方向不可度量地、可持续地平稳发展。

且以此为本人历史随笔系列总自序。

（本文原载 2018 年 2 月 5 日中央党校《学习时报》，原题《强而无韧的秦王朝——秦朝二世而亡的教训》，略有改动）

目　录

导语："历史是最好的教科书"

人无法知道自己之后的未来，难道还能不了解自己之前的历史吗？古罗马政治学家西塞罗说："一个人如果对自己出生以前的历史毫无所知的话，这个人就等于没有长大。"德国哲学家文德尔班甚至说"人是有历史的动物"。当然不了解历史也能活，但我总觉得太遗憾。我曾在一次新书发布会上说：读历史虽然不能够让人长寿，但可以丰厚人生，仿佛我真的从先秦、唐宋活到了现在一样。

对于一个领导干部来说，读史就显得更重要了！我们现在与历史王朝在政体上有着本质的区别，今天的国家治理现代化也与昨天、前天的统治有着质的不同。然而，历史与现实并不是截然分开的。习近平总书记曾指出："中国的今天是从中国的昨天和前天发展而来的。要治理好今天的中国，需要对我国历史和传统文化有深入了解，也需要对我国古代治国理政的探索和智慧进行积极总结。"法国大革命那段惊心动魄的历史，可以为此作一个精彩的注脚。托克维尔在《旧制度与大革命》中写道：法国人民在那场大革命中努力在过去与将来之间留出一条巨大的鸿沟，生怕在新世界里混进一些旧的东西，可是——

对于法国而言，有太多的社会遗产。这其中自然不乏民族感情、风俗习惯以及各种思潮，它们共同构成了法国旧制度的主要部分。甚至于，他们所发起的大革命，其最终的动力来源也是那部分旧制度。虽然他们很不情愿，但客观的事实却是，他们使用旧制度的破砖碎瓦，建造成了新社会这座大厦。

对于我们而言也如此。我们历史上有太多的社会文化遗产，包括民族感情、风俗习惯以及各种思潮，它们共同构成了我们历史上那几千年旧制度的主要部分。更何况，我们历史的盛世（包括治世、中兴）并非“旧制度的破砖碎瓦”，而是“旧制度的金枝玉叶”。或许，我们可以从这个角度去理解习近平总书记所强调的：“历史是最好的教科书，也是最好的清醒剂。”

历史有多种多样的读法与写法。我有个独特的视角。这些年来，我专门关注过中国历史上的“盛世”，共梳理出 43 个，其中盛世 6 个、治世 22 个、中兴 15 个。我还尝试制作了独特的《中国历史兴衰一览图》来展示千古中国“大历史”，打破朝代分割，突出盛世（治世、中兴）脉络，让人在尽可能短的时间里对中国历史数千年之兴衰跌宕有个大致清晰的印象，好比远眺高山峻岭之势，或者在高山峻岭俯瞰大江大河之流。当然，里面还有一些我个人对于历史虽不成熟但是比较独到的思考。

同时，行文上尽可能简洁流畅，生动好读。本来嘛，History（历史）就是 His（上帝）+Story（故事），历史不应该枯燥乏味，读历史也可以是一种愉悦的享受。

第一章

远古的盛世与复兴

以可信度为标准，中国历史可以划分为四个时代：一是神话时代；二是传说时代；三是半信史时代；四是信史时代。神话时代指远古时期，从盘古开天地到有巢氏、燧人氏、伏羲氏、女娲氏和神农氏时代。传说时代指公元前 27 世纪至公元前 23 世纪，与神话时期明显不同，传说多少有点事实存在，即使全属虚构，也比神话更严谨些。半信史时代指公元前 23 世纪至公元前 8 世纪，特点是事实成分大增，有些得到考古文物支持，但仍然属于神话传说，有时候一连数百年一片空白，有纪年也只是后人推算。信史时代指公元前 9 世纪 50 年代迄今，公元前 841 年文字记载开始得以保存，再没断过。

由于神话传说时代可信的历史资料太少，对于这时期的盛世与中兴仅作简要介绍。

尧舜盛世

追溯中国历史，一般从“三皇五帝”开始。关于“三皇五帝”有多种说法。一般来说，“三皇”指伏羲、女娲和神农，纯粹是神话人物；“五帝”指黄帝、颛顼、帝喾、尧、舜，属于传说人物，仍然带有神话色彩。

提及“尧舜盛世”，人们首先想到的是“禅让”。所谓“禅让”，指统治者把首领的位置让给别人。这是一种“原始民主”，其最高权力在各部落酋长的“联席会议”，即“四岳十二牧”——四方诸侯及十二州的长官，尧与舜都得服从这一集体的决定。四岳推荐尧的儿子接班，尧却说他儿子不行，应当传位给贤人。于是，大家推荐了一个叫虞舜的流浪汉。《二十四孝》头一篇《孝感动天》中说，舜能尽孝悌之道，把家治理好，也一定能把国家治理好。后来，舜又禅让禹。对此说历史上就有争议，大儒荀子认为："夫曰尧舜禅让，是虚言也，是浅者之传，陋者之说也。"但唐"安史之乱"后，为了抵御佛教、道教，韩愈提出一个儒家的"道统"，说是："尧以是传之舜，舜以是传之禹，禹以是传之汤，汤以是传之文、武、周公，文、武、周公传之孔子，孔子传之孟轲。轲之死，不得其传焉。"

这期间另一个佳话是治水。时值洪水滔天，尧问派谁去治理好呢，四岳推荐鲧。鲧是尧的堂兄弟，对其治水的结果，也有争议，有的说鲧治水没有成功，有的则说他成功了，一般倾向于前者。鲧生有一个儿子叫禹，四方首领便推荐禹接任。禹检讨父亲失败的原因，认为在于错用"堵"的方式，于是他改用"疏"，即疏导河川，把积水导入江河，再引入海洋。禹无比敬业，风餐露宿，"三过家门而不入"。经过 13 年的努力，禹基本驯服黄河、长江等 9 条河患。为此，人们尊称他为"大禹"，舜将王位禅让给他。

著名历史学家顾颉刚说：对于传说中的古史，"当我们用了史实的眼光去看，实是无一处不谬；但若用了故事的眼光去看，便无一处不合了"。还有史学家说，神话像个美梦，反映了做梦人的某种真实思想情感。英国学者科林伍德称神话为"准历史"，也认为神话反映了部分先民活动的实际。

世界各民族都有一些大同小异的关于洪水的神话，象征着一个时代的终结与另一个时代的开始。中国主要有四个关于洪水的神话，即女娲、共工、鲧和禹，均在尧舜禹时代。古希腊（及希伯来）描绘的是洪灾后一片凄凉的景象，中国神话在洪灾后出现的则是一片宁静祥和。有人说所谓"黄河文明"是"治水文化"。治水需要强迫大量民众参加，不专制不行，因此还有人称古代中国是"水利的专制国家"。

少康中兴

大禹，本名姒文命，寿命长，官命薄，在位仅 8 年，100 岁去世。当时东夷部落的首领是皋陶，他担任“理官”，掌管刑法，坚持公正；同时注重父义、母慈、兄友、弟恭、子孝，天下大治。因此，皋陶后来被作为狱官或狱神的代称，被视为中国司法界的鼻祖。姒文命原先准备将王位禅让给皋陶，不想他英年早逝。当时还有一位优秀干部名叫益，他帮助禹治水有功，于是姒文命决定将位置传给他。

然而，姒文命又暗中培养自己的儿子姒启。姒文命死后，“法定”接班人益继位，启却杀了益夺位，建立夏朝。

政权稍安，姒启便沉溺于享乐。他死的时候不再禅让，而是直接传给自己的长子太康。从此，中国帝王交班方式变为“世袭制”，“公天下”变成“家天下”。也正是因为如此，武则天改国号时，追尊启为“齐圣皇帝”。

太康也不争气，他发扬光大的是游猎，“不恤民事”，民怨鼎沸。有一次，他一游 3 个多月，忘乎所以，直到黄河以南。东夷族有穷氏部落后羿趁机率众反叛，夺取夏的王城阳城（今河南登封）。太康带着猎物回到洛水边时，遭到有穷氏阻拦。太康无奈，只好在阳夏（今河南太康）驻下。

太康死后，后羿扶持太康的弟弟仲康做傀儡。仲康在位 13 年，死后后羿又让他的儿子姒相继位。然而，这后羿与太康实乃一路货色，“不修民事而淫于原兽”。为有更多时间和精力游猎，他将政事委托给大臣寒浞。寒浞却改国号为寒，开中国历史弑君篡位之先河。后来，太康遗腹子少康在有虞氏的帮助下打败了寒浞，中兴夏朝。

少康中兴，是中国历史上首个以“中兴”二字命名的时代。关于“中兴”，南宋王观国《学林》解释：“在一世之间，因王道衰而有能复兴者。”如果前一任或几任帝王政绩不“衰”，那一般不称中兴，而称“治世”或“盛世”。《辞海》则简洁地注释为“复兴”两个字。

中兴的反义词是“中衰”。历史上既有诸多中兴之誉，也有“嘉道中衰”之怨。近代以来常说“中华民族的伟大复兴”，在某种意义上说就是盼“中兴”！所不同的是，这个“复兴”是指整个民族，视野更为广阔。

盘庚中兴

夏、商、周三个朝代，与一般常说相连的朝代不同。许海山《古中国简史》说它们“在势力强弱的浮沉方面，表现为前仆后继的朝代继承关系，而在三者的文明进展方面，又是‘平行并进式’的”。

夏国在少康中兴后又衰落，商部落则发展壮大。商部落首领汤发表重要讲话，宣布“有夏多罪，天命殛之”，决心秉承天意讨伐夏，拯救人民于水火之中。商军士气大振，一举推翻夏王朝。随后，召开“景亳之命”大会，取得 3000 诸侯拥戴，汤成为天下新主。这是中国历史上第一次贵族革命，与后来周武王夺权合称“汤武革命”，是“吊民伐罪”“应天顺民”的，受到颂扬。这也是“成王败寇”式历史之始。

坐天下比打天下难多了。据说汤长命百岁，但他死后国势又衰落。商都最早在亳邑（今山东曹县），汤革夏之前迁都 8 次，之后又迁 5 次。盘庚上台后，认为商王朝经过九王百来年的折腾，如同“颠木”(即倒地行将腐烂的大树)。他的对策仍然是迁都，只是方向相反，往西迁到“殷”，即今河南安阳西面的小屯村。他说迁殷有三大好处：一是殷地肥沃，有利于发展经济；二是一切从头做起，可以抑制王室、贵族的既得利益，缓和社会矛盾；三是距东部叛乱势力远些，有利于王朝稳定。此后 200 多年商朝都没再迁都，因此，商朝又称“殷朝”；殷与商在古代文献中互见，常常连称“殷商”。《史记》描述盘庚迁都之后：“百姓由宁，殷道复兴，诸侯来朝。”

武丁中兴

盘庚死后，国运又衰落。武丁继位后，与一般人“新官上任三把火”不同，“三年不鸣”。有人说他表面上是在为父丧守孝，其实是在深谋远虑，求贤若渴。有一天，武丁梦见一位身穿红衣的圣人，醒来，便命画家画出这梦中之人，然后命官员到各地去寻。结果当真找到一个叫傅说的人，他当时正在工地打工。傅说会是治国能臣吗？武丁自己也生疑，便微服私访，到工地跟傅说一边搬砖块，一边畅谈治国之道，发现他果然有真知灼见。那么，该怎样让朝中大臣也相信呢？武丁遂说是根据先帝托梦找到的人才，于是没人敢反对，便破格提拔他为宰相。

武丁有10位贤臣，其中包括妇好。妇好被称为中国最早的女政治家和军事家，是中国历史上第一位有据可查的女英雄。在众能臣的辅佐下，政治、经济、文化和军事诸方面推出一系列新政，国家很快复兴。武丁通过战争拓展了商朝版图和势力范围，西起今甘肃，东至海滨，北及大漠，南逾江汉流域，使商朝成为包含众多部族的泱泱大国，实际上奠定了秦始皇之前华夏族的大体疆域。每征服一地，武丁都要在那里筑城邑，实行直接统治。武丁把自己的妻、子、功臣以及臣服的部族首领分封在外地，称侯或伯，开“分封制”先河。这是商朝的极盛时期，也有人称“武丁盛世”。

目前，商朝的历史仍不太详。一般认为商传30代，武丁之后8代而终，其间乏善可陈。

01 成康之治：儒家最向往的时代

（公元前 1042—公元前 996 年）

有一点不可忽略：夏、商、周三个朝代，与一般常说相连的朝代不同。许海山《古中国简史》说其三者——

在势力强弱的浮沉方面，表现为前仆后继的朝代继承关系，而三者的文明进展方面，又是“平行并进式”的。周的社会发展，早先基本走的是土著化发展之路，与中原夏商相比，毫无疑问显得晚迟和弱小。

从商至周，与传说中的从夏至商诸多相似。周部落本来是商的属邦，为自己及商的共同利益与戎狄作战。商王常派兵增援并加以赏赐，甲骨文中常见“保周”之辞。不仅如此，现代考古学披露：周还长期捕送羌人供给商作为祭祀的牺牲，甲骨文中的“周”就是“用”，而“用”的本意指杀人献祭。商对周这一血腥的代理业务予以奖赏。然而，周发展壮大了，却暗中谋划“翦商”。商纣王觉察到他们的阴谋，将其头目西伯昌（即后来被追封的周文王）抓捕。一般说周人献了一批美女与财宝，纣王大喜，放虎归山，但最近上海博物馆发表的馆藏楚简透露，其真相是：今陕西中北部的 9 邦叛乱，西伯昌请求出征平叛，立功赎罪。商纣王认为燃眉之急要紧，便答应了。西伯昌出狱后，一边平叛，另一边却加紧扩大自己的地盘，很快对商都形成包围之势。

西伯昌死后，他儿子姬发继位，即周武王。武王趁商军主力在东南与外敌作战，王城空虚的时候，勾结蜀、羌等西南夷八国盟军，对商发起总攻。决战前夕，武王发表《牧誓》，对将士作动员报告，揭发批判商纣王的罪行，称现在是奉天之命对他进行征讨。不过，武王这番话不大可信。孔子得意门生子贡就抱不平："纣之不善，不如是之甚也。是以君子恶居下流，天下之恶皆归焉。"《姚著中国史》一书中写道：

自殷墟发掘资料，原系东亚世界古代大统治者殷朝后期帝王的共通说明，只以标明了妲己等人名，酒池肉林等等乃构成专属帝辛故事的内容。帝辛不幸乃是亡国之君，才以"予一人"承担了全部罪名与恶名。

帝辛即商纣王。奥威尔说"谁控制过去就控制未来，谁控制现在就控制过去"，前半句不一定对，后半句可以在中国历史上找到无数例证。且说武王的将士们听了，同仇敌忾，战斗力倍增，不到一天时间就攻占商都，逼得纣王和他美丽的妲己自尽。

后人对武王灭商大加颂扬，与商汤灭夏相提并论，称之"汤武革命"。孟子辩护说武王是诛"一夫"，而非"弑君"。这为后来无休无止的造反夺权制造了榜样，通过舞文弄墨操纵真相。

武王改国号为"周"，定都于镐京（今陕西西安），史称"西周"。他很有雄心壮志，可惜天命不济，第二年病死了。年幼的太子诵即位，就是成王。成王死后其子钊继位，即康王。

制礼作乐

一个孩子，出生不久死了父母，怎么成长？如此，抚养他成人的那个人就非常重要了！

周公就是这样一个抚养孤儿的人。说起来周公不是外人，他姓姬名旦，也称“叔旦”，是西伯昌第四个儿子，武王的同胞弟弟，成王的亲叔叔，实际上是周王朝的“二把手”。周公的政绩，《尚书大传》概括：“一年救乱，二年克殷，三年践奄，四年建侯卫，五年营成周，六年制礼乐，七年致政成王。”周的地盘扩大东至海，南至淮河流域，北至辽东。我们至今常读到出自《诗经》的一句话：“普天之下，莫非王土。率土之滨，莫非王臣”，就是当时的历史写照。

周公最重要的贡献是“制礼作乐”。早在原始社会末期，就有一些简单、朴素的不成文礼节仪式和风俗习惯。但周公之礼有所不同，首先是统治者用来区分贵贱、尊卑、长幼、亲疏之别的一种统治工具。胡留元、冯卓慧所著的《夏商西周法制史》认为周公之礼的功能还有“以根本法的形式，调节上层建筑各个领域的正常运转”，预防犯罪，遏制民众的反抗。

“礼”是所谓“尊尊”，作用是“别”，要求奴隶和平民服从奴隶主贵族，下级贵族服从上级贵族，各级贵族听命于周王。“乐”则是精神快乐，内心的表现，作用是“和”，即所谓“亲亲”，强调父慈、子孝、兄友、弟恭。“尊尊”的核心是忠，“亲亲”的核心是孝。提倡孝，为的是忠；提倡忠，为的是把四方诸侯归于周王一人。“亲亲”与“尊尊”是两条贯穿于整个礼制的基本原则。

周公还有更为现实的考虑——吸取夏、商覆灭的教训。周公著有《多士》一文，强调商革夏命是由于夏人“大淫泆”，上帝“废元命，降致罚”。商王“明德恤祀”的时候，上帝“保乂有殷”。可是到纣王，“诞淫厥泆”，于是“上帝不保，降若兹大丧”，殷命终止。因此，“天命靡常”，而不是永恒不变的。夏朝和商朝都因为失德才失去上帝的宠爱，周朝绝不能重蹈覆辙。周公十分强调“明德慎罚”。不过，“天命靡常”与随后的“五德转移”说也暗示一切现实君权都可能遭遇革命的命运，实际上宣告一切现实权力都是暂时性的，只不过这一点是历代统治者都极不愿面对的。

现代还有些人没有正确理解为什么要把权力关进制度的笼子里，周公早在 2000 多年之前就认识到了，后来一代代儒学大师也顽强地坚持这一理念。

正是在此意义上，笔者将儒家形象地称为“孔子的笼子”，此为1.0版。

周公创立一套完备的政治文化。如果说盘古开天地、后羿射日、女娲补天之类好比电脑硬件的话，那么周公制定的礼乐就好比软件。周公对于古代中国有多重要，可以像用停电一日的方式纪念爱迪生一样，卸载一下你的电脑软件就明白了。纵观西周270年，基本上没有卿士大夫犯上作乱，表明这一套“礼乐之治”在当时发挥了实际作用。

不过，“周公”也令人质疑。有人认为周公不是一个特定的人，而是泛指历代周人的首领。

封邦建国

每一次改朝换代都面临一个同样的问题：前朝遗留下来的帝王家属、官吏怎么办？武王拿不定主意，召大臣商议。周公建议：让殷人在他们原来的地方安居，耕种原来的土地，争取当中有影响、有仁德的人为我们周人服务。武王采纳。

周初第一次分封主要有：封纣王的儿子武庚在殷都，管理商的遗民；在殷的附近分封自己3个弟弟即管叔、蔡叔和霍叔，监视武庚，史称“三监”。后又分封大批亲属和功臣，多数集中于黄河南岸。

周公摄政，“三监”不满。“三监”想：同是兄弟，凭什么你摄政呢？谁能保证你不会真要王位呢？他们竟然伙同武庚发起叛乱。周公领兵东征，3年平定。接着进行第二次分封，周公自己经营洛邑为东都，进一步安置并感化“殷顽民”。

分化、感化前朝遗属的政策收到良好效果。后来，康王写一篇《毕命》，欣然说：周公辅助先王安邦定国，管束殷商遗民，将他们迁徙到洛邑，靠近王都便于监督管理。他们逐渐被感化。从那时到现在，已经36年。如今四方安定无忧，甚感欣喜。

武王和周公分封70余国，其中姬姓诸侯53个。周王为“天子”，具有高高在上的权威。诸侯的爵位分为公、侯、伯、子、男 5 等，必须服从天子的命令，向天子交纳贡品，定期朝见天子，并带兵随天子作战。

民生经济欣欣向荣

井田制在夏、商的时候就开始试行，西周时普及。建政伊始，周公建议："分地薄敛，农民归之"。对新归附的殷民，也让他们"各安其宅，各田其田"。周王要求："民无悬耜，野无奥草；不夺民时，不蔑民功。"这政令非常了不起：要让百姓的农具不闲置，田里没野草；不干扰百姓的农时，不轻视百姓的劳动成果。如果能够实现，那该多美好！

周王重视民生，多有记载。刚攻克商都之时，武王就下令："发巨桥之粮，散鹿台之钱，勾销债务，以振穷困。"巨桥是当时的国家粮库；鹿台是商纣王的宫苑，意指国家财政。周公在《康诰》一文中教育康叔：要对民众施以惠爱，勉其顺从；只有像保护婴孩一样善待百姓，天下才能安康太平。

有一点很遗憾，史书中关于民生方面的记载既少又不够具体。"成康之治"时期百姓的生活景象，我们可以从《诗经》中窥见一斑，如《载芟》：

载芟载柞，其耕泽泽。
千耦其耘，徂隰徂畛。
侯主侯伯，侯亚侯旅，侯强侯以。
有嗿其馌，思媚其妇，有依其士。

这诗描写的是春日天子籍田：除掉野草拔掉树根，大地发出呼呼的响声。成百上千的人并肩耕耘，从低的洼地到高的田垅。田里劳动的有君王，还有伯爵、大夫。美丽的妇人送饭来，慰劳她年轻的丈夫。

经过成王和康王的治理，西周成为天下人的向往。位于今天长白山一带的肃慎国曾入周朝贡。我们现在从长春坐飞机到西安4个多小时，那么3000年前，可以想象从肃慎国到西周王城那一路多么艰难。越艰难表明他们的朝贡越虔诚，也说明西周的吸引力越大。

02 宣王中兴：拨乱反正

（公元前827—公元前782年）

西周共传13代。其中第十代姬胡，谥号“厉王”，意指暴虐，是中国历史上为数不多被冠以恶谥的帝王之一——并不是暴君昏君少，而是因为谥号系其后人加封，一般为尊者讳。厉王把大大小小的行业收归官府经营，与民争利，贵族和平民都不满。同时，大搞“红色恐怖”（周朝崇拜红色），大抓所谓诽谤，导致人们见面不敢说话而只能用眼神示意，成语“道路以目”就由此而来。周厉王自我感觉尚佳，还以为万民拥戴，得意地说：“怎么样，没人诽谤朝政了吧？”大臣召公冒死驳一句：“只不过堵人们的嘴而已，并没有解决问题！”因此，《国语·周语上》还说“防民之口，甚于防川”。

公元前841年是中国历史上非常有意义的一年，就是从这一年开始，中国历史开始有不间断的文字记录，从半信史时代步入信史时代。当然，文字记录不乏有意造假，信史时代的历史也不一定全可信。

那么，公元前841年究竟发生了什么？发生的是件惊天动地的大事：“国人”不满到极点，群情激奋，团结起来将厉王赶跑！当时，王城内的称“国人”，城外的称“野人”或“鄙人”。“国人”中有贵族，也有平民，包括百工、商贾及下层奴隶。这一事件史称“国人暴动”“国人起义”或“彘之乱”。大臣推举召虎、周定公两人共同行政，史称“共和行政”。

14年后厉王死，召虎公开一个秘密：当年“国人”围攻王宫时，他把幼小的太子静藏在他家里，让人们杀的是他的儿子。现在，他和周定公主动还政，拥立长大成人的太子静继位，即周宣王，“共和”结束。这14年虽然有不间断的文字历史，但没什么大好事，也没什么大坏事，反而挺平静。这个传奇故事，跟少康遗腹子逃亡有几分相似。

宣王之位来之不易，但他并不珍惜，经常早睡晚起，疏于朝政。幸运的是他有个好妻子姜氏，她深明大义，摘掉耳环簪子请罪，说她让宣王起了淫逸之心，必然导致铺张浪费，进而天下大乱。宣王听了大为感动，改而勤政，留下一个“姜后脱簪”的典故。

安内

宣王上台后，很自然重用召虎、周定公等功臣，此外还有尹吉甫等贤臣。相传，尹吉甫是我国第一部诗歌总集《诗经》的采风者、编纂者，被尊称为中华诗祖。宣王命大臣作诗赞讼他：“文武吉甫，天下为宪”，并封他为太师。

宣王效法成王、康王，对于父王留下的弊政，实行有针对性的改革。

首先是广开言路，虚心听取各方面意见，并警告官员不要荒怠政事，不要壅塞庶民，不要中饱私囊，不要欺负鳏公寡妇，不要酗酒闹事。公元1843年，陕西岐山县董家村出土一口鼎，其为西周晚期的重器，文字作者为“毛公”，因名“毛公鼎”。鼎内壁铸有铭文32行，近500字，是现存青铜器铭文中最长的一篇。其内容叙事完整，专家学者称抵得上一篇《尚书》，是研究西周晚年政治史的重要史料。铭文中写道：

余之庶出，入事于外，专命专政，蓺小大楚赋，无唯正闻，引其唯王智，迺唯是丧我国，历自今，出入专命于外，厥非先告歆，父歆舍命，毋又敢专命于外。

这话大意是："百官对外发布政令，制定各种徭役赋税，不管错对，都称颂朕英明，这样的恭维可能导致亡国啊！从今以后，没有事先请示于你，也不是你让发布的就不能对外胡乱发布政令！"由此可见宣王理智得很，并不专断。

其次，"不籍千亩"。以前每年春耕时，天子举行"籍田礼"。因为集体耕种公田之法难以继续，籍田礼名存实亡，于是宣王宣布废除此礼。这一措施变相放宽对山林川泽的控制，从而调动了人们的生产积极性。

就这样，国内形势很快开始好转，诸侯恢复来朝，周室威信有所恢复，军力壮大。

靖边

周初，西北部的戎狄渐渐强大。从此，"戎狄交侵，暴虐中国"。周王曾经被迫迁都，也曾兴师北伐但失败。

宣王安内后，便着手解除外部威胁，主要是大规模反击戎人。尹吉甫率师进攻至今甘肃镇原一带，迫使西戎向西北退去。同时对昆夷和猃狁（秦汉之前所称匈奴）发动战争，令他们不再进犯。我们可以从《诗经》读史，有一首非常漂亮的诗描写这段历史：

岂不日戒，猃狁孔棘。
昔我往矣，杨柳依依。
今我来思，雨雪霏霏。
行道迟迟，载渴载饥。
我心伤悲，莫知我哀！

这首诗写的是士兵返乡途中忍不住感慨：哪一天能不严加戒备？猃狁人凶险得很。想当年上战场时，杨柳青青。如今回来，漫天大雪。回乡之路如此遥远，饥渴难耐。我的心非常悲伤，但没人能理解！

2010 年，一位旅居美国的华人在一家小型拍卖会上发现西周晚期青铜器“兮甲盘”，花重金买下送回国内，经权威专家鉴定为真品。该盘内底铸铭文 133 字，记述兮甲（即尹吉甫）随周宣王伐猃狁，并立功受赏赐的故事。

此外，宣王还命召虎等率军讨伐“淮夷”，使那一带方国中最强大的徐国臣服。各方国迎接王命，进献贡物。他还曾征讨申戎、条戎等，但只有征申戎取胜，其余失败。

殊不知“姜后脱簪”的作用有限。也许是红颜易老之故，色衰爱弛，姜后魅力不再，甚至红颜薄命，周宣王的“妻管炎”很快痊愈。他变得要么深居宫中，贪图享乐；要么好战，却后继乏力。尹吉甫以国家社稷为己任，继续直言进谏，但宣王不再纳。继任的幽王更糟，尹吉甫被迫辞职还乡。贤臣能臣不得重用，中兴自然不可久长。

“宣王中兴”距西周之终仅仅 11 年。纵观历史上 15 个中兴，最大的遗憾便是：中兴往往沦为回光返照的代名词。

03 宣威盛世：争气的“南蛮”

（公元前 369—公元前 329 年）

接宣王班的是幽王。据传，周幽王为了讨宠妃褒姒开心点烽火，让诸侯感到被戏弄，以致敌人真来了也不相信。其实，这故事不可信，钱穆斥之“委巷小人之谈”。接近真相的史实是：褒国君褒珦进言：“大王既不听上天警告，又不听大臣进谏，怎么治国啊！”幽王大怒，将褒珦打入大牢。于是，400年前的历史重演：褒珦的家人为营救他，精心挑选一批美女敬献，其中一个就是褒姒。幽王不但释放褒珦，让其官复原职，还封褒姒为王后。为取悦褒姒，幽王不惜把原配申后废掉，并将申后所生的太子姬宜臼贬为平民，随后又令申国杀死姬宜臼。申国不忍心，幽王就废了申国的封号，并调兵讨伐。在这种情况下，申国只好联合附近的蛮族部落迎战，幽王反而被杀。姬宜臼在洛阳称周平王，再次复兴周王朝，史称“东周”。

东周分春秋和战国两个时期。西周初期分封的诸侯国那么多，后来仅剩“春秋五霸”“战国七雄”，直至秦始皇一统天下，可想而知，数百年间你死我活相互吞并多么惨烈！公元前256年，东周王的地盘仅剩36村3万多人口，只相当于我们今天的一个乡镇。与此同时，礼崩乐坏，卿士大夫犯上作乱成为家常便饭。据统计，春秋时期被弑君王多达36位，亡国52次。战国时代，大小战争达222次。

楚人最早活动在黄河流域的中原地区，后逐渐南迁。早在周人兴起之时，芈姓部落酋长就投靠周文王，为周王朝的创建立下汗马功劳。周公被政敌攻击，不得不逃难，又是楚地收留，直到真相大白，安全返回，否则很可能没有“成康之治”。然而，周王却只给楚封子爵，为最低等级。楚人深感委屈，如今武汉人还有句口头禅“不服周”，不服的就是周天子。楚王一生气，公开说：“我蛮夷也，不与中国之号谥。”当时“中国”一词仅指中原一带。周王在楚国以北分封一批姬姓为主的诸侯，史称“汉阳诸姬”，扼制楚国向北发展。周昭王经常率兵征战四方，需要诸侯国出钱出力。楚国经济发达，又控制着当时最重要的战略物资——铜，却不爱纳贡。昭王只好出兵，没想自己死于征战途中。从此，周天子再没敢亲征江南，国力日衰。楚国则从此强大，逐步将“汉阳诸姬”或吞并或收服，拓展进入中原的通道，与齐、晋、秦、吴并列为“春秋五霸”。

楚国也是人治，遇明君国富兵强，遇昏君则内外交困。公元前400年左右，楚国落到举步维艰的地步。这时，卫国的吴起到楚国主持变法。这次变法虽然总共才一年多时间，但收到立竿见影的效果，楚国迅速恢复强势，为其后的宣王、威王开创盛世打下了良好基础。

力战群雄

楚宣王继位之初，采取“息兵养民”国策，集中精力忙于国内各方面的改革与发展，对外尽量不介入，以静制动，以不变应万变，坐看魏、赵、秦、齐、韩等混战。国内社会经济发展之后，楚才开始大显身手。

楚国西南有个巴国，两国本来是难兄难弟，后来关系恶化，不时发生战争。巴国不甘心经济命脉盐泉被占，与蜀国联手伐楚。结果失利，巴国加速衰弱。楚宣王发动大规模反击，一举攻占巴国南部黔中之地。随后，楚威王进军巴国最后一道盐泉，攻占今重庆一带，置为巫郡。随后全线西进，占今云南和四川西南部，彻底解除巴蜀威胁。

楚国北部强国林立，自西而东平陈着秦、韩、魏、宋、齐等国。当时，魏国正与它的北方之邻赵国争得你死我活，魏师重重包围赵都邯郸。赵国求救于楚，希望他们从魏国的南面声援。楚军还在途中，赵军取得意外突破，魏军大败。楚军不战而获救赵美名，顺手牵羊收复早年被魏国占去的城池。不久，赵、燕也趁机南下，南北夹击。齐国不堪承受，只好向楚国请罪，臣服于楚。由此，楚国疆域扩展至泗水之上。鲁、宋、卫等小国见风使舵，由附齐改为附楚。楚国大有统摄北方各国之势。

西部对秦则约为姻亲，商鞅娶楚公主。商鞅变法成功，秦国迅速强大，竟然趁丈人——楚宣王病重南下攻楚，公然背弃盟约。不过，楚将此视为商鞅个人行为。秦孝公死后，惠文王继位，开始清算商鞅。楚与韩、赵、蜀等国遣使朝贺，纷纷要求秦国处死商鞅。

楚军移师北上，灭越败齐。至此，楚国强大鼎盛，其版图西起大巴山、巫山、武陵山，东至大海，南起五岭，北至汝、颍、沂、泗，囊括长江中下游以及淮河流域。

科技领先

春秋战国时期，中国的天文学相当发达，出现了一大批专著和观测记录，最著名的是《甘石星经》。楚国（或齐国）甘德所著《天文星占》8 卷，魏国石申所著《天文》8 卷，后人将之合二为一，称《甘石星经》，是世界上最早的天文学著作之一。

楚国冶炼钢铁技术高于其他诸侯国，武器以锋利闻名。《荀子》就说："宛钜铁釶，惨如蜂虿；轻利僄遬，卒如飘风。"宛指今河南南阳，当时属于楚国。还有记载："秦昭王临朝叹息曰：'吾闻楚之铁剑利则士勇也。'"1976 年在长沙出土了一口春秋晚期的钢剑，鉴定含碳量 0.5% 左右，用放大镜还能看出 7 ～ 9 层反复锻打之痕，证明当时楚国已率先掌握炼钢技术，武器特别锋利，这也意味着楚国比秦国更有实力统一六国。

然而，决定战争胜负的决不仅仅是武器。

第二章

大一统分而又统

从武器先进的角度看，楚国统一六国指日可待。然而，决定战争胜负的绝不仅仅是武器。

楚威王去世，其子继位，即楚怀王。楚怀王无疑是个仁君，大雪纷飞之时，他想到黎民百姓既没有炉火又没有皮袄，立即颁旨给全国贫苦百姓和游客送煤炭取暖，成语“雪中送炭”就由此而来。如此怜悯百姓的君王，千古历史上能找出几个？

当时两大国际战略，一是主张韩、赵、魏一起北连燕、南连楚，东抗齐或西抗秦，称“合纵”，即“合从弱以攻一强”，楚国为纵长；二是弱国被秦国或齐国拉拢联合，一起攻打其他弱国，称“连横”，即“事一强以攻众弱”。“连横”的吹鼓手张仪到楚国，对怀王说：“您如果与齐国绝交，秦王归还早年侵占的600里地给楚国。”怀王听信，一面派人随张仪去取地，一面派人去齐国宣布绝交。没想到张仪装病，等楚齐断交、齐秦联盟了，他才露面，变卦说那地是6里而不是600里。可想而知楚怀王有多愤怒，立即出兵伐秦，想大出一口恶气。结果楚军大败，反而丢了一大片地。怀王气得吐血，接着再战，秦国全力以赴，齐韩魏3国也趁机进击楚国。怀王不得不向秦求和，又割让两城。可是，怀王后来又被张仪骗，以致被秦国扣留至死。后来楚霸王项羽又被刘邦骗，那是另外的话题了。

每逢乱世，总有人挺身而出，立志救世。春秋战国之时，儒家、法家、道家、墨家等，纷纷登场，百家争鸣。孔子是儒家的代表人物。隐士忠告“礼崩乐坏”已无人可以挽救，孔子不肯躲避，明说：躲在山里跟鸟兽往来，我孔某做不到！那些隐士，国泰民安的时候，我可以跟他们做朋友，但现在不能！正因为天下太乱，需要匡济，我不能躲！我知道这天命太重，还要硬着头皮去担当，这就是我跟他们的区别！所以，鲁国不用他了，他就去卫国、宋国、楚国等地求职，不惜沦落到"丧家犬"一般的境地，直到老了走不动了才回家编著，将希望托付千秋。孔子给那个乱世开出的药方是："克己复礼"——通过统治者自律的方式，恢复周公时候的"礼乐之治"。此为"孔子的笼子"2.0 版，天真浪漫如此。

孔子以失败告终，为什么呢？颜回说："夫道之不修也，是吾丑也。夫道既已大修而不用，是有国者之丑也。"道之不行是世界的错，而不是我们孔老师的错！颜同学这话显然说不过去。孔子本身肯定有某些错，我斗胆为他检讨一二。

一是孔子所描绘的盛世不能让人信服。孔子对尧舜非常推崇，但专家学者认为其故事"大半是在孔子时代之后发展起来的"，也就是说很可能是孔子创造或者说第一个发现的。尧舜禹名字最早在《论语》中出现，多达 4 次，其一：

> 子曰："大哉尧之为君也！巍巍乎！唯天为大，唯尧则之。荡荡乎！民无能名焉。巍巍乎其有成功也！焕乎其有文章！"

这话很漂亮，但尧到底有哪些政绩呢？前文已述，2000 多年后的今天，考古技术比孔子时代不知进步多少，但我们仍然无法替孔子给出一个富有说服力的答案。"礼崩乐坏"的根本原因在于那种"封建"的体制是建立在沙滩上的，孔子却看不到这一点，幻想"克己复礼"，无异于刻舟求剑。

二是统治者不肯进礼的笼子。孔子周游列国，卫国到的最多，逗留时间最长，卫灵公及其美丽的夫人南子对他最好。因为南子风流，名声欠佳，公子蒯聩弑母。后来灵公去世，蒯聩因为逃亡在外，就由他的儿子辄继承灵公。孔子却固执地认为：蒯聩现在是卫国公室里的长辈，君臣父子这名分不可颠倒。辄直接接祖父的君位，在礼制上说不过去。所以，当务之急是请蒯聩回来继位，辄退回太子之位。假如你是卫出公卫辄，你会采纳孔子的建议吗？

再说一个典型人物，名叫由余，姬姓，字怀忠，周武王少子唐叔虞的15世孙，根正苗红，只是偶然流亡到西戎。秦穆公的兴趣在于东进中原，适逢由余来访，问曰："中原有诗书礼乐治国还这么多战乱，而戎夷没有礼乐之治，岂不是更难治吗？"由余笑道：

此乃中国所以乱也。夫自上圣黄帝作为礼乐法度，身以先之，仅以小治。及其后世，日以骄淫。阻法度之威，以责督于下，下罢极则以仁义怨望于上，上下交争怨而相篡弑，至于灭宗，皆以此类也。夫戎夷不然。上含淳德以遇其下，下怀忠信以事其上，一国之政犹一身之治，不知所以治，此真圣人之治也。

由余说：诗书礼乐正是中原战乱的根本原因，而被儒家贬为禽兽的戎夷才是真正的圣人之治！听了这席话，秦穆公重用由余，转而西进，向戎夷学习，迅速成为"春秋五霸"之一，然后再东进。

《史记》说："天下并争于战国，儒术既绌焉。"孔子们救不了那个乱世。公元前221年，秦始皇不仅统一六国疆域，还统一了政治、经济、文化，包括道路与度、量、衡制度。柏杨"不为君王唱赞歌，只为苍生说人话"，却破例赞扬秦始皇"做出了几乎比此后两千年大多数帝王所做的总和还要多的事"。从这个角度说，嬴政是成功的。"古之人君，德合于天曰'皇'，合于地曰'帝'，合于人曰'王'"。嬴政认为他的"德"上合于天下合于地要称"皇帝"，愿望是好的。

只遗憾嬴政也不肯进"孔子的笼子"，相反干出"焚书坑儒"之类砸笼子的事，为千夫所指。嬴政强烈奢望长寿，一次次委派浩浩荡荡的人马到海外寻求长生不死的仙丹，但同时也早做好死的准备，亲自拟好一系列名称，自己是"始皇帝"，儿子是"二世皇帝"，孙子是"三世皇帝"，如此等等，以至

"万万世皇帝"。他太天真了！嬴政死后第三年，陈胜等民众纷纷造反，秦氏江山很快易姓，而且亡得很窝囊：嬴政的儿子子婴，坐白马素车不算，还得系一条白练，躬着身待在路旁，双手将那刻着"受命于天，既寿永昌"8个大字的玉玺交给沛公刘邦。强大无比的秦氏帝国仅存15年零47天，便一去不复还。

刘邦才高命薄，实际只做了8年皇帝，但效率很高。刘邦对汉文化的保护发扬有着重要贡献。我们今天所属"汉族"，说的"汉语"，写的"汉字"，都由此而来。英国著名历史学家约瑟夫·汤因比评论：

人类历史上最有远见、对后世影响最大的两位政治人物，一位是开创罗马帝国的恺撒，另一位便是创建大汉文明的刘邦。恺撒未能目睹罗马帝国的建立以及文明的兴起，便不幸遇刺身亡，而刘邦却亲手缔造了一个昌盛的时期，并以其极富远见的领导才能，为人类历史开创了新纪元！

不过，正统儒家对刘邦还是不屑一顾。朱熹认为汉唐以后包括刘邦、李世民在内的帝王都是出于人欲之私，顶多是"假仁借义以行其私"，虽有"建立国家，传世久远"之功，也"未可谓德"，"贤于盗贼不远"。

刘邦死后，他儿子刘盈继位。刘盈有父皇那批能臣辅佐，继续推行休养生息的国策。秦时禁止民间藏书，刘邦基本继承秦制，包括"挟书律"。刘盈废除这一法令，使长期受压抑的儒家思想和其他思想开始活跃。可惜，刘盈在位仅7年便早逝。

吕雉立刘盈的儿子刘恭为帝。吕雉是刘邦的原配夫人。她虽为女人却很有谋略，早年为刘邦造反夺权立下汗马功劳。刘邦驾崩后，刘盈尊吕后为皇太后。因刘盈仁弱，朝政实际由吕雉执掌。因生母被吕雉所杀，刘恭颇有怨言。吕雉便杀刘恭，改立其同父异母之弟刘弘为帝，娶吕禄之女为皇后，但"号令皆出太后"。

公元前180年，吕雉一死，周勃等大臣铲除吕氏家族，并说刘弘不是刘盈亲生，改立刘盈之弟刘恒为帝，即汉文帝。公元前 157 年刘恒死，其子刘启继位，即汉景帝。

《中国历史兴衰一览图》从秦开始（见插页）。

04 文景之治：无为而治

（公元前 180—公元前 141 年）

化敌为亲

秦汉时的匈奴国势鼎盛，四边大致是东至现在的大兴安岭，南至长城，西至阿尔泰山，北至现在的贝加尔湖，有“百蛮大国”之誉。他们“宽则随畜，因射猎禽兽为生业，急则人习战攻以侵伐，其天性也”。台湾史家王明珂在《华夏边缘》一书中说：“由于游牧是一种无法自足的经济生态，因而从此游牧与农业人群沿着长城展开绵延 2000 余年的资源竞争与维护之战。”他们甚至跟海盗一样以劫掠为业。

在冷兵器时代，与游牧民族相比，农耕地区的战斗力处于天然劣势，只能被动地筑长城。能灭 6 个诸侯强国的秦始皇，不能灭匈奴。能战胜暴秦的刘邦咽不下这口气，亲自统兵 30 万迎敌，没想中计，被匈奴大军包围。东面清一色的青马，西面清一色白马，北面清一色黑马，南面则清一色红马，十分壮观，但刘邦无心欣赏，望而生畏。汉军被围 7 天，饥渴难耐，且不适应北方气候，手指头被冻坏十之二三，弓都没法拉。陈平虽是“盗嫂受金”之辈，但计谋多端，为刘邦屡立奇功。在绝境当中，他忽然想起百余年前，“三寸不烂之舌”张仪骗得楚怀王 600 里地没得反而又失二城，张仪却还敢入楚，被下狱后贿赂太监，煽动怀王的宠妃郑袖说：“秦王今将以美人聘楚王……不如言而出之”，从而死里逃生。这给了陈平灵感，他如法炮制，画了美女图，暗中找到匈奴单于的爱妃说：“汉有美女如此。今皇帝困厄，欲献之。”刘邦捡回一条老命。从此，汉对匈奴采取“和亲”政策，将敌人变亲戚，60 年间嫁过去 7 位公主，还有无数的粮食和丝帛等嫁妆，也挺无奈。

刘恒还与匈奴单于称兄道弟，派使者互访，签订条约明确长城以北为单于的“引弓之国”，长城以南为刘恒的“冠带之室”。随后又 3 次和亲。

休养生息

战国中期，齐国有一个“黄老学派”，代表作为《老子》，主张“无为而治”，与民休息。这种思想在战乱纷纷的时候没人在意，秦始皇忙于大破大立，与黄老学派明显对立。进入汉朝，人们开始反思秦朝暴政，才开始注意到这个学派。

刘邦曾不屑一顾地骂道：“老子在马上打下的江山，跟诗书有个屁事！”大臣陆贾的口才显然比孔子好，他反驳道：“如果秦统一天下后行仁义，陛下您怎么能够得天下？”刘邦一下怔住。接着，陆贾写了一系列建言，总结秦始皇所作所为的教训，进而描绘“无为”的前景：

> 夫道莫大于无为，行莫大于谨敬。何以言之？昔虞舜治天下，弹五弦之琴，歌南风之诗，寂若无治国之意，漠若无忧民之心，然天下治……君子之为治也，块然若无事，寂然若无声，官府若无吏，亭落若无民。闾里不讼于巷，老幼不愁于庭。近者无所议，远者无所听。邮无夜行之卒，乡无夜召之征。犬不夜吠，鸡不夜鸣。耆老甘味于堂，丁男耕耘于野。

陆贾这些话说到刘邦心里，随即奉“无为而治”为国策。当时主要大臣都好“黄老之术”，上下官吏基本做到顺民之情，与民休息，尽可能少干预社会民众。萧规曹随，刘邦的后人继承这一方略。

秦时有车裂、连坐、灭三族等酷刑峻法，每年犯罪的人不下百万。而刘恒时期，一年判重罪总计不过 400 起。最让人感动的是：临淄医生淳于意被告治错病，发生“医闹”事件，当地官府判他“肉刑”，押到长安去受刑。淳于意女儿缇萦悲愤之余，要求陪父亲到长安，托人写奏章说：“我父亲犯了罪，被判肉刑。我不但为父亲难过，还为天下所有受肉刑的人伤心。一个人砍去脚就成残废，割去鼻子不能再接上，想改过自新也没办法。我情愿给官府没收为奴婢，替父亲赎罪，让他有个改过自新的机会。”刘恒觉得有理，从此把肉刑改为打板子。后世大多认为这在中国法制史上意义重大，是中国古代刑制由野蛮阶段进入较文明阶段的标志。

汉时税率总体维持在三十税一到十五税一之间，即 3.3% ～ 6.7%，无论农业、商业还是手工业均是如此。这税率是刚性的，税收分摊也比较公平透明。有专家学者认为，汉时税收在当时世界最低。孟子说：“什一而税，王者之政。”税率 10% 就可称好帝王，刘恒他们大大超越。不过，据《盐铁论》载，当时对自耕农说是三十税一，实际按亩定额征收，加上“口赋更徭之役”，便是“率一人之作，中分其功”，即税率达 50%。

与此同时，帝王的生活却十分简朴。刘恒多次禁止郡国贡献奇珍异宝，平时穿戴的是用粗糙黑丝绸做的衣服，甚至穿草鞋上殿。他想新建一个宫殿，可一听预算要 2000 两黄金，立即说：“这是 10 个中等人家的财产啊，不建了！”由此，我们可知当时中等人家财产约 200 两黄金，按目前金价折算，大约 300 万元人民币。刘恒妻子们也不奢侈。慎夫人想穿街上流行的拖地裙，可一听需要多费布料就不做了。

刘启后期，尽管人口成倍增加，国家还是一片繁荣景象。《史记》描述：

汉兴七十余年之间，国家无事，非遇水旱之灾，民则人给家足，都鄙廪庾皆满，而府库余货财。京师之钱累巨万，贯朽而不可校；太仓之粟陈陈相因，充溢露积于外，至腐败不可食。

《汉书》则说："五六十载之间，至于移风易俗，黎民醇厚。周云成康，汉言文景，美矣。"直将刘恒、刘启之时媲美"成康之治"。

05 汉武盛世：代价惨重的胜利

（公元前 141—公元前 87 年）

公元前 141 年刘启去世，太子刘彻即位，即著名的汉武帝。刘彻时年 16 岁，由窦太后摄政。公元前 135 年窦太后死，刘彻开始亲政。

"独尊儒术"

刘彻诏"举贤良方正能言直谏之士"。董仲舒埋头苦读，到"三年不窥园"的地步。这时，他觉得时运到了，跳出"园"三次上书应对，提出"大一统""天人感应""独尊儒术"三大观念。董仲舒强调"唯天子受命于天，天下受命于天子，一国则受命于君"，主张"善皆归于君，恶皆归于臣"。这些理论很合刘彻及一切统治者的心意。"大一统"则是历经春秋战国那个大动荡时代的社会思潮。《荀子》早就提出："一天下，财万物，长养人民，兼利天下，通达之属，莫不从服。”至董仲舒时，“大一统”理论正式成为一种“道统”。卜宪群《中国通史》说：“这种以道统为核心的政治伦理，强化了中央专制集权的权威，对两千多年来的中国及东南亚社会的影响极巨且深。”从此，中国哪怕分裂得再破碎，还是希冀一统，与欧洲截然不同。

随后置“五经博士”。刘彻在公元前136年，“初置五经博士”，专门讲授儒家经典《诗》《书》《礼》《易》《春秋》。不久又令各郡国“举孝廉”。科举制之前，官员任用方式为察举制。察是从上至下，官方考察；举是从下到上，民众推荐。刘恒“以孝治国”，刘启则重“廉”。所谓“孝廉”即“孝顺亲长、廉能正直”。“孝廉”从此成为任用官员的一种科目，明清以此雅称举人。刘启还令各州、郡“举茂才异”等人才，任用为将相及外交官。这里“茂才”是汉代的另一种察举常科，即“秀才”，明清两代称“生员”。“异”指有特殊才能的人。由此可见，刘彻所重人才实际上并非“独尊儒术”。但从此，“平民政府”转变为“士人政府”。儒生继承了君子的称号，却没有继承到贵族的权威。西汉及以后的王朝距孔子时代的执政理想，不仅没有更接近，反而渐行渐远。

当时便有大臣批评刘彻“内多欲而外饰以仁义”。著名学者顾颉刚一针见血指出：“武、宣之好儒，好其名耳。”甚至有人怀疑：董仲舒关于“罢黜百家，独尊儒术”的建议，刘彻到底采纳了没有？诏令何在？

不管怎么说，儒学独尊随后成为长期的事实。董仲舒的学说堪称“孔子的笼子”3.0版，其约束权力的意图也是十分明显的。董仲舒特别卖力地推行“天人感应”论，高祖庙及其陵寝偏殿相继发生火灾，他抱病起草一份奏章《灾异之记》，进一步阐释说：朝政有失，上天会降灾谴责帝王；如不自省，会出怪异现象警告；如果还不悔改，上天会改变授命。这显然是借口火灾说上天已经对现实不满，刘彻震怒，差点判他死刑。好比想把老虎关进笼子，结果自己差点被老虎吃掉！但后来2000年，“天人感应”还是常被君臣拿出来说事。

拓展疆域

“和亲”的作用是有限的。《哈佛中国史》评述：

> 尽管汉朝给匈奴的岁贡在日益增加，匈奴并没有停止其侵略。任何一个和约都只持续短短几年，然后又会因一次新的入侵而破裂，而匈奴反过来又要求更多赔偿，以换取和平局面。中国人把这归因于胡人的不忠，但它确实反映了匈奴政权的本性。

匈奴明说：“汉虽强，犹不能兼并匈奴。”大汉恨得咬牙切齿，可又无可奈何。那些学富五车的谋臣，如刘邦的刘敬、吕后的樊哙、刘恒的贾谊等，几乎没一个再主战了。贾谊在朝堂之上提出的战略是：对匈奴来降者或使者，用美食、美女之类糖衣炮弹“坏其目”“坏其口”“坏其耳”“坏其腹”“坏其心”。但没想到的是，他们也会“以汉制汉”，重用汉族降臣，如著名“汉奸”中行说，他常常忠告单于要保持匈奴的优良传统，不要学汉人享乐那一套。软硬不吃的匈奴，让汉人头疼不已。

刘彻上台之初，与匈奴尚处于“友好”阶段。匈奴又来请求和亲，刘彻勉强同意。大臣王恢建议征讨匈奴，刘彻欣然同意。王恢的计谋是，统军30万在马邑（今山西朔州）山谷中设伏，由当地从事外贸的聂壹去给匈奴通报，谎称他已将马邑的长官杀了，请他们乘虚而入。匈奴方面信以为真，单于亲自率10万骑，直奔马邑，但在中途识破真相，立即撤退，让王恢的伏兵白辛苦一场。50年之久的和平就此打破，大规模冲突开始了。

西域一般指玉门关、阳关以西，包括今新疆和中亚的广大地区，当时那一带号称36国，实际超过50国。听说被匈奴逐出的大月氏欲复仇，刘彻想联合他们夹攻匈奴，募人出使。皇宫卫侍张骞积极应募，率员行至河西走廊，不想被匈奴俘虏。10年过去，监视有所放松，张骞出逃，继续履行使命。但因为新的国土肥沃，大月氏已无意复仇。张骞回途又被匈奴扣留，直到他们发生内乱，才再次出逃。回到长安，张骞将此行经历与见闻汇报，刘彻倒是满意。

匈奴借助西域继续与汉对抗，刘彻再次派张骞出使，劝说西域各国与汉联合。然而，张骞一行到乌孙时，那里正发生内乱，使命又没达成。不过，此行分别访问了中亚的大宛（今乌兹别克斯坦费尔干纳盆地）等国，带回葡萄等特产，也给他们传去铸铁等技术，拓展出一条连接欧亚的“丝绸之路”。

刘彻在位 53 年，50 年打仗，击溃匈奴帝国，东并朝鲜，南诛百越，西愈葱岭，奠定中华疆域版图，功不可没。但有两点切不可忽略：一是有些战争显然是非正义的，如为“汗血宝马”一再讨伐大宛；二是战争代价太大，如公元前 119 年征匈奴出塞 14 万军马，回来不到 3 万，很快变得“海内虚耗，人口减半”。马孟龙《秦汉史》说：刘彻晚年时“汉、匈的实力对比，似乎又回到武帝即位之初的态势……实际上宣告汉朝已经放弃了对西域的直接控制”。

经济改革

刘彻还热衷于用金钱收买朝贡。《汉书》载：“及赂遗赠送，万里相奉，师旅之费，不可胜计……民力屈，财力竭。”“文景之治”留下的财富很快挥霍一空，朝野叫苦不迭，刘彻不能不有所悔改，认识到“方今之务，在于力农”。

刘彻命赵过为“搜粟都尉”。这是一种军职，专管征集军粮之事，不常置。赵过在关中地区推广“耦犁”“耧车”，推行“代田法”，为恢复当时农业经济发挥过重要作用。

刘彻上台第二年就进行货币改革，先后多次。后期的改革，主要是以通货贬值政策弥补财政亏空。禁地方铸钱，盗铸钱犯罪总体越来越少，币制逐步走上正轨，使中国的币制得到空前统一。

刘彻意识到财政危机，采取一系列措施进一步敛财，最突出的是“算缗告缗运动”，即凡属工商业主、高利贷者、囤积商等，都要据实呈报自己的财产，官府从每2缗中抽取1算，即120文。一般小手工业者从优，每4缗抽取1算，此为"算缗"。对于告发隐瞒的，赏给所没收财产的一半，此为"告缗"。这两项法令让那些富人恐惧，《史记》说"富豪皆争匿财"。

同时还有其他一系列敛财式改革，如卖官、赎刑、追溯富人罪等。在刘彻的经济改革当中，桑弘羊立有大功，很快被提拔为"大司农"，相当于现代财政部长。民谣却唱"烹弘羊，天乃雨"，说要将他杀了烹了旱天才会降雨，可见百姓对他有多恨。为什么呢？《礼记·大学》曰："与其有聚敛之臣，宁有盗臣。此谓国不以利为利，以义为利也。"聚敛之臣所损害的是道义，而盗贼所损只是财物，所以更有害，更可恨。改革如果"只改其不便君者，不改不便民者"，其个人也往往身败名裂。这种事，历史上并不少见。

皇帝的"自我批评"

董仲舒认为："霜者天之所以杀也，刑者君之所以罚也。"他编写《春秋决狱》，用孔子的思想对案件定罪，法律变次要。刘彻还常根据自己的意愿制定新法，并以此开展"严打"运动。

刘彻时期不仅立法严，执法更残暴，史称"以法制御下，好尊用酷吏"。美国汉学家顾立雅说："与秦朝以来的政府相比，汉武帝的统治也是更为集权、残暴和专制的政权之一。"刘彻与秦始皇的区别，主要在于有没有"独尊儒术"的外衣。人们常将他们两个相提并论，称"秦皇汉武"。刘彻也像秦始皇那样经常出巡，并强烈地追求永生，直到晚年才恍然大悟，叹道："向时愚惑，为方士所欺。天下岂有仙人？尽妖妄耳！节食服药，差可少病而已。"从此不再求仙。

刘彻有一点与秦始皇不同：杀自己的亲人太多。有一次，刘彻梦见几千个手持棍棒的木头人打他，醒来还心跳不已，认为有人在咒他，下令追查。在这场"巫蛊之祸"当中，掘地三尺，用炮烙之类酷刑逼供，前后冤死数万人，包括太子刘据及其3子1女。事后越想越悔，又平反昭雪，修建"归来望思"台盼儿魂归。刘彻对自己进行了深刻的反思：

朕即位以来，所为狂悖，使天下愁苦，不可追悔。自今事有伤害百姓，靡费天下者，悉罢之。

这就是《轮台罪己诏》，内容保存完整。刘彻不是嘴上说说，而是脱胎换骨，彻底整改，重回休养生息的国策。从此，“罪己诏”成为皇帝进行自我批评的特殊文体。

《中国历史兴衰一览图》中，中兴之前那一段衰落难以数据化，姑且统一用虚线表示。

06 昭宣中兴：回归“以人为本”

（公元前 87—公元前 49 年）

公元前 87 年刘彻死之时，就有大臣公开反对为他立庙，指责说：“武帝虽有攘四夷、广土斥境之功，然多杀士众，竭民财力，奢泰亡度，天下虚耗，百姓流离，物故者半，蝗虫大起，赤地数千里，或人民相食，畜积至今未复。”

司马光认为，刘彻“其所以异于秦始皇者无几矣……晚而改过，顾托得人，此其所以有亡秦之失而免亡秦之祸”。“顾托得人”指刘彻在临终时指定霍光等 4 人为顾命大臣，忠心耿耿地辅佐幼主。千古帝王“异于秦始皇者无几”，而能像刘彻那样“免亡秦之祸”且让下一代中兴者实在不多。

刘彻死，儿子刘弗陵继位，即昭帝，年仅 8 岁。没几年刘弗陵病死，又面临选继承人的难题。本来也不太难，可以选昌邑王刘髆的儿子刘贺，即刘彻亲孙子。然而刘贺太不争气，当皇帝 27 天干了 1127 件荒唐事。霍光忍无可忍，与大臣们商议，奏请太后同意，将刘贺即汉废帝给废了，改立刘彻唯一的曾孙刘询（刘病已）为帝，即汉宣帝。

平定西域

刘询继位第三年，匈奴似乎想试试汉室新帝的实力，一边频频侵汉，另一边侵乌孙。乌孙王及有个凄美名字的解忧公主致书刘询，表示愿出精兵 5 万，东西夹击匈奴。刘询自然乐意，派出 15 万骑。听闻大军从长安出征，匈奴吓坏了，马上安排老弱赶着畜产远远逃避。

游牧族民间有句俗谚："要打倒英雄，只要一支箭就够。要打倒游牧民，只要一晚的雪就够。"匈奴王率数万骑报复乌孙，不料天降大雪，一日之间雪深丈余，人马冻死无数，生还不足 1/10。这时，丁零、乌桓与乌孙联合向匈奴进攻，杀敌数万，获马数万。更要命的是这时期匈奴雪灾频繁，引发饥荒，死 3/10。种种因素之下，匈奴实力大衰，依附的小国纷纷瓦解。随后，刘询又派 3000 骑分四路进击匈奴，生俘数千。

匈奴经这一连串打击，渐趋衰弱，不得不向汉称臣。但是，他们要求对等地位。刘询认为匈奴不再构成威胁，撤去塞外诸城，让百姓休养生息。匈奴王率众降汉，汉将郑吉威震西域，趁势在乌垒城（今新疆轮台）设西域都护府。从此，汉的号令行于西域全境。不久，匈奴撤回在西域的官员，并朝汉贺岁又和亲，其乐融融。

史称："北边自宣帝以来，数世不见烟火之警，人民炽盛，牛马布野。"

司法改革

曾经有官员当面批评刘彻杀人太多，当心把天下的人才给杀光。司法部小吏路温舒上书刘询直陈：死囚流的血盈满街市，其他囚犯比肩相连，诚感可哀。人之常情，安乐时愿意活下去，痛苦时则求早死。严刑拷打之下，要什么口供就会有什么口供。问案人员利用这种心理，故意把囚犯的口供引导到犯罪的陷阱。路温舒为此建议道：改变重刑罚的政策，主张“尚德缓刑”，反对刑讯逼供，废除诽谤罪以广开言路。对此，柏杨评论：

仅靠行政命令当然不能改变悠久传统，因为冤狱与酷刑，是无限权力政治制度下的产物，此种制度存在一日，冤狱与酷刑存在一日。像司马迁、周亚夫、颜异，事实上任何法官都救不了他们。但路温舒的奏章，使我们发现中国人权所受的蹂躏，自古就没有有效的保护。这份奏章，是中国最早争取人权的呼声，虽然很温和，很微弱。

看完这份奏章，刘询增设司法官员四名，加强对地方司法机构的控制，以慎刑狱。同时另有请删定律令，以正其本，使愚民知所避，奸吏无所弄。

由此可见，当时司法还挺黑暗。所幸一出生就坐牢的刘询不像刘彻，而是采取了一系列改革措施。他上台当年提拔执法公平的官员，数度解决疑案。此后更多，如要求定罪量刑一律从轻；以刑讯致死人多少来考核狱卒优劣，恩准周勃等 136 人的子孙祭祀他们的祖先；开展全面检查并对治狱不平者不用；80 岁以上除诽谤杀伤人者不论罪；委派 24 名官员巡行天下查冤狱及苛暴不改的官吏。刘询的一系列措施，初步改变了刘彻时期人人自危的恐怖局面，缓和了社会矛盾。

刘询对贪官污吏严惩不贷。田延年是功臣，任河南太守时非常残暴，每到冬天集中处决死囚，往往血流数里，人称“屠伯”。霍光想废昌邑王而另立刘询时尚有犹豫，田延年鼓励他下决心。因此，刘询上台后很感激田延年，封他为侯，提拔为大司农，主管全国财政。没想他又贪财，在修建刘弗陵墓圹的时候，利用雇牛车运砂的机会贪污 3000 万钱。御史大夫田广明替他说情：“《春秋》上有以功覆过的大义。当初废昌邑王的时候，如果没有田延年一番慷慨陈词，哪有皇上今天？现在，由官府拿3000万替田延年赎罪，不就得了吗？”刘询坚持要审判。田延年叹道：“我有何面目进牢狱？”他不肯去受审，拿着一把刀想自杀又下不了决心，在自家园子里来回踱步。过几天，听外头传来鼓声（类似现代警笛），他才自刎。

注重民生

公元前81年，朝廷召集全国各地“贤良文学”60多人，与官员共同讨论民生问题，后人把这次会议称为“盐铁会议”。这里“贤良”指品貌端正、道德高尚之人，“文学”指精通儒家经典之人。在这次会上，主要就财经政策、屯田戍边、与匈奴关系等一系列重大问题展开激烈争论。这是中国历史上第一次规模较大的国家大政辩论会。结果，废除酒类专卖和关内铁官。30年后，大臣桓宽根据这次会议的官方记录加以“推衍”整理，把观点详尽记述出来，写成《盐铁论》。这本书实际上是政论性散文集，内容不限于经济，还涉及当时政治、军事、外交、文化等多方面，在经济思想史和文学史上都具有重要意义。

战国时李悝在魏实行“平籴”，即官府在丰年购进粮食储存，以免谷贱伤农；歉年卖出所储粮食，稳定粮价。桑弘羊曾对此加以完善，创立“平准法”，大同小异。刘询时期连年丰收，谷价有时贱到一石五钱，农民利益受损。于是，在边郡普遍设粮仓，谷贱时增其贾而籴，谷贵时减贾而粜，名曰“常平仓”。钱穆说：

汉代的平准制度，乃一种调整物价的措施。此制度在中国历史上不断变通运用。即如粮价一项，遇丰年时，政府以高价收购过剩粮食，以免谷贱伤农。待到荒年季节，政府便以低价大量抛售积谷，寓有赈济贫农之意。此项制度，随后由社会上用自治方式推行，即所谓社仓制度。据说美国罗斯福执政时，国内发生了经济恐慌，闻知中国历史上此一套调节物价的方法，有人介绍此说，却说是王荆公（王安石）的新法。其实在中国本是一项传统性的法制。

英国史学家塞缪尔·E. 芬纳的《统治史》也认为这比埃及类似的做法更为先进。所以，有人说“常平仓”是中国对世界的伟大贡献之一。

《汉书》称当时：“政教明，法令行，边境安，四夷亲，单于款塞，天下殷富，百姓康乐，其治过于太宗（刘恒）之时。”刘询被后代尊为中宗，意谓中兴之主。

07 光武中兴：汉室死而复生

（公元 25—公元 57 年）

尽管刘询对司法大加改善，太子刘奭对父皇还是有意见：“您用刑太多，应当多用儒生！”刘询听了立时变脸，斥责道：

汉家自有制度，本以霸王道杂之，奈何纯任德教，用周政乎？且俗儒不达时宜，好是古非今，使人眩于名实，不知所守，何足委任？

历来是“霸道”与“王道”兼杂着用，礼法并重，怎么可以只用“周政”德教呢？ 这话可谓一语道破天机。霸道指法家，强调军事法律；王道指儒家，强调道德伦理。先秦时，儒、法是尖锐对立的，法家的《商君书》赤裸裸，毫不客气将礼乐、诗书、修善、孝悌、诚信、贞廉、仁义与非兵羞战称为“六虱”，即六种危害王权的行为。在法家心目中，百姓只是王权的工具。

法家虽然成就统一六国的大业，但名声太臭；儒家虽一事无成，但遭太臭的人迫害而被捧得太香，后来的统治者聪明了，两者兼顾。“霸王道杂之”的学界说法是“外儒内法”。许倬云还说：“秦以法家治国，其实法家不过是儒家的变种。”“俗儒”语出《孟子》，与“大儒”“通儒”相对，指浅陋而迂腐的儒士。刘询斥俗儒只不过徒有虚名罢了，不足任用。然而，从孔子到董仲舒之辈大儒，生前也都没有得到重用。刘询觉得会说出这番崇儒之言的太子都不可用了，忧心忡忡长叹：“乱我家者，太子也！”

刘询在是否更换太子的犹犹豫豫中去世，刘奭继位。大权在握，刘奭放手“纯任德教”。社会流传这样的话：“遗子黄金满籯（竹笼），不如一经。”读儒经做官，成为当时入仕的主要途径。结果，豪强大地主兼并之风盛行，对外戚、宦官过于放纵，社会危机日益加深。

刘奭死后，太子刘骜继位。刘骜生母王政君被尊为太后，外戚王氏家族开始登上政治舞台。刘骜生活荒淫，不仅宠幸赵飞燕、赵合德姐妹，还热衷同性恋，将朝政全委诸位国舅。外戚权倾朝野，没干什么正事。刘骜去世，由于没儿子，只好让侄儿刘欣继位。想不到，刘欣“名垂青史”的是更痴情的同性恋。大臣上书直言，当时“民有七亡而无一得”，即天灾、苛捐杂税、贪官污吏掠夺、豪强地主兼并、徭役误农时、地方杂差误生产、盗贼抢劫；另“有七死而无一生”，即酷吏打死、判刑从重、陷害加罪、盗贼伤害、仇杀、饥荒和瘟疫。对此类谏，刘欣全当耳边风。

刘欣死，又没儿子，将年仅 8 岁的刘衎迎为嗣。外戚王莽任大司马，协助童子皇帝。王莽以孝闻名，博学多览，为人谦恭，对家人要求也十分严格。大臣上书盛陈王莽功德，建议像周王敬重周公一样，加封王莽“安汉公”尊号，意思是他使汉朝得以安宁。对此，有官民 8000 多人附和，这在当时实在是一大奇迹。不久，大臣又纷纷举荐“安汉公”升为摄政王，代天子行政。公元 8 年，呼吁王莽当真皇帝的人增多，王莽便真的坐上天子位，宣布改国号为“新”，终结西汉王朝。王莽篡权总体平静，只是后人对于王莽的人品争议很大。北京大学历史学系教授刘华祝说：“通观《汉书》可以看到，王莽代汉而立的前后，其人格还是比较一致的。”当时大儒扬雄支持王莽，就是以

“周政”反对西汉延续秦政。汉朝在历史上名声并不太好，总让人联想强秦，直到清朝才开始转为正面形象。

王莽是有远大政治抱负的，但他“刻舟求剑”，仿照千年前周朝制度推行一系列新政，干得热火朝天。他认为只要古制一恢复天下就太平，所以绞尽脑汁地谋划每一个细节如何符合儒家古籍的描述。王莽常在灯下处理公务，天亮还没忙完。大臣也是早出晚归，每天有开不完的会。但他们却没时间处理诉讼冤案和百姓迫切需要解决的问题，连大小官吏的工资也拖到七八年之后才补发。官吏得不到基本的生活费，只好贪赃枉法。富人保不了家产，穷人不能活命，于是纷纷去当强盗。加上天灾、领导集团内部分裂，反叛势力日益壮大。民军攻入长安，斩王莽，将他的头悬于市中。

当时几十支民军不光对官兵作战，他们相互间也争权夺利，烽火连天，血流成河，民不聊生……

公元 25 年，刘秀“跨州据土，带甲百万”，在鄗（今河北柏乡）称帝。为践行重兴汉室的口号，刘秀的政权仍然使用“汉”的国号。“光武”是刘秀后来的庙号。不久迁都洛阳，史称“东汉”。

“柔道政治”

刘秀不仅恢复汉朝的制度，还恢复刘氏宗室的种种特权，皇权也不断得以强化。但同时，刘秀尝试一种“柔道政治”，屈伸得宜，以柔克刚，与“无为而治”如出一辙。大将出征的时候，刘秀特地交代：“征伐非必定掠地屠城，在于平定安置。你是读书人，要多加注重，不要给百姓添加苦难！”刘秀还曾明示：“边吏力不足战，则守。追虏料敌，不拘以逗留法。”他反对那种冒死硬拼的战法，不鼓励边疆官兵当无谓的烈士。

战争还没结束，刘秀便迫不及待精兵简政，大批战士解甲归田，恢复发展经济。当时全国大约有 1000 个县，他一口气裁掉 400 多个。同时，还将诸王降为公、侯。刘秀跟刘邦一样，靠手下一批得力干将拼死拼活卖命，也一样不能坐视功高盖主，但他没像刘邦那样“狡兔死，走狗烹”。人们所熟知的赵匡胤“杯酒释兵权”的做法，实际上是刘秀首创。史称：东汉开国功臣“皆保其福禄，终无诛谴者”。

儒学虽然被刘彻“独尊”，但他只是说说而已，直到西汉末才上升到主导地位，刘秀时期才开始真正成为官学。刘秀青年时代曾经游学长安，主修《尚书》，属中国最有学问的开国皇帝，其 28 名开国功臣当中，儒者至少有 10 人。建太学，置博士，传授诸经，据说这是世界教育史上有确切文字记载的第一所国立中央大学。刘秀巡视鲁地时，遣大臣祭祀孔子，封孔子第十七代孙孔志为褒成侯。对于王莽时期隐居不仕的官僚、名士加以礼聘，表彰他们忠于汉室、不仕二姓的高风亮节，培养重名的社会风气。但是，鉴于王莽时期古文经学严重误导了朝政，刘秀废除古文经学博士，杜绝儒生利用“古礼”干政，让儒学回归思想学术领域，不再主导王朝政治。马孟龙《秦汉史》说：“经过皇权的干预和改造，儒学无法像西汉末年那样凌驾于政治之上，而是转变为维护汉朝法统和皇权的工具，这正是东汉皇帝们改造儒学，给儒学重新定位的主要目的。”这种情形，延续到清末。

早在战国时代，孟子就抱怨当时人们将儒术作为“敲门砖”，一旦升官就抛弃。荀子的指责更严厉，说太多儒生只是贵族的食客和走狗，骗吃骗喝。《礼记》也不得不承认当时许多儒生并不是真正的儒者。到汉“独尊儒术”之后，这种情况更严重，时谚曰：“举秀才，不知书。察孝廉，父别居。寒清素白浊如泥，高第良将怯如鸡。”沽名钓誉者多，真才实学者少。

解决历史遗留问题

秦汉留有一些奴隶制残余，主要体现在奴婢问题上。奴婢没有独立的身份，依附于主人。权贵贪婪无度，蓄养奴婢越来越多，造成“世禄之邑，几无王民”的局面，直接影响国家财政、军队、徭役的来源。

刘秀诏令：“天地之性人为贵。其杀奴婢，不得减罪。”要求尊重奴婢的

“人权”，他先后十来次专门下诏，一再强调恢复他们的平民身份。

战争一结束，刘秀就及时把工作重点转移到社会经济方面。轰轰烈烈开展“度田”运动，一是丈量土地，二是清查户口。据专家学者统计，当时全国每个农业劳动力平均每年生产谷物 1000 公斤左右，每人年平均占有粮食约 320 公斤，每人年平均口粮约 243 公斤，亩产一般在 50 ～ 100 公斤，最高可达 250 ～ 350 公斤。直到近代，农业生产率一直在这个水平线上徘徊。那时人口回升到 5000 多万，这是个缩小了大约 20% 的官方人口统计数字。中国历史上的总人口数，从汉至明始终在 5000 万～ 6000 万。

复旦大学历史地理教授葛剑雄认为：“空前强大的盛唐发轫于东汉，以汉族为主体、多民族共处的格局也肇始于东汉。”秦汉史学家黄留珠说：“在中国的历代帝王中，汉光武帝刘秀是唯一一个同时拥有‘中兴之君’与‘定鼎帝王’两项头衔的皇帝。刘秀的‘中兴’，是重建了一个新的王朝，只不过这个新的王朝仍然沿用了‘汉’的称谓罢了。”著名学者南怀瑾甚至说：“在中国两千年左右的历史上，比较值得称道，能够做到齐家治国的榜样，大概算来，只有东汉中兴之主的光武帝刘秀一人。”

08 明章之治：儒学最盛

（公元 57—公元 88 年）

公元 57 年刘秀死，其子刘庄继位，即汉明帝。公元 75 年刘庄去世，其子刘炟继位，即汉章帝。

恢复西域

刘询时期，因天灾、外患和内乱，匈奴曾一分为二。刘秀时期，匈奴又由于同样的原因分裂，从此再也没有统一。南匈奴依附东汉，北匈奴也要求和亲，刘秀则感到为难。刘庄当时已是太子，发表意见说："如果我们与北匈奴和亲，他们不会畏惧，南匈奴也会对我们有二心。"于是拒绝北匈奴。刘庄即位后，同意与北匈奴发展贸易关系。但他们依然经常南侵，逼得刘庄改变刘秀"息兵养民"国策，重新对匈奴开战。刘炟继位后继续战。后来，北匈奴王率众叩塞请降，又请求互市，刘炟同意。但这时鲜卑族开始强大，与南匈奴等联手打击北匈奴，斩杀其单于。北匈奴内部大乱，58 个部落 28 万人分别降汉。不久北匈奴遭饥荒，又有大批人降汉。从此，匈奴强势不再。

刘庄派班超率 36 名随从出使西域。在鄯善，黑夜奔匈奴使者驻地，10 人拿鼓，其余人持刀枪弓弩埋伏两边，顺风纵火，前后鼓噪，声势喧天。匈奴人乱作一团，被杀 30 多人，其余葬身火海。第二天班超请来鄯善王，出示匈奴使者的首级，他只好表示归附。不久到于阗，神巫煽动于阗王向班超讨马。班超爽快答应，但要求神巫自己来牵。等神巫到来，班超不由分说，一刀将他杀了，把首级送还于阗王。于阗王当即下令杀匈奴使者，归附东汉。到疏勒，在 90 里外落脚，派田虑去招降。疏勒王兜题见田虑一个人来，根本不在乎。田虑乘其不备劫持他，上马疾驰而回。班超这才率众进城，将疏勒文武官员集中起来，宣布改立兜题的侄儿为王。就这样，东汉逐步恢复对西域的统治。史书多说班超"出使"，实际上可谓"出征"。30 多人就能降服一个小国，东汉之强可见一斑。

严吏治与宽刑法

刘庄勤政，史载"乙更尽乃寐，先五更起，率常如此"。他对官员很苛刻，这在两汉诸帝中是有名的。小吏误记西域属国贡品，刘庄亲自查账，并把责任人召来亲自责打，直到尚书台长官来说情才息怒。这有效保证了纲纪整肃、吏治谨严，使效率大为提高。刘炟基本继承刘庄的作风，但对外戚过于放松。

刘庄对社会全方位治理。刘庄继位第三年，缅怀当年随父皇打江山的功臣宿将，命人绘28位功臣的画像于洛阳南宫的云台，开展革命传统教育。伏波将军马援虽有大功，但其女为皇后，还有其他一些功臣大将也因为与皇室有亲戚关系却没被列入。由此可见，刘庄在避嫌，严于律己。

刘庄在生活上则禁奢侈。齐郡号称“冠带衣履天下”，临淄与陈留襄邑（今河南睢县）是当时全国两大官办纺织中心。西汉政府在临淄设三服官，生产刺绣等。刺绣在汉代是非常昂贵的丝织品，价格在锦之上，大约为一般缯帛的20余倍。刘庄却诏齐相禁止生产冰纨、方空縠、吹纶絮（均系高级纱）。

与此同时，继续省刑。几次诏天下系囚减死一等，让全国各地尚未裁决或者已定死刑的罪犯，可缴纳一定缣绢赎罪免死。诏令威武、张掖、酒泉、敦煌等及张掖属国，那些刖刑以下还能当兵的在押囚犯，一律不再治罪，送入军营充军。诏令禁止酷刑，并废苛法50余条。

休养生息

刘庄、刘炟继续实行休养生息的国策。上林苑是刘彻在秦代一个旧址扩建的宫苑，地跨5县，纵横300里，既有自然景观，又有华美宫室，为中国皇家园林之最。早在建设之初，就受到“上乏国家之用，下夺农桑之业”的批评。后因不堪重负裁撤管理员，把所占池、田陆续发还贫民。东汉初期，上林苑已是一片废墟。刘炟令各郡国招募那些自己没田而想到别地方垦殖的农民，赐给这里的公田，且免租5年，免算赋3年。

他们还重视兴修水利。黄河、汴河决坏，60多年失修，造成“汴渠东侵，日月弥广，而水门故处，皆在河中，兖、豫百姓怨叹”。刘庄决定修汴渠，派王景为管理土木营建的官员，发兵数十万。自荥阳东至千乘（今山东利津）海口千余里，重新筑堤，使黄河与汴河分流，黄河不再侵汴河。王景亲自测量地形，指导开凿山阜，破除砂石，疏决壅塞，每 10 里建一道水门。第二年 4 月竣工，使黄河 900 多年未发生重大改道。芍陂位于今安徽寿县，由春秋时楚相孙叔敖主持修建，与都江堰、漳河渠、郑国渠并称我国古代四大水利工程。因久未修治，逐渐荒废。王景任庐江太守时，组织对芍陂进行较大规模修治，使百里万顷良田得以灌溉。

此外，刘炟还诏令民有产子者减免人头税 3 年；所有怀孕的妇女每人赐给胎养谷 3 斛，并免其夫人头税一年；孤儿家庭以及养不起孩子的家庭，均由官府供给粮食。这样，人口恢复很快，刘秀末年人口 2100 多万，刘炟时回升到 5000 多万。

史书描绘刘庄末年："天下安平，人无徭役，岁比登稔，百姓殷富，粟斛三十，牛马被野。"

文化多元

刘庄和刘炟都曾亲临曲阜祭孔。刘庄到山东巡视，特地拜访孔府，祭祀孔子及 72 弟子。他亲登讲堂，给皇太子和诸王说经。刘炟将当时著名博士、儒生召集到白虎观（洛阳北宫），亲自组织讨论五经之同异，历时一旬。会后命班固整理，汇编《白虎通德论》。这部书系统吸收阴阳五行和谶纬之学，形成今文经学派的主要论点，是董仲舒以来儒家神秘主义哲学的进一步发展。其主要内容是用董仲舒"无类比附"的手法，将君臣、父子、夫妇之义与天地星辰、阴阳五行等各种自然现象相比附，用以神化封建秩序和等级制度。

刘庄做梦：一位神仙金身有光环，从远方飞来，降落在殿前。他把这梦告诉群臣，询问何方神圣。大臣说："听说西方天竺有位神，号称'佛'，能够飞身于虚幻中，全身放射光芒。皇上梦见的可能是佛吧！"于是，刘庄派使者蔡愔等 13 人去西域，访求佛道。3 年后蔡愔携两位印度僧人回洛阳，以白马驮回佛像及经卷。刘庄要求翻译一部分佛经，并在洛阳建造寺院，安置印度名僧。这就是洛阳白马寺的来历。

有一种汉字书写方式叫“章草”，特点是笔有方圆，横有波折，简率连笔；字字有区别，字字不相连，草体而楷写。关于“章草”的由来有不同说法，一种说法是：刘炟喜爱这种书体，要求大臣都用，所以这种字体也姓“章”。

东汉被推崇为中国历史上“风化最美，儒学最盛”的时代，主要指这一时期。

09 汉和盛世：刚柔相济
（公元 88—公元 105 年）

公元 88 年刘炟逝世，10 岁的太子刘肇继位，称汉和帝，养母窦太后执政。窦太后是个才女，但不是善人，死后还没下葬就有几位大臣上书，要求贬她的尊号，不宜与先帝合葬。刘肇亲自下诏：“窦氏虽不遵法度，而太后常自减损……恩不忍离，义不忍亏。案前世上官太后亦无降黜，其勿复议。”强行压制异议。南宋学者谢采伯评论：“幸窦邓之贤，内外扶持，无大变故。”窦邓就是指窦太后与皇后邓绥。如果窦太后真不“贤”的话，一个十来岁的孩子怎么当皇帝，而且开创盛世？

宫中减省与济贫

刘炟病逝时遗诏后事从简，不起寝庙；同时罢郡国盐铁之禁，允许民众煮盐铸铁，让利于民。刘炟这种情怀，深深地影响了刘肇。亲政后的刘肇诏令：

去年秋麦入少，恐民食不足。其上尤贫不能自给者户口人数。往者郡国上贫民，以衣履釜贽，而豪右得其饶利。诏书实核，欲有以益之，而长吏不能躬亲，反更征召会聚，令失农作，愁扰百姓。若复有犯者，二千石先坐。

“恐民食不足”，表明是刘肇怕百姓生活有困难，便主动严查有没有耽误农时、扰乱百姓的事，如果有直接拿太守问罪。同时，刘肇诏令省减内外厩及凉州诸苑马，并将上林苑、广成囿等皇家园林开放给贫民，允许他们采捕，不收税。

邓皇后崇尚节俭，禁绝郡国献珍玩，逢年过节只让供应些纸墨而已。人们抨击唐玄宗、杨贵妃荒淫误国，多用杜牧诗“一骑红尘妃子笑，无人知是荔枝来”。《新唐书》载：“妃嗜荔枝，必欲生致之，乃置骑传送，走数千里，味未变，已至京师。”为让宫中吃到好荔枝，不少差官、驿马倒在四川至长安的路上。其实，这种事汉时已有。但邓皇后在这方面比杨贵妃好多了，敕令：“远国珍馐，本以荐奉宗庙，苟有伤害，岂爱民之本？”从此不再接受岭南上贡的新鲜龙眼、荔枝。这并不是偶然一例。直到刘肇去世后第二年，身为邓太后的她还诏减太官（掌天子御膳）、导官（掌择御米）、尚方（掌御刀剑）、内署（掌内府衣物）诸服御、珍膳、靡丽难成之物，郡国所贡皆减过半。

当时的天灾不多，但刘肇非常重视。如京城发生蝗灾，人们将责任推到相关部门，刘肇深感痛心，下诏首先自责：“蝗虫之异，殆不虚生，万方有罪，在予一人，而言事者专咎自下，非助我者也。”刘肇扶贫济困举措不少，如诏贫民有田业而因为贫穷无法自耕的，由官府贷给种粮。

平定四边

北匈奴发生饥荒，南匈奴请求东汉出兵北匈奴，刘肇同意。外戚窦宪犯有死罪，为免一死，请缨赎罪。窦宪等发5万余骑，分兵3路出塞，第二年在稽落山大败北匈奴，收降20多万人。他们追击3000余里，在燕然山（今蒙古杭爱山）刻石记功。窦宪遣兵出居延塞5000余里，在金微山（今俄罗斯西伯利亚）再次大败北匈奴。北匈奴单于丢下其母，自己逃得无影无踪，残兵败将数千人在蒲类海（今新疆巴里坤湖）自立新单于，遣使请降。

随着大月氏等先后归附，东汉恢复西域都护府，班超为督护，驻节龟兹。至此，西域只剩焉耆、危须、尉犁3国未降。班超发龟兹等8国联军共7万兵，进击3国。大军至尉犁，宴请3国国王及大臣。焉耆王等30多人信以为真，大都准时赶来。没想到，宴席才坐定，班超突然变脸，责问："危须王为什么不来？焉耆国相为什么逃跑？"立即将他们全部斩杀，传首京师，并纵兵抢掠，斩杀5000多人，俘获1.5万人，马畜牛羊30多万头，另立焉耆王。从此，西域全都归附汉朝。

鲜卑让汉室又喜又忧，喜的是匈奴有了"天敌"，忧的是他们渐渐取代匈奴，也越来越多侵扰中原，成为中原新的敌人。高句丽与扶余长期对抗，而扶余与中原十分友好。这时期，高句丽实行集权统治，开始对外扩张，努力摆脱汉朝的控制，常发生武力冲突。

这时期烧当羌强盛起来，也与汉屡屡冲突。刘肇命3万汉、羌、胡联军讨伐，烧当羌首领迷唐远逃，几年后病死。后来迷唐的儿子降汉时，总共才剩几十户。

人才与文化

儒学早期也是异彩纷呈。《韩非子》说自孔子死后，有子张之儒、子思之儒、颜氏之儒、孟氏之儒、漆雕石之儒、仲梁氏之儒、孙氏之儒、乐正氏之儒，史称“儒分为八”。东汉之初，官定五经博士 14 家，其中《易经》4 家，《尚书》与《诗经》各 3 家，《春秋》与《礼记》各 2 家，在太学设甲、乙两科。太学随心所欲解释经典，混乱得很。为此，大臣建议太学博士传业须以官定为准，考试出 50 道题，以各家章句作为标准答案。刘肇采纳，结束异说纷争的现象。

这个时期各方面人才辈出。如军事方面的窦宪，外交方面的班超。此外，以下几人也曾作出卓越贡献。

王充：博览群书，擅长辩论。他认为庸俗的读书人大多都失去儒家的本质，于是闭门思考。他以道家的自然无为立论，以“天”为最高范畴，批判“天人感应”神学目的论、唯心主义先验论、有鬼论及各种世俗迷信思想，主张生死自然，力倡薄葬，是汉代道家思想的重要传承与发展。代表作《论衡》85 篇，其中《订鬼》现在是中学课文。梁启超称：“王充《论衡》实汉代批评哲学第一奇书。”

班固：出身儒学世家，并在其父班彪《史记后传》基础上撰《汉书》（又名《前汉书》），被告“私修国史”下狱。幸好他有个大名鼎鼎的弟弟班超为他快马进京申冤。刘庄亲自读了，确认是奇作才获释，拜为兰台令史，掌管皇家图书，继续著《汉书》。他曾随窦宪远征匈奴。不想窦宪案发，班固受牵连，同年死于狱中。刘肇获悉，将狱吏处死抵罪，并且命其妹班昭继续写。然而，班昭也未完稿便去世。刘肇又召班昭的门生马续接着编撰，这才大功告成。历史上不少重大著述都与帝王有关，但大都是沾光而已。而《汉书》，完全可以说没有刘庄、刘肇便没有此书。《汉书》开创纪传体断代史的新体例。此外，班固是“汉赋四大家”之一，《两都赋》开创京都赋的范例，列《文选》第一篇；其《白虎通义》则集当时经学之大成，谶纬神学从此理论化、法典化。

蔡伦：少读《周礼》《论语》，满腹经纶，18 岁后才被推荐进宫做宦官。因有功于太后升为中常侍，又因扶助刘肇有功，以位尊九卿之身兼任尚方令，主管皇宫制造业，“监作秘剑及诸器械”。就是在此职位上，蔡伦总结工匠们的造纸经验，革新工艺，于刘肇去世前夕向皇帝献上一种新纸。刘肇非常赞赏，诏令天下推广使用。9年后蔡伦被封为“龙亭侯”，食邑300户。因此，这种新纸也称“蔡侯纸”。蔡伦的造纸术被列为中国古代四大发明之一，沿“丝绸之路”经中亚、西欧向世界传播，为世界文明做出重大贡献。不过，1986年在甘肃天水放马滩一个汉墓出土一张纸，据考证这是西汉早期用麻做的纸，也是目前世界上已知最早的纸。最新《中国考古学·秦汉卷》指出：“早在蔡伦之前的西汉时期，中国已创造出了麻质植物纤维纸。随着西北丝绸之路沿线考古工作的不断进展，在陕西、甘肃、新疆等地许多西汉遗址和墓葬中发现西汉不同时期制造的古纸，从而引起了造纸起源问题的大讨论。”

刘肇任用的司法官富有同情心，每次断案，都依据经典，而“务从宽恕”。垦田面积达732万顷，为东汉之最。户籍人口达5325万人。人们将此时期誉为“汉和盛世”，也称“永元之隆”。“永元”是刘肇的年号之一。

第三章

乱世奇葩

刘肇生有许多皇子，大都夭折，公元105年他去世时仅剩两个：一个刘胜，患怪病多年，显然不用考虑；另一个刘隆，出生只有100天，勉强立他，成为中国继位年龄最小的皇帝，皇太后邓绥临朝听政。没想到第二年刘隆又悄然离世，成为中国寿命最短的皇帝，史称“八月皇帝”或“百日皇帝”。清河孝王刘庆之子刘祜继位，时年也只有13岁，仍由邓太后听政。刘祜在位19年又突然病死。在东汉，娃娃皇帝、短命皇帝似乎成为一种常态。东汉14帝，除一人不详，刘秀、刘庄继位时30岁，其余11个继位年龄全在18岁以下，其中4个10岁以下。14帝当中有7个不是前任的儿子，除刘秀、刘庄和刘炟外全都有外戚势力。

外戚梁冀不仅在朝中飞扬跋扈，在外也横行霸道。他喜欢兔子，建个兔苑就圈几十亩地，一个人打死他一只兔子，十多个人受牵连被处死。他的家产30兆缗，相当于当时全国租税的一半。对这样一个恶人怎么办？桓帝刘志找宦官唐衡，躲到厕所里密谋。唐衡找4个同伙，设计杀了梁冀，举国欢庆。不想唐衡等宦官因功得势后，比梁氏集团有过之而无不及。宦官具有拥立皇帝的实力，甚至受封为侯，养子继位，其兄弟、弟子出任地方主官，势力扩大到全国。此为历史上第一次宦官大祸害，唐末第二次，明末第三次。所以，宦官的名声总体很糟，唐甄形容他们：“望之不似人身，相之不似人面，听之不似人声，察之不近人情”，充满厌恶。

东汉末年，军阀曹操“挟天子以令诸侯”。群臣奉劝曹操自立，曹操不肯：“如果真有那个天命，我就当周公吧！”曹操对周公崇敬不已，曾赋诗曰："山不厌高，水不厌深。周公吐哺，天下归心。"曹操心志并不小。公元220年曹操病逝，其子曹丕袭爵位。同年，汉献帝刘协便宣布退位，禅让曹丕。曹丕改国号"魏"，建都洛阳，东汉寿终正寝。

另一个军阀刘备口口声声要复兴汉室。曹丕建魏第二年，刘备在成都称帝，史称"蜀汉"。再一个军阀孙权只称吴王，继续接受曹丕的领导，但公元229年也称帝。至此，3个皇帝全部到位，形成三国鼎立的格局。

三国大致呈"品"字形，魏国居北方，蜀国居南方西部，吴国居南方东部。蜀国与吴国结盟，东西呼应，与魏抗衡。

曹操是一个富有远见的政治家，卓越的军事家，著名诗人，他绝对称得上英雄。曹操25个儿子，几乎个个优秀，曹植七步成诗，曹冲称象，都是千古美谈。曹丕是公认的政治家、文学家，诱惑古往今来无数文人皓首穷经的那句名言"盖文章，经国之大业，不朽之盛事"，就是他说的。然而，曹操孙子辈却不成器。曹芳继位长大后，长年不亲政而沉迷女色，与戏子之流打得火热。公卿大臣忍无可忍，上奏郭太后同意，改立曹髦为帝。曹髦是曹丕之孙，年仅20岁，诗文书画水平颇高，对权倾朝野的大臣司马昭十分不满，只可惜心计少了些。他召3位大臣来商议，坦言："司马昭之心，路人皆知也。吾不能坐受废辱，今日当与卿自出讨之。"没想到，大臣一出门便告密，曹髦率兵还没摸着司马昭的门就被杀。只因还欠人气，司马昭像曹操一样不敢称帝，而新立曹操一个15岁的孙子曹奂。公元265年司马昭中风猝死，其子司马炎继王位，没几个月就重演曹丕当年的历史，叫曹奂靠边去，改国号为"晋"，史称"西晋"。"太康"是司马炎年号之一。

10 太康之治：三国归一

（公元 265—公元 290 年）

统一大业

司马炎上台之初，西晋与吴的关系算是友好，即使不友好，那也是吴国恃强凌弱。国内稍安定，司马炎开始着手征吴。当时，西晋和孙吴各有一个荆州。西晋的荆州包括今陕西、河南一部分与湖北北部，吴国的荆州包括今湖北和湖南大部分地区，南北对峙。

晋守将羊祜从长计议，一方面开办学校，安抚百姓，另一方面与吴国人以诚相待，来降的去留自定，怀来远人。军队一分为二，一部分戍守，另一部分垦田。经过充分准备，于公元 280 年发 20 万军，兵分 5 路，沿长江北岸向吴发起总攻，第6路从巴东、益州沿江东下，直捣吴都城建业（今江苏南京）。东吴防守苦心经营多年，不仅在巫峡设置无数锋利的、长达十余丈的铁锥，还在江面狭窄处用粗大的铁链封锁江面。晋军针锋相对，每船载无数根数丈长的麻油火炬，硬是将那些铁链烧断。不等第 6 路军进城，吴帝便命使者出迎请降，结束长达近百年的分裂局面。

制度的继承与创新

几乎每一个新的王朝，对于旧王朝的制度都有所继承，有所改革，只是或多或少而已。晋对于魏、蜀、吴的体制改革较多。司马炎处处小心避开曹氏的覆辙，明确以汉初“无为之法”为国策。

灭吴后，司马炎认为既然天下统一了，就应当“韬戢干戈，刺史分职”，悉去州郡之兵，大郡只留武吏百人，小郡50人。随后又实行“土断”，指以现居地为准，将人户著之于籍。当时，北方侨人日益增多，南方流民也纷杂。这一政策延续至东晋、南朝时期，加速了南北民族的融合。

《泰始律》20篇620条，特点是“峻礼教之防，准五服以制罪”，以“五服”亲属关系远近及尊卑作为定罪量刑的依据。“五服”指礼制中的服丧制度。此法被视为中国第一部儒家化法典，一直持续到明清。

灿烂的文化

汲郡（今河南卫辉）有个人盗掘战国时期魏襄王的墓。地方官发现那墓中烧剩的有大批竹简，立即上报。司马炎获悉，即命几十位文化界权威释读、整理这批竹简，称之《汲冢书》，整理为《古本竹书纪年》，它比《史记》成书时间早200年，弄清楚诸多历史谜案。由此，史学很快发展成一门独立的学问。否则，汲郡地方官或者司马炎的文化意识不强，都不大可能会有如此重大的突破。

当时，盛行一种被后人称颂的“太康文学”，其代表人物为一左（左思）、二陆（陆机、陆云兄弟）、二潘（潘岳、潘尼叔侄）、三张（张载、张协、张亢兄弟）。文人最喜欢的成语“洛阳纸贵”，说洛阳人纷纷抢购，造成纸张奇缺，纸价飞涨。为什么会如此呢？因为左思的《三都赋》写得太好了，人们纷纷传抄。左思出身寒门，其貌不扬，而且口才不好，不善交际，作品遭轻视，幸好名家张华等人鼎力推荐，不仅让洛阳的纸一时卖光，而且在中国历史和文学史上都争得一席之地。

其他领域也出现不少杰出人物。如裴秀，他是开国元勋，曾随军跋山涉水，创造性运用“一分为十里，一寸为百里”的比例尺，把宫中要用几十匹绸制作的地图缩成一幅《地形方丈图》。他总结绘制地图的6个基本要点，在世界地图学史上是划时代的创新。又如皇甫谧，他半身瘫痪，长期卧床，但他博览群书，一边攻读医书，一边在自己身上做试验，发现不少针灸穴位，著有《针灸甲乙经》。这部书广为流传，连朝鲜、日本的医生也奉其为必读之书。

繁荣的经济

晋时承继重农抑商的传统，强制“侩卖皆当着巾，白帖额，题所侩卖者及姓名，一足着白履，一足着黑履”，真不知他们怎么如此挖空心思羞辱人！

但总体上，他们还是重视经济的。灭吴后，司马炎即让州郡的军队解甲归田，刺史只作为监司，罢将军名号，不领兵，也不兼领兵的校尉官，实行军民分治。地方官专心民事，减轻农民兵役负担，而增加承担赋役的纳税人。最重要的经济改革是颁布三法：一是占田制，准许农民占有田亩，正丁男子占田70亩，女子30亩。二是户调制，丁男之户，每年输绢3匹、绵3斤，丁女及次丁男之户减半。三是荫客制，除官员不课田，不缴户调外，还可以可按官位高低荫其亲戚。

这些改革限制了土地兼并，保证税收和徭役，社会经济迅速发展。《晋纪》描述：

太康之中，天下书同文，车同轨，牛马被野，余粮栖亩，行旅草舍，外闾不闭。民相遇者如亲，其匮乏者取资于道路。故于时有“天下无穷人”之谚。虽太平未洽，亦足以明，吏奉其法，民乐其生，百代之一时矣。

因此，“太康之治”又称“太康盛世”“太康繁荣”。不过，这一段文字显然有夸张之嫌。

11 元嘉之治：“民有所系”

（公元 424—公元 453 年）

纵观千古盛世，最大的遗憾是：明君难终。典故“羊车望幸”说的就是司马炎。灭吴之后，他开始专事享乐。据统计，当时全国平均每 200 多户就有一户是司马炎的岳父岳母。什么多了都成灾，美女也不例外。他想出一个妙计：坐着羊车，让羊随意走，羊车停在哪儿他就在哪儿宠幸。为了争宠，妃子也发明一计：插竹枝在门上，再洒盐水，羊喜欢盐水，羊车就会停在她门口。皇帝宠妃不难理解，令人不可思议的是司马炎还会跟大臣斗富，而该做的却没做好。有个故事很多人知道：有年饥荒，百姓饿死，晋惠帝司马衷听完汇报，困惑不解：“百姓没米吃，为什么不吃肉呢？”明朝学者王夫之说：“惠帝之愚，古今无匹，国因以亡。”那么，司马炎生了 18 个儿子，活下来的也不少，为什么偏偏让司马衷成为晋惠帝呢？据说是受了儿媳贾南风等人的欺骗。司马衷的叔祖司马伦假诏废杀贾南风，踢开司马衷，自己称帝。这样一来，其他皇室不可容忍。何况司马炎早种下了祸根：分封 27 个皇室宗室为王，而且允许他们拥有军队，很快爆发“八王之乱”（即8个王争权夺利）。柏杨评论：“八王之乱是一种为敌报仇式的自相屠杀，愚蠢而残酷，姓司马的家族跟狼群没有两样。”

这时期，中原形势发生深刻变化。因为王莽的遗产过于破残，人口减半，刘秀不得不“改革开放”，朔方、五原及金城等郡一度裁撤，让部分匈奴人入居河西美稷（今山西离石），汉化改姓刘，至司马炎时已达数十万人。鲜卑人、羯人、氐人、羌人也越来越多内迁，汉族皇家还与鲜卑女通婚，外族已占中原人口的一半左右。“八王之乱”一乱 16 年。匈奴、鲜卑、羯、羌、氐 5 个胡人游牧部落趁机建立数十个大小不等的政权，与中华正统对峙，史称“五胡乱华”。从公元 304 年氐族李特在成都建“成汉”与匈奴刘渊在山西建“汉赵”开始，至公元 589 年隋灭“南陈”，将近 400 年的大分裂才结束。不过，羯族系匈奴与西羌混血族，氐与羌是同一族，所谓五胡实际上只是三个外族。“五胡乱华”之说显然含贬义，但外国学者也将此比拟为庞大的西罗马帝国被“蛮族”所灭。公元 316 年，西晋勉强存活了 52 年，就被匈奴灭亡。

《姚记中国史》说：“汉族炽热的偏狭民族主义与排外热发扬，须待十二世纪宋朝式微与民族活力渐趋消沉以后，在此以前并非如此。”当时，汉人与胡人在民间自然同化，胡人政权也力推“汉化”。当时一些政权实际上是“胡汉共政”，即胡人政权当中有汉人，汉人政权当中也有胡人。不愿“胡化”的中原汉人则纷纷往南迁徙，并于公元317年在南方建立东晋，形成“客家人”，加速福建、广东等地的开发。

北方混战严重，先后有前赵、后赵、前燕等 15 个政权，连同西南巴氐建立的成汉共 16 国，与东晋长期对峙，史称“五胡十六国”。其实，16 国之外还有汉人冉闵的魏、丁灵翟氏的魏、氐族杨氏的仇池、鲜卑慕容氏的西燕、鲜卑拓跋氏的 5 个政权，总计 21 个。你想象一下，21 个帝王你死我活相互争战会是怎样一种乱？再接下来南北朝，其中南朝有宋、齐、梁、陈，北朝则有北魏、东魏、北齐、西魏、北周。

那时候，套用一句现代俗话说：拿块砖往大街上随便一扔就会砸到一位将军。其中一位叫刘裕，幼年卖草鞋为生，后来从军，英勇善战，屡立奇功，平步青云。当时晋安帝司马德宗很像东周天子，有名无实，许多将军实际上不受君命。更要命的是司马德宗跟司马衷一样智力有问题，据说他连冬、夏的区别都辨不出，夏虫不可语冰！司马德宗死，一般认为是刘裕派人缢死或毒死，随后立其弟司马德文为帝。公元420年刘裕逼迫司马德文禅让，自己即位，改国号“宋”，史称“刘宋”，中国历史步入南北朝时期。

刘宋初期大致拥有黄河以南广大地区，成为东晋、南朝时期疆域最大、实力最强、经济最发达、文化最繁荣的王朝。后期的疆域自潼关以东、黄河以南直至青州，也是当时百年最大。建康（今江苏南京）崛起为百万人口的大都市，中国的经济文化中心也开始南移。《宋书》称“江南之为国盛矣”，以荆州、扬州为代表的江南经济，超过了以长安为代表的关中、中原经济。鲁迅曾说：刘裕是南朝唯一值得肯定的君主。

只遗憾刘裕也薄命，长子刘义符继位。刘义符好声色犬马，根本不把政务放在心上，而当时形势依然严峻，稍不小心就可能被人吞并。公元424年，顾命大臣谢晦等文武百官感到问题严重，几个人一商量，将刘义符斩杀，改立三子刘义隆为帝，年号“元嘉”。

矢志北伐

北魏与刘宋面和心不和，始终处于剪不断理还乱的状态。刘义隆登基的时候，北魏也刚换皇帝。第二年北魏遣使至宋，修好复交。

当时北方还有一个割据政权，也叫夏，其疆域大致包括今陕西渭水以北、河套地区、山西南部及甘肃东部，以河套地区为中心。宋遣使访魏，联手攻夏。但刘义隆继承刘裕北伐之志，不甘于半壁江山，很想将北魏也统一掉。乘北魏与柔然交战、黄河以南屯兵减少之机，刘义隆命大将到彦之率兵5万出师北伐。拓跋焘主动撤离，北渡黄河，然后采取南守北攻、各个击破的战略，迅速灭夏，在南部全线反攻。右将军到彦之几乎全军覆没，河南得而复失。

尽管多数大臣反对，刘义隆还是发起第二次北征，分兵数路向北魏发起总攻，但又失败。魏军大举南下，扬言要渡江直取建康。但不久北魏内部发生政变，拓跋焘被杀。刘义隆认为这是个极好的时机，再次北伐，然而也无功而返，这让他死不瞑目。

璀璨的文化

《三国志》是西晋陈寿编写的，记载魏、蜀、吴三国鼎立的历史，公认不仅是一部史学巨著，还是一部文学巨著，但存在史料不足的问题。刘义隆认为《三国志》记事过简，特命裴松之补注。裴松之不负重任，着重补充原书的遗漏，纠正错误。特别是他所引用的原始材料现已大部分失佚，幸而保留在他的注中，因而史料价值非常珍贵。裴松之此举开创作注新例，但专家认为也有谬误，不可尽信。

当时人文最兴盛自然要属儒学，分设玄、史、文、儒 4 个学馆，这在中国文化史上是一件不可忽视的大事。因为从先秦到晋，文、史、哲不分，“文学”一词包罗万象。4 学的设置标志文、史、哲明确分家。玄学研究《老子》《庄子》《周易》，道家和儒家融合是魏晋时期的主要哲学。

恩惠于民

刘义隆上任当月诏免拖欠租谷及旧债。公元 447 年诏减免百姓拖欠租债，给孤老残病者每人赐谷 5 斛。10 斗为一斛（斛与“石”相通，南宋后改为 5 斗一斛），10 升一斗，一升 2 市斤。100 斤谷子一般出米 80 斤，另有 10 多斤糠。那么 5 斛谷就是 1000 斤谷，也即 800 斤米和 100 多斤糠。这么算来，刘义隆给孤老残病者赐的谷不仅够养活他本人，还可以养活他个把家里人！值得注意的是：公元 446 年被称为“大有年”，粮食大丰收。但公元 449 年那段时间没大灾也没大丰的记录，刘义隆同样遣使深入基层，访贫问苦，对孤老鳏寡者又给每人发慰问谷 5 斛。

《宋书》描述其时：

> 民有所系，吏无苟得。家给人足，即事虽难，转死沟渠，于时可免。凡百户之乡，有市之邑，民谣舞蹈，触处成群，盖宋世之极盛。

刘义隆在位期间境内政治、经济、文化均得到较大的发展，是东晋南北朝国力最为强盛的时期。

12 永明之治：诗情画意几何

（公元 482—公元 493 年）

就刘义隆个人来说，他是个悲剧人物。司马光评论："文帝勤于为治，子惠庶民，足为承平之良主；而不量其力，横挑强胡，使师徒歼于河南，戎马饮于江津。及其末路，狐疑不决，卒成子祸，岂非文有余而武不足耶？"

刘义隆的错误是明显的，是多方面的，而且是严重的。错误之一是喜欢遥控指挥，草率行事，又固执己见。不仅对行军食宿有严格要求，就连交战日期和时刻，也得等他从宫里发诏书来，难怪北魏要讥他如三岁婴儿。偏偏他又急于求功，虽有碰巧小赢的时候，但更多是让自己的军队处于被动，贻误战机，导致失败。

刘义隆过于宠爱自己的子孙，严防异姓文武大臣，猜忌宗室子弟，让太子拥有庞大的军力。他总以为：将来接自己班的是太子，万一发生不测最可靠的也一定是太子！他怎么也想不到，事实可能正相反。

太子刘劭早被宠坏了，为所欲为。刘义隆终于看不过眼，训斥几次，就让他受不了。他请"天师"诅咒刘义隆早死，刘义隆一方面诏令追捕"天师"，一方面准备改立太子。公元 453 年，刘劭抢先下手将刘义隆杀了，自立为皇。刘义隆第三子刘骏在前线作战，马上调转枪口，杀刘劭而自己称帝。

可刘骏沉迷女色，生命很快挥霍一空。长子刘子业继位，不仅跟父皇一样淫乱，还滥杀无辜，搞得人心惶惶。才一年多，几位大臣忍无可忍将刘子业杀了，拥立刘义隆第 11 子刘彧为帝。刘彧本来是个敦厚的人，但一登皇位也变了，将兄长刘骏 28 个儿子等亲人杀了，又很快使得民不聊生，怨声载道。刘彧 34 岁死，其长子刘昱继位。这接班人更糟，喜欢亲手杀人，一日不杀就手痒。他一边磨刀一边宣告："明日杀萧道成。"如此，大臣萧道成还能残存几分忠心？不久，侍女杀了刘昱，请萧道成出来收拾局面，立刘彧第三子刘准为帝。刘准这年才十岁，只好由萧道成摄政。萧道成不是周公，两年后自己坐上龙椅，改国号为"齐"，史称"南齐"。

萧道成的皇位是捡来的，但他珍惜，及时华丽转身，摒弃暴政，而"修建儒学，精选儒官"。他宣称："假使我治天下十年，当使黄金与土同价！"但他命太薄，仅 4 年即公元 482 年就病逝，太子萧赜即位。"永明"是萧赜年号之一。

外部多和睦

南齐只是大半个南部现代中国，只不过南北不以长江为界，而大致以淮水为界。北部是北魏，西北部是现代的西藏、青海等地。北魏经过一个世纪的发展，这时期正处于"孝文中兴"时期。南齐与北魏犹如二虎，所幸基本能共于一山。也许正因为能和平共处，所以两国都步入盛世。否则，很可能两败俱伤。

魏派使者访齐，祝贺萧赜继位，齐派使者刘缵回访。这刘缵与东汉质帝同名，但相差诸多。他以儒家文明自居，访问时脸上笑嘻嘻，内心却充满了对"夷狄"的鄙视。北魏外交官李安世是著名改革家，曾首倡"均田制"，口才极好。刘缵傲慢得很，一见面不称李安世"主客"而称"典客"。李安世惊问："你怎么以亡秦之官称我上邦之国的官呢？"刘缵考问："那请你谈谈各朝代接待外宾之官的名称。"李安世立刻答道："周代称掌客，秦朝改为典客，汉朝改称鸿胪，我朝定为主客。君等不追随周代、汉朝，讨好残暴而短命的秦朝，岂非咄咄怪事？”刘缵哑口无言，但又用手一指平城之北的方山问：“此山离燕然山多远？”学者李智文说：

刘缵之问，表层上看，只是谈二山的距离，实际含义歹毒。刘缵之问，第一层意思是，北魏统治者鲜卑拓跋氏兴起于燕然山，在南齐人看来，那是落后的蛮荒之地，无文明可讲，同南齐相比，有天壤之别。刘缵之问，第二层意思是，汉军曾攻占燕然山。东汉大将窦宪与耿秉，于公元 89 年（东汉永元元年），击败当时称雄的匈奴，并登燕然山刻石记功而还，刘缵显然将拓跋部比作败北的匈奴。刘缵之问的第三层意思是，方山已定为冯太皇太后的陵墓，暗指太皇太后要另立山头，背叛拓跋部的先祖。

对此，李安世不正面回答，而是打个比方说：“此山名叫方山，它与燕然山之距离，相当于石头与番禺之间。”石头指南齐都城建康。李安世的意思：难道你们的番禺不是偏远不开化的蛮荒之地吗？魏主还令李安世将宫中的金玉拿到大街上去卖。参观的时候，刘缵大吃一惊：“这里金玉太便宜了，贩到我们那里肯定能赚大钱。”李安世不屑一顾地说：“我圣朝注重道德，不以金玉贵，所以金玉价格贱如瓦砾。”刘缵被奚落。由此可见，齐魏和而不谐。

齐平民桓天生自称桓玄的后人，与雍、司二州蛮族联合起事，占据南阳，然后请魏发兵支持，魏居然真的发万余兵。萧赜发几路兵共讨，大破魏军，杀获以万计。不久，桓天生再引魏兵攻舞阴，当地太守反击，桓天生受伤而退。桓天生又勾结魏攻舞阴，仍败。第二年魏袭角城，败退。桓天生勾结魏兵攻隔城，被斩 4000 余人。齐将乘胜攻魏泌阳，十余日不下，只得退兵。至此，双方都感到谁也吃不了谁，只好再和解。齐释放魏俘虏2000 名，重新开始年年互访。

此时期，齐、魏与吐谷浑关系也较好，时常互访。当时，氐族人在今陇南、陕西南、川北之间相继建立武都等政权，齐、魏争相拉拢。魏任命杨后起为武都王。第二年齐封氐帅杨炅为沙州刺史、阴平王。杨后起死，齐、魏同时任命新氐王杨集始为武都王。杨集始对齐并不友好，攻齐汉中，损兵折将数千，便降魏。魏封其为汉中郡侯、武兴王。

东北的高丽与齐、魏同时友好，遣使入访，奉献特产。齐封百济牟大为镇东大将军、百济王。

林邑发生政变，夷人范当根自立为王，遣使向齐献金簟等物，齐封其为林邑王。可是第二年范诸农推翻范当根，恢复原政权，齐又封范诸农为林邑王。只要归顺自己，谁当林邑王无所谓。

较重视文化

萧道成置国子学，学员 200 人。但萧道成一死，借口国哀之故废国子学。后来恢复，用上公礼仪祭祀孔子，而废总明观。总明观又称“东观”，集藏书、研究和教学于一体，设祭酒，置玄、史、文、儒 4 科。现在，将总明观的职能合并于国子学。

萧赜命王植根据晋律“削其烦害，录其允衷”制定齐律，称《永明律》，共 1532 条，20 卷。但当时崇尚玄学与佛学，蔑弃礼法，以清谈为高雅，以法理为俗务，所以《永明律》虽然修成并颁发，但因为统治层意见不一，还是“事未施行，其文殆灭”。

《南齐书》描述：

永明之世十许年中，百姓无鸡鸣犬吠之警，都邑之盛，士女富逸，歌声舞节，袨服华妆，桃花绿水之间，秋月春风之下，盖以百数。

这段文字够诗情画意，但显然过于夸张。大臣宋弁访齐归来，魏帝问：“江南如何？”宋弁回答：“朝无股肱之臣，野有愁怨之民。”朝中无能臣，社会肯定多愁怨之民；社会多愁怨之民，朝中肯定无能臣。这两者互为因果，则肯定多乱局。其后期反叛此起彼伏，也说明这点。

13 天监之治：烽火与香火弥漫

（公元 502—公元 549 年）

萧道成临终之时，特别嘱咐萧赜：一定要吸取晋与刘宋皇室手足相残的教训，爱护兄弟。萧道成的遗愿挺美好，可惜他没留下相应的制度，以保障这个美好的遗愿变成美好的现实。

萧赜有 23 个儿子，长子早逝。公元 493 年萧赜去世，由其孙萧昭业继位。萧昭业非常贪玩，出手阔绰，不到一年就将“永明之治”积蓄的钱财挥霍得差不多了。堂叔祖萧鸾一再规劝，萧昭业不仅不听，反而怀疑他有篡位之心，与大臣何胤谋划除掉他。何胤不敢，萧昭业又打发萧鸾出京。萧鸾只得先下手将萧昭业杀了，自己称帝。

萧鸾在政治、经济与军事方面有所作为，但一样血腥。萧鸾信奉道教，杀人时也许内心真有所不忍，大规模屠杀的前一晚，总要焚香祷告，呜咽流涕。萧铉是萧道成第 19 子，因年幼逃过一劫。萧鸾病重时，对已 19 岁的萧铉不放心，连同所剩 10 个亲王一起杀了。萧鸾临死还嘱咐次子萧宝卷：杀对手动作要快，不要落到人后。柏杨说萧宝卷是“那个世纪暴君中杀人最多的一个”。幸好他在位才 4 年就被宦官所杀。其弟萧宝融接手不久，于公元 502 年“禅让”大臣萧衍，改国号为“梁”，史称后梁，彻底埋葬了南齐那个暴政集团。如果我们根据“禅让”而来“禅让”而去的字眼想象那世道，真会误以为那是个温良恭俭让的美好时代。“天监”是萧衍年号之一。

朝政改革

萧衍颁《梁律》20卷、《令》30卷、《科》4卷，后经修订，可以说是比较完备的刑律。但其特点“罔恤民之不存，而忧士之不禄”，即对民众过于严酷，而对官吏几乎没有约束。当时就有一位老人不惜挡御驾，直接进谏：“陛下为法，急于黎庶，缓于权贵，非长久之道；诚能反是，天下幸甚。”萧衍听了有所改进。

开放言路。在公车府门前设两个盒子，一个叫“谤木函”，一个叫“肺石函”。凡功臣和有才之人未受赏赐和提拔的可以往肺石函投书自荐，普通百姓要提批评或建议可投谤木函。

定百官9品18班，班即职位等次。原来九品官制，官品数越低表示等级越高，现在官班多者为贵。后来还分州为5品，上品20州，次品10州，三品8州，四品24州，下品21州。

新修“五礼”。五礼是古代礼仪的总称，一是关于祭祀的吉礼；二是关于丧葬的凶礼；三是关于军旅的军礼；四是关于宾客的宾礼；五是关于冠婚的嘉礼。西周开始制定，时常修订。梁这次推出的多达8019条，包含社会生活的方方面面。

外部安定

与北魏的关系仍然剪不断理还乱。想当年萧衍是在北征中立功升迁，现在自己当政，而北魏越来越多力量被它的北部强敌柔然牵制，他自然想北上夹击，一统江山，立更大的功业。上台不久，萧衍便对北魏的淮南发起进攻，但失败。随后几战，也无法取得实质性胜利。北魏分裂为东魏与西魏，相互攻伐。梁与东魏友好，时常互访，但偶然也有小规模争战。

与其他国家则比较友好，每年有一些互访、朝贡、赐封活动。从《中国历史大事编年》统计，来往最多的是吐谷浑，达12次，扶南10次，林邑8次，

5 次的有高丽、宕昌（今甘肃陇南），4 次的有盘盘国（今泰国），3 次的有狼牙修（今泰国）、柔然、滑国（即车师）、于阗、婆利、百济，2 次的有干陀利（今印度尼西亚苏门答腊）、丹丹国（今马来西亚）、波斯，1 次的有倭国、中天竺、龟兹、北天竺、新罗、狮子国（今斯里兰卡）。

经济小康

萧衍上台当年即将从司马炎时期沿袭下来的户调制废除，改等第征收为按丁征收，这显然更合理些。后来将征兵驺与奴婢的年限改为男 66 岁、女 60 岁，免为编户。钱穆《中国经济史》评论：

> 梁武帝废除了繁重的杂调，足见体恤民困。即使天监四年大举北伐，王公以下均得缴纳租谷，以助军资，但并不增加平民的租调，十分难得。故梁武帝时代，较诸宋、齐两代的赋役，已轻省多了。

当时农业多丰收，如公元 505 年斛米仅 30 钱。王夫之说："梁氏享国五十年，天下且小康焉……就无道之世而言之，亦霾雨之旬，乍为开霁，虽不保于崇朝之后，而草木亦蓁蓁以向荣矣。"在王夫之看来，在南北朝那个乌云滚滚的"无道之世"，梁朝无疑是云开雾朗的盛世。

文化"独美于兹"

如果说萧衍不是天才，恐怕很多人会不同意。人们常说"博学多才"，那往往是恭维，博学不难，要多方面有成果非常之难。萧衍却实现了这种神话。他出身于世家，西汉相国萧何 25 世孙，儒学是基本手艺，撰有《周易讲疏》

《春秋答问》《孔子正言》等200余卷，可惜大都没流传下来。他不满《汉书》等断代史写法，亲自主持编撰600卷《通史》，并很不谦虚地宣称："此书若成，众史可废！"可惜此书到宋朝失传。他还有《涅萃》《大品》《净名》《三慧》等数百卷佛学著作，对道教颇有研究，并在此基础上将儒家的"礼"、道家的"无"和佛教的"因果报应"糅合在一起，创立"三教同源说"，在中国古代思想史上有极其重要的地位，我们现代还常说"儒释道"，将三者相提并论。他流传到现代的诗有80多首，包括言情、谈禅悟道、宴游赠答、咏物等内容。现代著名文学评论家郑振铎认为他的"新乐府辞最为娇艳可爱"。他推动了七言诗的发展。他素善钟律，创制准音器，丰富了我国传统器乐的表现力。他对围棋特别喜爱，棋艺高超。他的书法可以在帝王中排前几位。

在萧衍的影响下，梁朝文化事业大繁荣，史称："自江左以来，年逾二百，文物之盛，独美于兹。"著名的如思想家范缜、文学家江淹和萧统、文学理论家刘勰，此外还有文学家兼史学家沈约、文学批评家钟荣、史学家吴均、文学家刘峻、医药学家陶弘景、目录学家阮孝绪、史学家萧子显、史学家萧子云等。从文化角度看，萧衍治下绝对是个盛世，且不可多得。

14 孝文中兴：改行文明路

（公元471—公元499年）

鲜卑人拓跋部在盛乐（今内蒙古和林格尔）建代国，不久被前秦亡。公元386年，拓跋珪重建代国，随后定国号"魏"，史称"北魏"，是南北朝时期北朝第一个王朝。《姚记中国史》强调:“北魏非只必须承认为汉族中国历史上的正统朝代，并且也是个极有分量的朝代。”外国学者还把北魏称为中国人接受的第一个征服性朝代。

拓跋珪将都城迁至平城（今山西大同），积极拓展疆土，卓有成效，但晚年沉湎酒色，刚愎自用。皇后贺夫人小有过失，拓跋珪就下令杀她，只因天黑未行刑。公子拓跋绍获悉，与帐下武士、宦官潜入宫中，连夜将拓跋珪先杀了。不久，拓跋绍被其兄拓跋嗣所杀。拓跋嗣自立为帝，南下获胜，夺刘宋 300 里地，但不久成疾而终，长子拓跋焘继位，即著名的太武帝。

拓跋焘从小表现出过人的军事天赋，善用骑兵，又重用汉族大臣，先后灭胡夏、北燕、北凉等，统一北方。他更令历史难忘的是灭佛。北魏本来崇佛，仅洛阳就有寺院 1400 所，僧尼数万。拓跋焘率兵到长安镇压民军的时候，在佛寺发现有兵器，于是诛杀长安佛门，并令全国废佛。史称“三武一宗”4 次灭佛，这是第一次，另 3 次是北周武帝宇文邕、唐武宗李炎、后周世宗柴荣。

拓跋焘晚年也脾气暴躁，刑罚过于残酷，诛戮过多，几度引起混乱，也给他本人带来灭顶之灾。太监宗爱逼死太子，又谋杀他本人。其子拓跋余继位，心虚得很，想用金钱收买人心，上台一个月就将国库挥霍一空。他沉溺于吃喝玩乐，连边境告急也不派兵。他也许佯装胸无大志，暗中谋划夺权。宗爱觉察后大怒，不久将拓跋余先杀了，改立拓跋濬。

拓跋濬年仅 12 岁，吸取教训，即位后马上杀宗爱个措手不及，并动用五刑，灭其三族。拓跋濬在位 13 年，其间，恢复佛教，和平外交，民心逐渐安定。不过鲜卑贵族与汉族的矛盾依然突出，官吏腐败，百姓反抗愈演愈烈。朝中谋权夺位的事仍然接连不断，被处死的大臣不计其数。

公元 465 年拓跋濬病死，其子拓跋弘继位，时年仅 9 岁，皇太后冯氏摄政。公元 471 年拓跋弘禅让太子拓跋宏，即著名的孝文帝。拓跋宏时年才 4 岁，继续由冯太后摄政。公元 490 年冯太后去世，拓跋宏才开始亲政。

经济改革

俸禄制：由于没有俸禄制，各级官吏没工资，得依赖抢劫、贪污和皇帝随意奖赏养家糊口。这在建国之初也许没什么问题，但随着建政稳定，战事减少，掠夺机会变少，问题越来越突出。拓跋宏“始班俸禄”，规定在原来的户调之外，每户增调 3 匹、谷 2.9 斛，作为百官俸禄来源。内外百官，以品级高低确定俸禄等次。从此，再贪绢一匹即处以死刑。

均田令：官民不论贫富，一律平摊赋税。一是男子年 15 岁以上受露田（只种谷物）40 亩，女性 20 亩，但不准买卖，年老免课，身死还田。二是百姓原有土地为桑田，每人 20 亩。三是奴婢受田相同，耕牛一头受田 30 亩，限 4 牛。四是地广人稀的地方，如果民有余力，可借地耕种。五是官吏给公田，刺史 15 顷，太守 10 顷，县令和郡丞 6 顷，离职时移交下任，不得转卖。

三长制：以此取代“宗主督护制”，规定 5 家为邻，设一邻长；5 邻为里，设一里长；5 里为党，设一党长。三长的职责是检查户口，征收租调，征发兵役与徭役。任三长者，可免 1 ～ 2 人的官役。三长直属州郡。由此，中央管理直达乡村。

迁都：平城不理想，一是偏北，深入汉族不够；二是他们有志于全中国，都城太北不利于管理政治、文化、经济更发达的中原；三是平城偏北地寒，粮食产量有限，而京城人口日益增多；四是地理环境欠佳，多山，干旱。拓跋宏亲政后第一件大事，就是把都城南迁到洛阳。

移风易俗

一是禁止鲜卑贵族、官员及家属着胡服，一律改穿汉服。拓跋宏上殿也穿戴汉族皇帝的礼服和冕旒。

二是禁止鲜卑贵族讲鲜卑语，一律改说汉语。年龄在 30 岁以上的可以逐步改，在 30 岁以下的，以及官员不得继续使用鲜卑语，否则降职或罢官。

三是将鲜卑族姓氏改为汉族姓氏，皇族由拓跋改姓元。拓跋宏解释：北方人称“土”为“拓”，称“后”为“跋”。鲜卑人的祖先是黄帝的后代，以土德而称王，所以称拓跋。土是黄中之色，万物之元，所以应改姓为“元”。拓跋宏率先将姓名改为元宏（为阅读方便，一般仍用大众较熟知的拓跋宏），太子拓跋恪改为元恪。其他如“勿忸于”改姓“于”，“独孤”改姓“刘”，“丘穆陵”改姓“穆”，“步六孤”改姓“陆”，等等，总共118个姓，全都由复音节改为单音节或双音节。

四是鼓励鲜卑贵族与汉族贵族通婚。

五是采用汉族的官制、律令。

六是学习汉族的礼法，尊崇孔子，以孝治国，提倡尊老、养老的风气。

七是凡已迁到洛阳的鲜卑人，一律以洛阳为原籍；死于洛阳的鲜卑人，必须葬于洛阳附近的邙山，不准回平城安葬。

此外，度量衡也被要求“改长尺大斗，依《周礼》制度，班之天下”。

这期间也被誉为“太和盛世”，太和是元宏的第三个年号。

话说回来，拓跋弘继位时年仅9岁，拓跋宏继位时才4岁，生活都不能自理呢，怎么可能坐稳江山，还开创盛世？这就不能不说说摄政的冯太后了。

冯太后原名冯锦，汉族，本是官宦之女，因罪充公为奴，后被选为拓跋濬的贵人，继而立为皇后，后又尊为皇太后。拓跋珪效仿刘彻，规定凡后妃所生之子被立为储君，生母都要赐死，以防母以子贵，专擅朝政。拓跋弘两岁时，生母李氏被赐死，冯皇后担当养育之责。

冯太后跟数百年后辽国的萧太后非常相似，说不定后者正是学她。作为女人她们敢爱敢恨，一方面在守寡中大胆追求自己所喜欢的男人，另一方面敢于并善于清除自己的情敌或政敌。冯太后的情人李弈被人诬陷，拓跋弘将他杀了。冯太后非常生气，逼迫拓跋弘交出皇位。拓跋弘生性喜欢道仙，不争不拒，想传位给一位叔父。冯太后不同意，拓跋弘只得禅位给不满5岁的太子拓跋宏，自己做太上皇。这一年他只有18岁，是历史上最年轻的太上皇。他并未完全放权，冯太后感到不安，又将他软禁，随后病死，有人认为他是被杀害了。

史称“事无巨细，一禀于太后。太后多智，猜忍，能行大事。杀戮赏罚，决之俄顷，多有不关帝者。是以威福兼作，震动内外”。冯太后用高超的政治智慧和钢铁般的手腕，实行一系列大刀阔斧的改革。

同时，冯太后精心培养拓跋宏。拓跋宏也刻苦，不仅儒家经典熟记于心，史传百家无不涉猎，诗赋文章皆好。冯太后亲自作《劝戒歌》300 余章和《皇诰》18 篇，供他学习。公元 486 年，拓跋宏开始参与朝政，重要诏敕册文大多由他起草。可以说，如果没有冯太后言传身教，拓跋宏很可能没有作为“中华皇帝”的远大理想，他的汉化改革也很可能没那么全面，没那么坚定，在中国历史上也就很可能跟他的前后任一样默默无闻。

不过，冯太后与拓跋宏也许有些难言之隐。日本讲谈社《中国的历史》一书中写道：

> 我们不禁要问，为什么与中国历史上辽、金、元、清等征服王朝通过实施多种政策，努力加强本民族的团结不同，胡族出身的孝文帝颠覆了异民族统治的基础，推行被后人认为使自己的王朝提前灭亡的政策呢？这个问题的答案可以从北魏当时所处的政治社会环境中寻找——北魏王朝全方位的中国化需要孝文帝的改革。

有人认为冯太后与拓跋宏其实是母子关系，该书同意这种看法，并花了相当篇幅分析论证。北魏是少数民族政权，这时期尚保留许多原始婚姻形态与遗风，贞节观念更是淡薄。胡族有一种被称为收继婚的风俗，即继承家业的儿子娶父亲生前的夫人为妻（生母除外）。这就是说，拓跋宏很可能就是冯太后与拓跋弘生的儿子。所以，拓跋宏对名义上的祖母冯太后特别亲切、孝敬与忠诚，以致人们抱不平说他对冯太后家人太优厚，而待自己生母李氏家人太苛刻。然而，儿子娶父亲生前的夫人为妻这种风俗在儒家看来是非常愚昧的。因此，拓跋宏坚定地推进全面汉化改革的个人动因，除了他想当“中华皇帝”的愿望，还出于“希望将自己从过去的愚昧黑暗中解放出来的强烈意志”。

第四章

高原之巅峰

公元 499 年拓跋宏驾崩，太子元恪继位。元恪上任第一把火就是扩建新都洛阳，坚拒鲜卑族遗老重返故里，巩固父辈改革成果；随后南伐，先后攻占扬州等地，国势盛极一时。但当元恪的注意力从外部转回内部时，却发现贪腐已无孔不入，外戚专权严重。魏京兆王元愉极为不满，起兵谋反，另立山头。更要命的是北方中下层民众的不满与日俱增，军人感到被边缘化，各类反叛此起彼伏，像癌细胞一样扩散至全国。元恪分身乏术，穷于应对。

元恪病逝后，6 岁的次子元诩继位，国家陷于内乱的恶性循环。元诩被胡太后鸩杀，接着一个皇帝在位仅两年又被军阀所杀，再下来 3 个皇帝都只在位两年就被废或杀，最后一个在位 3 年被杀并被篡位。公元 534 年，北魏一分为二：东魏与西魏。

时人说东魏、西魏是“两个皇帝，一对傀儡”。东魏皇帝想骑马出去散散心，马上有人阻止：“你擅自骑马，大将军要生气了！”大将军指高欢。不久，这窝囊的“狗脚朕”被高欢儿子高洋彻底废掉，改国号“齐”，即“北齐”。

西魏的“狗脚朕”也被大臣宇文泰的儿子宇文觉废掉，改国号为“周”，史称“北周”。当时宇文觉才 10 岁，一切由他堂兄宇文护操纵。宇文觉不满宇文护专权，想杀他，反而被废黜而死，改立宇文泰的庶子宇文毓为帝。宇文毓已 20 多岁，表面柔弱，其实聪明有主见，不肯处处听命，反而步步要权。宇文护感到威胁，又将他毒死，改立宇文泰第四子宇文邕，即历史上颇有名的“北周武帝”。

宇文邕当时 17 岁，懂得韬光养晦，与宇文护“和谐”相处 12 年。等羽毛一丰，突然杀宇文护，自己亲政。第二年又干了一件大事：毁掉关东数百年来官私所造一切佛塔，融刮佛像，焚烧经典；寺庙尽赐王公，充为宅第；释子灭300万，复为军民，还归编户。当时有人称赞："帝独运远略罢之（指灭佛），强国富民之上策。"宇文邕还干了一件更大的事：统一北方。北齐后主高纬是历史上有名的昏君，大臣奏事他连头都不大敢抬，但私生活却十分奢侈，人们给他送绰号"无愁天子"。宇文邕瞅准时机，亲率6万大军发起进攻，北齐灭亡，结束东西魏分裂以来近半个世纪的分裂局面。

宇文邕对子女要求很严，但也许是太严了。宇文邕突然病死后，太子宇文赟继位。这不肖之子，葬礼都没心思办，转身忙于让嫔妃宫女排队接受检阅，稍漂亮些的都纳为自己后宫，连后妈、太妃级美女都不放过，很快把天下搞得一团糟。宇文赟在位不到两年就病死，由他儿子宇文阐继位。宇文阐年仅8岁，不用说也明白国家又要面临什么问题了。

宇文阐的"周公"是杨坚。杨坚挺有来头。当时有个贵族集团横空出世——关陇军事贵族集团，创造了4个王朝，即西魏、北周、隋、唐。其发端是盛极一时的西魏"八大柱国"，即宇文泰（李世民外曾祖父）、李虎（李渊祖父）、李弼（李密曾祖父）、独孤信（杨坚岳父，李渊外祖父）等。陈寅恪说他们有两大特征：一是能融汉与其他少数民族为一体；二是"入则为相，出则为将"。杨坚不是"八大柱国"成员，但他父亲杨忠是北周开国元勋，封"随国公"；他本人14岁就步入仕途，袭父爵，娶独孤信之女为妻，女儿则是宇文赟的皇后。即使如此，他离皇位仍然相当遥远。又因为宇文赟死得太快，新皇帝宇文阐又太小，急需周公。

摄政者常有，周公不常有。公元581年，宇文阐"禅让"杨坚，改国号为"大隋"，为隋文帝。国号来源于其父"随国公"，只因嫌"随"字有个走字底不吉利，改为"隋"。"开皇"是杨坚年号之一。

清代史学家赵翼在他的史评巨著《廿二史札记》中不无轻蔑地写道："古来得天下之易，未有如隋文帝者。"杨坚得天下固然异常之易，但是不义。然而，其实这样说杨坚有些不公。试想：历史上有几次改朝换代是"义"的？还是看看他是否及时华丽转身吧！

15 开皇之治：开千秋之基
（公元 581—公元 604 年）

统一与四边

且说南梁，萧衍开创了那样一个经济与文化都辉煌的盛世，却也明君难终，晚期怠政，沉溺佛教，导致“侯景之乱”，不仅亲手毁了自己的盛世，而且被囚，活活饿死。最后，虽然平乱了，萧衍的接班人却成为了傀儡。陈霸先最初只是个乡间小吏，但他成长很快，权倾朝野。陈霸先拥立 13 岁的萧方智为帝，没两年萧方智就“禅让”陈霸先，改国号“陈”。陈霸先在位 7 年间，励精图治，江南经济得到一定恢复。历史对他“篡国”的评价与王莽有天壤之别。王夫之说：“陈高祖非忠于萧氏，而保中国之遗民，延数十年以待隋之一统，则功亦伟矣哉！”

陈霸先的遗憾是没能统一北方，而他子孙则一代不如一代。杨坚上台第二个月便对南陈虎视眈眈，不过这时与南陈尚处于“友好”阶段。第二年陈宣帝死，宫廷政变，太子陈叔宝登上皇位。陈叔宝只顾享乐，杨坚都发起进攻了，他还不以为然，终被兵临城下。陈叔宝的知名度显然比陈霸先要高，只因为他留下一首诗《玉树后庭花》，“后庭花”成为亡国的代名词。

西梁，都江陵，据荆州一带 300 里，先后做西魏、北周和隋的附庸。隋与西梁比较友好，不时互访。但西梁平安王王岩居然驱男女 10 万余口投奔南陈，杨坚一怒，即废西梁。

突厥人公元 5 世纪中归附柔然，徙于金山南麓（今阿尔泰山），势力逐渐强盛。这时期，突厥大败柔然，以漠北为中心在鄂尔浑河流域建立突厥政权。但不久突厥内部大乱，10 余部降归亲隋的一部，不降的败走吐谷浑。这样，突厥基本统一于隋，并称颂杨坚为“圣人莫缘可汗”。也就是说杨坚兼任突厥君主，开中华天子兼异族国君的先河。

吐谷浑本为辽东鲜卑慕容部的一支，立国建朝后，既受刘宋封为河南王，又受魏封为西平王。杨坚登帝不久，就被吐谷浑侵扰。隋将反击，一次次大败吐谷浑。吐谷浑转为友好，遣使入隋表示称藩，请求赐美女充实后宫。杨坚开始舍不得，后来还是同意和亲。

高丽王死，其子继位，请求封王，杨坚同意。但没多久这位新王就头脑发热，联手靺鞨侵扰辽西。杨坚发水陆兵 30 万回击，因水路受阻等原因，无功而归，死十之八九。不过，高丽王怕隋军报复，又派出使者请和。杨坚见他有诚意，采取了息事宁人的态度。

体制改革

杨坚摆脱秦汉“家国一体”制，在中央设三师、三公、五省、六部。三师是荣誉称号，没有实权，授给有功的文武官。三公是顾问性机构，没有实权，不直接参与政务，也不常设。执掌政务实权的是五省，即内侍省、秘书省、门下省、内史省和尚书省。内侍省是宫廷宦官机构，管理宫中事务；秘书省掌管书籍历法，事务较少；门下省掌出纳帝命，相礼仪；内史省掌民政；尚书省设吏部、礼部、兵部、刑部、民部、工部等 6 部 24 司。真正具有官府职能的是门下省、内史省和尚书省，且它们之间互相牵制，避免丞相一人专权，而把权力归集于皇帝。地方行政机构罢诸郡为州，由过去的 3 级制改为州、县 2 级制，减少一层。同时将一些郡县合并。置乡正里长，以 500 家为一乡，100 家为一里。这套官僚机构一直沿袭到清朝。英国著名历史学家汤因比将隋唐称为“中华第二帝国”。

杨坚最了不起、影响更大的改革，还数他开创的科举制度，即通过考试，按成绩优劣选拔任用人才。隋朝的科举包括秀才、明经、进士等10科，各科考试内容不同，选拔官吏的类型也不同。唯才是举，平民也可以入仕。据统计，南宋初登科进士中，56.3%来自前三代无人为官的家庭，明清两代总体也占47.5%。据说美、英等国非常欣赏中国的科举制度，并借鉴为他们政府文员的聘用方法。然而，科举制的副作用也不小。科举制在清末成为众矢之的，只因它僵化为“八股”了。

府兵及其家室、土地自成系统，不入民籍，不归州县，容易导致军人包庇本家，隐匿户口，不纳租税。现在让军人的户籍与农民一样编入州县，其土地也编入户籍，归州县管理。除府兵自身外，其余家口仍应纳税。军役范围之内的职责，仍归军府管。这样“兵归于农，兵农合一”，沿用至唐朝。

《隋书》说杨坚“大崇惠政，法令清简”。《开皇律》说，“简明宽平”，但始设“十恶之条”。十恶即谋反、谋大逆、谋叛、恶逆、不道、大不敬、不孝、不睦、不义、内乱10种最严重的犯罪行为，直接危害皇权，违反礼教，因此被单列，并规定“大逆、谋反、叛者，父子兄弟皆斩，家口没官”，不得赦免。此后，“十恶之条”被历代王朝承袭，直到清末《大清新刑律》才废除。

注重雅乐

杨坚诏令民间有撰集国史、臧否人物的一律禁绝。杨坚令“制礼作乐”，重用牛弘，而排万宝常。礼部尚书牛弘有“大雅君子”之称，主修雅乐。万宝常虽有“知音”之名，但人微言轻。牛弘等人请求重新使用旋宫法演奏，杨坚不同意，要求只用黄钟一宫。于是，牛弘等人重新上奏，附和杨坚的旨意，请求把前代的金石乐器之类全部销毁。牛弘等人又创作武舞，用来表现隋朝的功德；规定在举行郊祭、庙祭时只使用黄钟一宫。随着老乐师逝去，黄钟律调以外都失传。雅乐修成，诏行新乐，禁行民间音乐。万宝常听了新乐，黯然泪下，叹道：“这新乐淫厉而哀，恐怕天下不久将尽啊！”后来，快饿死之时，万宝常将自己著作《乐谱》64 卷全都焚毁。

杨坚对民间文化也不放松。虽解禁民间流行的散乐，但仍禁杂戏及上元节燃灯游戏，理由是那“角牴之戏”演出时“人戴兽面，男为女服，倡优杂技，诡状异形”。

繁荣的经济

为统一南方，杨坚认真备战，从今淮安到扬州开山阳渎，中间不再绕道射阳湖。后来开通济渠，从今洛阳西郊引谷、洛二水入黄河。又开永济渠，引黄河支流沁水入卫河至今天津，继溯永定河通今北京。开江南运河，由今镇江引水经无锡、苏州、嘉兴至杭州通钱塘江。这样，形成以洛阳为中心，由永济渠、通济渠、山阳渎和江南运河连接而成的大运河，全长2700余公里。这是世界上开凿最早、规模最大的运河，成为中国古代南北交通的大动脉，历史上发挥过巨大作用。

公元 589 年国家控制的户口只有 700 万左右，公元 604 年超过 890 万，短短 15 年就增加近 200 万。官员报告府藏都满，粮食布帛没地方堆放，杨坚下令建新库。没多久官员又呈报说新库也堆满，杨坚便下令：那就藏富于民，不再建国库，免除全年租赋。《隋书》描述：

平徭赋，仓廪实，法令行，君子咸乐其生，小人各安其业，强无凌弱，众不暴寡，人物殷阜，朝野欢娱。二十年间，天下无事，区宇之内晏如也。

对于杨坚个人，褒贬不一。差评如李世民批他“此人性至察而心不明”，好评如朱元璋说：“惟隋高祖皇帝勤政不怠，赏功弗吝，节用安民，时称奔驰。有君天下之德而安万世之功者也。”

16 贞观之治：世界主义色彩

（公元 626—公元 649 年）

在美国作家哈特《历史上最有影响的 100 人》一书中，杨坚不仅入选，而且排名还在孟子之前。他很像秦始皇，像秦始皇一样统一中国，像秦始皇一样创千年制度，甚至像秦始皇一样毁在儿子手上……

平心而论，杨坚儿子杨广是优秀的，早年屡立战功，继位前期政绩也确实显赫，大运河等大型工程都是在他任上完成的，“开皇之治”实际上应当包括他前期部分。他还是个一流的诗人。然而，这么个文质彬彬、奋发向上、卓有成就的帝王却背上一个十分可恶的罪名：弑父奸母。正史一般这么写：公元 604 年杨广谋反，又调戏皇后，杨坚要取消他的太子资格，于是杨广派人杀杨坚，自己登基。这种说法的真实性是相当可疑的。孙英刚《隋唐五代史》坦言：“历史上真实的隋炀帝跟我们在书本上读到的隋炀帝实际上是两个人”，他失败“主要的原因在于他施政的节奏太过猛烈，太过热切期望早日重现历史上汉帝国的光辉，最终将帝国陷入了疲惫不堪的地步”。

山东与河北一带是进军高丽的前线，民众负担本来就特别重，偏偏又发生水灾，漂没 30 余郡，于是率先爆发了民变。后来许多官员纷纷响应，兵变迅速蔓延全国。在隋末那 200 多支造反民军中，李渊的唐军越来越引人注目。李渊是杨广的姨表兄弟，7 岁袭封“唐国公”，可谓“世受国恩”，他却“素怀济世之志，有经纶天下之心”，很早就命李世民等几个儿子“潜结英俊”，“密招豪友”，一经举兵，所向披靡，率先攻入长安，另立隋帝。第二年即公元 618 年废隋，改国号为唐。从此，汉人又被称为“唐人”。

随着外敌一天比一天减少，内部“分赃”的矛盾一日日凸显。李渊的3个儿子都在暗暗积蓄力量，暗流涌动。公元626年，摊牌时刻到了。说是突厥犯边，太子李建成建议以小弟李元吉为统帅出征，目的是想借以掌握大弟李世民的兵马，并在昆明池设伏杀他。不想李建成手下向李世民告密。于是，李世民先发制人，在玄武门伏杀李建成和李元吉，史称“玄武门之变”。3天后李渊改立李世民为太子，并于两个月后退位，李世民登基，即享有盛誉的唐太宗。“贞观”是李世民年号之一。

开明之政

李世民几乎是纳谏的代名词，而魏徵则是进谏的代名词。据统计，李世民在位20多年间，进谏的官员不下30名，其中魏徵一人所谏200余事数十万言，大都切中时弊。魏徵先后5次转换阵营，为不同的雇主服务，但没有人认为他不忠。李世民坦言：“成我今日功业、为天下所称者，唯魏徵而已。古之名臣，何以加也。”

讨论如何“维稳”的问题，有人主张严刑峻法，李世民却说：

> 民之所以为盗者，由赋繁役重，官吏贪求，饥寒切身，故不暇顾廉耻耳。朕当去奢省费，轻徭薄赋，选用廉吏，使民衣食有余，则自不为盗，安用重法邪？

遇百姓闹事，李世民不是边怒骂“刁民”“暴徒”边派兵镇压，而是首先检讨自己的工作是否有失误。

李世民所用第一批高官都是老部下，即秦叔宝等9位开国元勋，他们没有一位是死在李世民手上，且除一位后来出事外，全都寿终正寝。君臣关系之和谐，在中国历史上罕见。

“东亚文化圈核心”

这时期，唐与突厥时战时和。突厥遣使入唐求婚，李世民不肯将美女送入沙漠。大臣建议加修长城，李世民一口回绝：“我该为民扫清沙漠，怎么能劳民到那偏远的鬼地方去修什么墙呢？”

薛延陀族最初在漠北土拉河流域，归附突厥。李世民击败突厥后，他们转而附唐，建立薛延陀汗国。唐册封薛延陀首领，随后将公主嫁去，薛延陀则经常以马、牛、羊等进贡。后来关系转坏。薛延陀扰夏州大败，回纥等也败薛延陀。李世民又派大军分路重击，薛延陀汗国被灭。回纥是维吾尔族的祖先。

吐蕃入贡求婚，李世民遣使回访慰抚。著名的文成公主出嫁时，李世民遣礼部尚书李道宗送行。吐蕃赞普（最高统治者）以女婿的礼节见李道宗，为公主筑唐式宫室，自己也穿唐服，并下令禁止以赤色涂面的风俗，派子弟到长安学唐文化。文成公主的陪嫁不仅有锦帛珠宝、生活用品，还有经史等书籍。后来，吐蕃又从唐引进蚕种，唐派酿酒、制碾碓、造纸墨等工匠到吐蕃传授技艺。

高丽本来相安无事，大臣叛乱后攻新罗。李世民忍无可忍出兵，还亲临指挥攻安市（今辽宁海城）。不想安市城险兵精，李世民不得已撤军，损失很大。李世民痛心说：“如果魏徵还活着，肯定不会让我打这一仗！”但没几年，李世民忘了当时的悔，再次海、陆同时进攻，又无功而返。高丽王遣子入唐谢罪，没能消减李世民的幽恨，又发兵3万泛海击高丽。大臣请求停战，李世民不听，仍然命越、婺、洪等州造海船及双舫1100艘，准备再击高丽。后因李世民去世，双方长时间无力再战。

其他国与唐关系不错，纷纷来朝。看着满街身着奇形怪状、五彩缤纷服饰的异国宾客，大臣说：“遥想周武王时候，天下太平，远国归顺，周史专门写《王会篇》。今日四方宾服，万国来朝，千古难有，堪当描画，流芳百世啊！”李世民听了很高兴，即命画工作《王会图》。可惜此图早已失传。公元787年普查，仅在长安娶妻生子并有田宅的外国人就有4000人之多。西方唐史研究大家、《剑桥中国史》主编杜希德认为，隋唐帝国带有“世界主义”（cosmopolitanism）的色彩。孙英刚说：“在整个唐代，整个东亚世界实际上是沐浴在同一个文明之中，虽然样式稍有不同，但是精神非常相类。”在东亚文化圈中，居于核心地位的无疑是中国。唐朝是东亚文化圈形成的重要时期，也是与印度文化圈、伊斯兰文化圈发生密切关系的时期。

多元的文化

李世民可圈可点的言行很多，如遣使至高丽，收隋朝阵亡将士骸骨葬之。在高丽战场上，大将李思摩（突厥人）中箭，李世民居然亲口为他吮血。部将一条生命，胜于他作为帝王的尊严。

有一年死刑犯增至 390 人，李世民将他们全放回家，要求第二年回来受刑，简直像开玩笑！同样令人惊奇的是，第二年这 390 人全都回到京城等候秋决，李世民又将他们全都赦免。这是正史记的，如今很遗憾没人跟踪那 390 人后来的情况，把那写出来一定很有趣，很有意义。

但李世民对两种人决不心慈手软：一是贪官污吏，如沧州刺史席辩因贪污被处死。二是伪造资历的官员，限期自首，否则处死。期限过后，查出几个，李世民即命斩首，只因法官进谏“应忍小忿而存大信”才改为流放。

李世民认为老子李耳是他李氏先宗，拜道教为祖师。李世民明确说：“君无为则人乐。”反之亦然。你看哪一个喜欢折腾的帝王治下，百姓不遭殃的?

李世民也虔诚向佛，曾在疏文中自称“菩萨戒弟子”。玄奘出家后遍访佛教名师，觉得难有定论，便到天竺学习。回来后，李世民亲自接见。玄奘将他所见所闻详陈汇报，李世民大开眼界，便请他将见闻写出来，这就是《大唐西域记》，如今已被译成多国文字，成为世界上最有价值的地理历史文献。玄奘还译出经、论 75 部 1335 卷，充分反映了公元 5 世纪以后印度佛学的全貌，被称为中国佛教三大翻译家之一及唯识宗创始者之一。

李世民酷爱诗，常与大臣论诗，他自己的诗收存于《全唐诗》的有 98

首。明代学者胡震亨认为李世民在唐诗发展中有着“首辟吟源”的作用。大唐以诗照亮中华文化，李世民可谓燃火之人。

小官府大民生

李世民具有“民本主义”思想。《贞观政要》开宗明义地说：“为君之道，必须先存百姓。若损百姓以奉其身，犹割股以啖腹，腹饱而身毙”，“凡事皆须务本，国以人为本”。他也是这样做的。登基第二年就对州县大加裁并，并将中央机关 2000 名吏员裁减 1400 人，随后遣放宫女 3000 余人，让府兵自给自足，大大减轻了百姓负担。

李世民在经济上没什么“大动作”，却很快迎来繁荣。李世民登基第二年关中饥荒，米一斗值绢一匹，第三年大水灾，第四年即公元 630 年史书描述：

> 天下大稔，流散者咸归乡里，斗米不过三四钱，终岁断死刑才二十九人。东至于海，南极五岭，皆外户不闭，行旅不赍粮，取给于道路焉。

李世民没陶醉在吹捧当中，他对部下说：

> 朕有二喜一惧。比年丰稔，长安斗粟直三四钱，一喜也；北虏久服，边鄙无虞，二喜也。治安则骄侈易生，骄侈则危亡立至，此一惧也。

李世民在政绩面前仍保持清醒。大臣说如今天下大治，建议上泰山封禅。李世民则怕耗费人力物力，不搞好大喜功的事。

“贞观之治”奠定了李唐政权的基本格局，李世民则成为帝王行业的偶像。台湾史家姚大中说：“唐太宗天纵英姿，是不世出的伟大帝王典型。其所以异于历史上所有雄才大略君主之处，系如秦始皇、汉武帝的对外事业发展大成功，另一方面却都须以牺牲国民安居乐业的生活为条件，惟唐太宗则未。”

外国“同行”也纷纷引以为楷模。稍后的日本清和天皇直接借用李世民的年号，开创一个日式“贞观之治”。

不过，“贞观之治”也很可能有水分。卜宪群在《中国通史》中指出：“细心的史学家们经研究发现，李世民在登上皇位之后曾经改动了国史，以致其父李渊和兄弟们的功劳都被淡化甚至抹去了。”

17 永徽之治：阴阳之谐

（公元 649—公元 683 年）

公元 649 年李世民死，太子李治即位，即唐高宗。

疆域全唐之最

李治继承李世民遗志，但没有“祖宗之法不可改”之类教条，头一件事就是罢高丽之战。此战太惨，李世民自己也有悔意，只是不肯服输，硬撑着自己，这可苦了将士和百姓。平静两年后，高丽入唐朝贡。不久，高丽与百济、靺鞨联手侵新罗，新罗向唐求救，李治这才发兵击高丽，并一次次加大力度。公元668年破平壤，高丽王与百济王被生擒，高丽国宣告灭亡，朝鲜半岛的三国时代结束。从此，中国与朝鲜再没有战争。唐在平壤设安东都护府，辖辽东半岛、朝鲜半岛北部、吉林西北地区和朝鲜半岛西南的百济旧地。

和亲换来的和平不能持久。吐蕃嫉妒吐谷浑附唐，出兵击吐谷浑，这不是打大唐的脸吗？不仅如此，大唐击西突厥，吐蕃却接受他们依附，又大举进攻吐谷浑。李治只好出兵，时不时大战一场。吐蕃王去世，文成公主遣使来告丧，并为新王请婚。李治派人去吊唁，不想吐蕃新王更疯狂，大举扰河源，冲突无休。

突厥随着内部分裂实力大衰，与唐关系总体比较融洽。唐在突厥设11州，分别隶属云中、定襄都护府。后来又恶化，冲突不断。唐设龟兹都护府，不久将安西都护府从交河移至龟兹，以交河为西州都护府，镇高昌旧地。铁勒即疏勒这时期屡屡反唐。唐名将薛仁贵追击，直到沙漠俘虏其头目，时有歌谣:“将军三箭定天山，壮士长歌入汉关。”

与倭国在百济发生冲突，李治命大将率兵镇百济。这是历史上第一次中日战争，此战大获全胜，日本此后900年不敢侵华。新罗女王用锦织五言诗《太平颂》献李治，并采用李治的年号“永徽”。

波斯使臣曾来访数十次，帝国崩溃后王子逃入长安，请求出兵帮他们抗击阿拉伯。李治在波斯设都督府，命此王子为波斯王，派兵护送他返回。

一般说这时期的大唐版图东起朝鲜半岛，西临咸海，北至贝加尔湖……为唐代之最，其外交和军事超越“贞观之治”。不过，历史地理学专家葛剑雄认为，此说“没有注意到或者根本不愿意注意时间上的矛盾……这种情况在其他朝代也都存在”。

官府与司法改革

李治要求凡是不便利于百姓的事都必须上报，没办好的事更要上报。同时将李世民时代的3日一朝改为每日一朝，勤勉执政。

鉴于候选为官的人数剧增，创制了《长名榜》和《铨注法》。前者是官员替补名单，后者是选官操作办法。文官选授须经铨试，内容主要有4项，即身、言、书、判。铨选完，拟定留、放名单及授官之处，然后“公示”。送尚书审查，再送门下复查，最后上报李治，经批准后才发给“符”即告身（委任状）。这一套选官办法，以后历代相沿。

将皇帝的职称改为“天皇”，皇后为“天后”。这一改革在本国没沿袭下来，倒被日本学去用到现在。同时改章服制度，文武官1～9品服色以紫、绯、绿、青加以区别，饰带以金、银、黄铜标识不同等级；百姓衣黄色，着铜铁带。

《唐律》12篇502条，随后创造性在律条后面加注疏，称《永徽律疏》。这部法律在此后唐代再无更改，并对宋、明、清立法产生深远影响，还传到东亚及东南亚多国。专家学者认为《永徽律疏》实现了礼与法的完美结合，宣告“春秋决狱”正式废止，被誉为中华法系的代表。

山东士人高傲得很，自矜门户，婚姻囿于小圈子。李治诏崔、卢、李、郑、王5姓子孙不得在圈子里通婚，并规定陪嫁财物三品以上官员纳礼不超过300匹、四五品200匹、六七品100匹，改良社会风气。

儒道释并举

礼部官员认为礼仪不完备，建议重修。古礼本来有6种，即冠礼、婚礼、丧礼、祭礼、乡饮酒礼、相见礼，称“六礼”。有人认为《国恤》专指帝后丧葬之礼，而臣下无权议定，建议删除。李治同意，将《国恤》一篇焚毁，“六礼”缺丧礼成“五礼”。新修完，诏行全国。没多久又有人认为新修之礼不符古制，索性改行《周礼》。

李渊谦让，不想封禅。李世民先是不想劳民伤财，后来两次下诏准备上泰山，又因不祥未成行。李治再也忍不住，带上皇后武则天，还有突厥、于阗等国贵宾千里迢迢来捧场，盛况空前。下泰山拐到曲阜，谒孔庙，追赠孔子为太师，并免孔子裔孙褒圣侯孔德伦子孙赋役。又特地谒老君庙，拜老子尊号为“太上玄元皇帝”，令建祠堂，置令、丞各一员，并改老子庙所在地亳州谷阳县为真源县（今河南鹿邑），免县内宗姓租庸调一年。

武则天上表建议：国家圣业源自玄元皇帝，要求王公以下各级官员读《老子》，并在每年明经科考试中加试《老子》，考试方式同考《孝经》《论语》。李治批准实施。

李治重道，但不废佛。名僧玄奘受李世民厚爱，李治待他也不薄，亲自写《大慈恩寺碑记》给玄奘。玄奘病危的时候，李治派名医救治。玄奘圆寂，李治哀恸，反复叨念“朕失国宝矣”，为之罢朝 3 日，追谥“大遍觉”，敕建塔于长安。

李治本身也是个诗人，现存诗 8 首。历经千年时光涤荡，能留存一首也够了，但他更重要的身份是帝王，因此更应注意他于诗的影响。王勃当时在沛王李贤府当小官，正愁才气没地方发挥，一不小心写出新赋《檄周王鸡》。李治读完直叹：“歪才，歪才！二王斗鸡，王勃身为博士，不行谏诤，反作檄文，有意虚构，夸大事态，会导致二王真的勾心斗角啊！”李治转而生怒，即废王勃之职。为这么点小事丢官，在千年之后的我们看来还不免为之惋惜。但那 10 年后的重阳节，落魄的王勃在洪州写下不朽名篇《滕王阁序》。

天灾摧不垮

李治在经济方面“无为而治”更彻底，以致找不出一点像样的举措。如果非要说，只能说他最大特点是：克己，换言之，就是尽量减轻百姓负担。他本人生活简朴，不喜游猎，尽管多病也不迷信方士长生之术。

李世民后期由于连年用兵，百姓困于征调，士卒战死溺死甚众。李治罢停 36 州所造船，并派官员分 10 路深入基层，问民疾苦，追究不合格的官吏。

明堂是帝王宣明政教的地方。凡朝会、祭祀、庆赏、选士、养老、教学等大典，一般都在此举行。公元669年制定新建明堂方案：基础八觚形，屋宇则圆形，门墙阶级等，都遵从天地阴阳律历之数。李治看了满意，批准实施。然而没几天发生天灾，李治果断叫停这一工程，把钱省下救济灾民。

唐初开始通行“元通宝钱”。因为好用，盗铸现象渐渐增多，劣钱泛滥成灾。李治令官府以好钱一文买劣钱5文，回收劣钱。但民间认为劣钱价太贱，私藏起来，以致难禁。李治又令以好钱一文换劣钱2文，仍然无法禁止，只好改铸新钱，名“乾封泉宝”。这钱直径一寸，重2.6铢，新钱一文抵旧钱10文，新旧并行。然而，由于新钱作价过高，人们喜欢收藏旧钱，以致商贾不通，物价倍增，第二年初只好罢新钱。

这个时期的天灾类型较多，如地震、水灾、风灾、牛疫、饥荒等都有。在这灾年，斗米涨至三四百钱，也即比几十年前最丰年涨上百倍，比此灾前也涨几十倍，由此可以想象天灾之惨烈。史料有细节描述：一是皇帝的随从也饿死；二是百姓人相食。然而，在这样的大灾冲击下，人口还是从贞观年间的不满300万户增加到380万户。

现代网民也说：“从硬指标上看，唐高宗确实是中国诸位帝王中成就最高的。”

18 武周之治：“僭于上而治于下”

（公元683—公元705年）

公元683年十二月李治逝世，遗诏太子李显即位，但军国大事取决于皇后武则天。

武则天是李世民之妃。她才貌双全，有专家认为洛阳龙门奉先寺那尊著名的卢舍那大佛就是以她为模特；她书法流丽、秀逸之美则可以从现存河南偃师的《升仙太子碑》上窥见一斑。李世民死时，她与所有嫔妃一起被送入感业寺削发为尼。但李治早觊觎这位名义上的母亲，继位不久便将她接出，入宫侍寝。公元 655 年，李治不顾舅舅长孙无忌等顾命大臣的强烈反对，废黜出身关陇军事贵族集团高门的王皇后，改立武则天为皇后，标志中国古代皇帝——贵族政体的终结，从此中国历史上基本不再有外戚专权。这样，唐朝开国 3 个皇帝，两个是她丈夫，以下 17 个皇帝全是她的儿孙。

武则天不愿囿于后宫，而有心于政事。有人说李治是个白痴，那不公允。但他身体不好，性格懦弱，庸碌无才。否则，武则天可能连皇后都当不了。她渐渐形成自己的势力，越来越积极地参与政务。公元 660 年李治风眩头重，目不能视，将政事委以武则天，权同皇帝。不久，武则天开始与李治一起垂帘听政，朝廷内外称他们为“二圣”，李治为“天皇”，武后为“天后”。

公元 683 年李显继位后，将太子妃韦氏立为皇后，国丈韦玄贞从一名小吏跃为刺史，没几天又要被提拔为侍中。顾命大臣裴炎告到武则天那里。武则天大怒，即命裴炎带兵入宫，废李显为庐陵王，改立四子李旦为帝，但将他软禁，一切仍由武则天做主。她一方面削弱李族势力，另一方面壮大武族势力。徐敬业（即李敬业）等人以营救李显为名，在扬州起兵，十来天发展到 10 万之众。武则天调 30 万兵去讨伐，很快平息，然后下诏归政李旦。李旦竭力推辞，武则天便重新心安理得地代行皇帝职权。

武则天得到佛教的鼎力支持。公元 690 年 7 月，法明等名僧对译自印度的《大云经》进行别有用心的解释，称：“佛……即以女身当王国土者，所谓圣母神皇是也。”9 月的一天，关中耆老 900 余人自发赶到洛阳叩拜宫门，说是“请革命，改帝氏为武”。不日又有耆老、四方蛮夷、道士、和尚 1200 余人诣阙，请神皇登正位。第二天，远近百姓、四夷酋长、沙门道士、文武百官、李唐宗室 5 万余人“守阙固请”，李旦也上表自请赐武姓，武则天这才宣布“建大周之统历，革旧唐之遗号”，为前无古人、后无来者的惊天之举画上一个圆圆满满的句号。

四边有惊无险

此前唐曾两次给突厥致命打击，西突厥现又不时侵扰定州、朔州等地。唐军及时反击，但不一定都胜。著名大将黑齿常之率军追击40余里，突厥逃漠北。中郎将爨宝璧嫉妒黑齿常之的战功，请求穷追突厥。武则天命爨宝璧与黑齿常之协同作战，爨宝璧却想独占军功，擅自率精兵1.3万人先出塞2000余里，全军覆没。武则天怒杀爨宝璧。突厥可汗病卒，其弟默啜篡位。默啜为巩固汗位，改而讨好中原，武则天授其大将军、归国公。契丹叛唐时，突厥帮助击溃契丹，武则天册立默啜为立功报国可汗。默啜请求夏、朔等六州突厥降户以及单于都护府之地，并求谷种、缯帛、农器、铁等物，武则天基本同意，突厥随后国力大增。

武则天命内侄武延秀前往迎娶默啜女为妃，默啜却变卦，说："我女儿要嫁的是李氏，怎么来个武氏？武氏难道会是天子吗？"他将武延秀拘留，扬言要帮李氏复唐，并发兵袭击河北道等地。武则天调兵遣将反击，不太顺利。默啜回到漠北，拥兵40万，占地万里，笼络西北诸民族，重新与中原对立。但不久，默啜又遣使入唐表示愿"和亲"，献马千匹及方物。武则天盛情款待来使，赐予重赏。默啜放回武延秀。

与吐蕃仍处于时战时和状态，与突厥有些相似，不过吐蕃的国势正处于上升时期。韦待价累立边功，武则天命他统领征讨吐蕃，不想大败。武则天大怒，不得不将他除名，流放绣州。吐蕃、党项部落万余人内附，分置于10州。吐蕃发生内乱，大将率所部千余人来降，但仍然不时有些小骚扰。

西北其他地区较平静。契丹李楷固等人来降。武则天命李楷固率军征党项，大功告捷，提拔李楷固为大将军，并赐武氏姓。

东北部其他地区平静。新罗王卒，武则天遣使立其子理洪为王。理洪死，武则天又遣使立其弟为王，没发生意外。

西南地区有些少数民族反叛，及时平息。昆明（古民族，非今昆明）来降，唐设窦州安置。

看似矛盾的局势

武则天设“登闻鼓”与“肺石”。登闻鼓即在衙门口设鼓，让上访的百姓击鼓鸣冤，北魏始设，武则天效仿，后来宋、辽等也有这种制度。肺石指设在朝堂门外的赤石，百姓可以站在石上控诉地方官吏。凡有击鼓立石，官府就得受理。但不久又设“铜匦”(检举箱)，制造了不少冤假错案。不过，武则天的特务政治有底线。《资治通鉴》载：因为崇佛，武则天诏令全国禁屠捕捞，大臣张德老年得子，大喜，请几位同事好友喝酒，悄悄杀了一只羊。没想到，大臣杜肃吃了喝了并不感激，偷一块羊肉上告。武则天生气了，批评张德说：“朕禁屠宰，吉凶不预。然卿自今招客，亦须择人。”随后将杜肃贬出京城，“举朝欲唾其面”。这说明当时朝野正气尚存。

短短几年间，诛唐宗室贵戚数百人，大臣数百家，刺史、郎将以下官员850余人，连武则天自己也不胜其烦。登基之后，政局趋于稳定，她开始拨乱反正，惩治那些臭名昭著的酷吏，又组织对近些年大要案调查复审，恐怖的气氛开始和缓。

唐朝的文化事业是李世民启动的，武则天承继，坚实地推动下去。她在洛阳殿上亲自策试，开“殿试”之先河。“存抚使”即巡察使、宣抚使，为巡行地方的大吏，主要负责考察各级地方官吏、赈济灾民、整顿地方治安等。她接见存抚使所荐举之人，不问贤愚，悉加擢用，可见她对存抚使有多信任。她首创“武举”，由兵部主持，考试科目有马射、步射、平射、马枪、负重、摔跤等。她重视人才，尊称后来有“中国的福尔摩斯”之誉的狄仁杰为“国老”，甚至常常“屈意从之”。曾有个举人嘲讽她用人糊涂：“糊心存抚使，眯目圣神皇。”有个刚提拔的侍御史建议治这举人的诽谤罪，她却笑呵呵回答：“只要你们这些新官不是滥竽充数，何必怕人家非议呢？”《唐书》所列文学家总数100余人，武则天时期几乎占到了1/3。

她一方面利用酷吏滥杀，另一方面又重用人才，看似矛盾。其实，不难发现两者并不矛盾，她杀的是阻碍她夺权之人，而有利于夺权、治天下之人她都重用。特务政治的恐怖仅限于统治者上层，而不是中、下层官民。《新唐书》对她极力贬损，却不得不承认其“僭于上而治于下”，意思是说虽然朝廷之上很乱，但社会治理得很好。当时经济仍然繁荣，工商业发达。仅说世界性贸易，当时大臣崔融汇报说：

> 天下诸津，舟航所聚，旁通巴汉，前指闽越。七津十数，三江五湖，控引河洛，兼包淮海。弘舸巨舰，千轴万艘，交贸往还，昧旦永日。

钱穆在《中国经济史》中写道：

> 盛唐时代之富足太平，自唐太宗贞观到唐玄宗开元年间，历时100余年，有一番蓬勃光昌的气运……此后虽衰落，但藩镇之殷实富厚，仍是远非后世所及。

之前有“贞观之治”“永徽之治”，之后有“开元盛世”，武则天承上启下，被誉为“武周之治”。黄仁宇评论：“武后的革命不能与我们今日所谓的革命相比拟……迄至武则天御驾归西之日，她的帝国没有面临到任何真实的危机。”

当时文豪李白、明朝思想家李贽、清朝史学家赵翼等，都对武则天予以高度评价。当然，抨击她的人肯定更多。如历史上攻击女强人最常用的一个词：“牝鸡司晨”，明代学者胡应麟甚至连那个时代都骂成“牝朝”。最大的问题，无非是女人不该当政。至于武则天的具体“罪状”，无非两条：

一是乱臣贼子。北宋名臣鲁宗道说她：“唐之罪人也，几危社稷。”在那几千年当中，有哪一个开国帝王来源干净“合法”？为什么苛求她呢？王莽改制成功也充分说明这一点，以后失败另当别论。其实，宋之前的中国人并不太保守。

二是专制残忍。确实有一度，她曾任用酷吏，鼓励告密等，在当时看来也太过了些，但并没有超越“霸王道杂之”的范畴，只不过五十步笑百步而已。还有一点不可忽略，其间年号改了 16 次，每次都有大赦。

《哈佛中国史》认为“关于武后的活动我们只掌握了很少的可靠且有用的资料”，其原因在于“这一时期的记录都是男人编著的，他们不仅是其政敌且将其政治生涯视为对自然的扭曲”。

在武则天死之时，显然就有争议。虽然被安排与李治合葬于乾陵，墓前两块碑，一块是李治的，上有武则天的题词——她的书法挺好；另一块是武则天的，碑上却无一字。为什么要给她立一块无字碑呢？历来争论不休。笔者觉得这处理相当高明，立碑本身就是标功，大音稀声，大象无形，大功则无字。不过，这碑也是无声的抗议。正如《剑桥中国隋唐史》所说：“儒家反对女性统治这一禁令的严厉性意味着她的地位永远不能被人接受。”

19 开元盛世：如日中天

（公元 712—公元 755 年）

尽管武则天干得再好，中国也难容一个女人当皇帝。武则天有自知之明，于公元 698 年重新立李显为太子，确立回归李唐的国策。公元 705 年武则天病重，宰相张柬之等发动政变，一边派人到东宫去接李显，一边直闯武则天病榻，逼她“禅让”。

李显重新登基，立韦氏为后，并重用韦皇后的父亲等人。没想到，韦后和安乐公主却弄权，又淫乱，更糟的是将李显毒杀，改立其幼子李重茂，韦后临朝称制。仅 19 天，武则天的女儿太平公主和李旦第三子李隆基发动政变，杀韦后、安乐公主及众多韦氏党人，重新拥李旦为帝，李隆基为皇太子。李旦这人很有意思，与那些不择手段抢帝位的人相反，他一再推让，一让母亲武则天，二让皇兄李显，公元 712 年还让儿子李隆基，然后静心练他喜爱的草书、隶书去。“开元”是李隆基年号之一。

战与和的反复

默啜非常好战，在位 15 年发动战争 25 次，掠夺成性。他也好大唐美女，李隆基应允。可他命有不济，与别的部族战争获胜，归途被溃卒所杀。其子继位后遣使入唐请和求婚，李隆基也同意，但只是将西突厥可汗之女嫁给他。突厥接连发生严重内乱，彻底衰落，唐的北边稍安。不过，回纥尽占突厥故地，变强大起来，对唐构成新的威胁。

吐蕃则更糟些，冲突不断。后来吐蕃奉表请和，每次通文用敌国礼，言辞傲慢，李隆基愤怒。大臣劝道：“以前是因为他们可汗幼稚，才 15 岁，不知道什么礼。那些边将作怪，想以此激怒您。”于是，李隆基予以原谅，吐蕃重新称臣纳贡，以外甥礼舅。不久，唐边将也贪战功，认为现在吐蕃东边无备，出击时机最佳，矫诏深入 2000 多里。吐蕃认为大唐无信，重陷年复一年的战争。

契丹、奚好像连体兄弟，时常一起行动。这时期唐与他们处于时战时和、反复无常阶段。随着国势日强，而突厥日衰，契丹、奚相继归附，唐分别与他们和亲。后来契丹发生叛乱，胁迫奚人一起降突厥。从此，与奚、契丹又陷入连年战争。

滇国指今云南全境及贵州、四川、西藏及越南、缅甸部分地方，唐初形成 6 个大部落，统称“六诏”。其他 5 诏受吐蕃威胁，常弃唐附吐蕃，南诏则始终附唐。南诏兼并其他 5 诏，请求并 6 诏合一，李隆基准允，成立以西洱河地区为主的南诏国。但不久南诏王阁罗凤指控云南太守“私”其妻，起兵反唐，臣于吐蕃。李隆基发兵讨南诏，不想大败。阁罗凤特地在太和城（今云南大理城南）立碑，称叛唐实属不得已，为后代归唐留了一条路。

政简刑轻

李隆基上任伊始，改一系列官名。不久令："选京官有才识者，除都督、刺史；选都督、刺史有政迹者，除京官，使出入常均，永为定式。"用现代话来说，就是实行中央与地方官员交流制，改变"重京官，轻外官"的积习。

公元730年全国判死罪仅24人，比100年前李世民那年的29人还少5人。后来死刑犯多一些，也只有58人。为此，大理少卿徐峤上表："大理狱院向来杀气太盛，鸟雀不栖，如今有喜鹊到树上筑巢了！"百官欢呼。

李隆基也好面子，不喜欢在京城看到乞丐。陆续设悲田坊、养病坊，恤贫养老，并安排官员专职负责。有人认为"悲田养病"是佛教的事，不应该由官府管，李隆基拒绝。京城禁乞丐，令养病坊收管。

李白与杜甫们

在佛教与道教问题上，李隆基比他的祖宗走得更远。李隆基诏命僧尼还俗1.2万人，随后诏各地不得新建佛寺，旧寺颓坏维修须经官方同意。同时，禁铸造佛像，禁传抄佛经，对于官员和僧尼的交往也加以禁止。后来还要求60岁以下僧尼须参加业务考试，限诵200纸，3年一试，考不及格必须还俗。对道教则推崇有加，在元元皇帝庙设"崇玄学"，诏令学习《道德经》《庄子》《列子》《文子》。学成之后，每年随举人例送官，准同明经考试，称"道举"。朝中增设"玄学博士"一员。

公元739年追谥孔子为"文宣王"。原先祭祀先圣先师，周公南向，孔子东向。从此之后，"孔子南向坐，被王者之服"。追赠其弟子为公、侯、伯，如颜渊为兖公、仲弓为薛侯等。宋元明清无不奉孔子为"文宣王"。

在乾元殿组织编校群书，随后更名为"丽正修书院"，置使及检校官。书院逐步发展为藏书、读书、讲学、著书、刻书、研究等活动的机构，清代达顶峰，1901年后改制为"学堂"。后设丽正院修书学士，或修书，或侍讲，生活待遇优厚。后集仙殿改名为集贤殿。书院官五品以上为学士，六品以下为直学士。经数年努力，丽正书院与集贤书院收集整理图书 3060 部 51852 卷，另有道经、佛经 2500 余部。这是唐朝藏书最盛之时。李隆基诏："古者乡有序，党有塾，将以宏长儒教，诱进学徒，化民成俗，率由于是。其天下州县，每乡之内，各里置一学。仍择师资，令其教授。"从此，各地办学成为一种制度。

李隆基本人精通音律，认为雅俗之乐混一起不好，置左右教坊专教俗乐。选乐工数百，由李隆基亲自在梨园（禁苑中）教法曲，称"皇帝梨园弟子"。梨园弟子指李隆基培训的歌伶舞伎，后来泛指戏剧演员，现代还常用。另外选伎女置"宜春院"，相当于现代歌舞团。李隆基退朝之后，经常教太常乐工子弟一起演奏丝竹。如果其中一个人弹错，他马上就能听出并纠正，水平不亚于现代交响乐团的指挥。

《全唐诗》收录李隆基诗 64 首，其中《经鲁祭孔子而叹之》入选《唐诗三百首》。李白比李隆基小 16 岁，千里迢迢进京，实指望能当皇帝的左膀右臂。李隆基对李白赞赏不已，但只是任用其为翰林。这与李白的希求相差太大，才一年多时间他便离开。杜甫比李隆基小 27 岁，没能让李隆基知遇，但亲历了李隆基治下的辉煌与动荡。杜甫后来写一首题为《忆昔》的长诗，描述"开元盛世"长安城里热闹非凡的景象，至今常被人们作为史实诵读，但他更多是忧国忧民，"三吏"与"三别"更为人所知，这同样是李隆基的"政绩"。

"海内富安"

帝王的御苑，除亭台楼阁、花草树木、鸟兽宠物，还会搞上一两块"试验田"。李隆基在苑中种麦，带着太子亲自下田收割，借以教导："这是要祭祀宗庙的麦子，不敢不亲自种亲自收。通过亲种亲收，略知稼穑之艰辛。"李隆基将麦子分赐群臣，说："派人下去视察，往往还不明实情。现在亲自种了，才体会到。"李隆基赴泰山封禅，一路所见粮价，东都斗米 15 钱，青州和齐州仅 5 钱。可见当时谷熟年丰，经济繁荣。

李隆基改赈饥法。以前各地遇有饥馑，首先得奏报朝廷然后才能开仓赈济。但因道路遥远，往往难以及时救助。想当年，子路在蒲地为官，见农民工干得又饥又渴，便给他们送吃的喝的。孔子听闻，连忙委派子贡去劝阻，说："汝以民为饿也，何不白于君，发仓廪以赈之，而私以尔食馈之，是汝明君之无惠，而见己之德美矣。"用现代话来说，你子路抢君王的镜头了。儒家心目中只有君臣之礼，而没有草民饥渴。但在李隆基心目中，草民的饥渴急于君王的尊严，因而事先授权地方，遇有饥荒可以先开仓赈济，事后再奏报。

李隆基亲自编纂《广济方》，颁示天下，令诸州各置医学博士 2 人。后来又发补充通知："朕所撰《广济方》应当要求各郡县选择其中最常用、最重要的，写在大木版上，树立在村坊要道边让大家看。同时，要求各地方官经常加以检查，不要让字迹脱落，造成差错，误人性命。"

李隆基治下，不论政治、经济、军事还是文化、艺术、宗教等方面，中国历史都登上了一个巅峰，人们称之"盛唐气象"。有学者估计，公元 754 年人口在 7000 万上下，占当时世界总人口的 1/3。

20 元和中兴：恢复中央权威

（公元 805—公元 820 年）

公元 755 年 4 月李隆基还诏免本年租庸，当时，他很可能处于一种睥睨千古的高傲之态。哪料，这年 11 月便爆发"安史之乱"，整个大唐国势急转直下，甚至可以说突然改变了中国历史的走向。

安禄山原来只是节度使的小官，看上去呆头呆脑的，其实狡黠异常，贿赂到他任下检查工作的钦差大臣，一个个都为他说好话，飚升为节度使。杨贵妃比安禄山小 18 岁，他却拜她为干娘，得以自由出入内宫。安禄山手上的兵力约 19 万，占当时边兵的 40%，占全国兵力的 1/3，随后又增加到 20 多万。稍后的宰相杜佑评论："禄山称兵内侮，未必素蓄凶谋，是故地逼则势凝，力侔则乱起，事理不得不然也。"换句话说，拥有这种实力如果不谋反，那是安禄山太傻了！

承平日久，京城地区的禁军根本不是边疆野战军的对手。安禄山矫诏起兵，势如破竹。李隆基连夜往四川逃亡，第二天到马嵬坡（今陕西兴平境内），禁军又哗变。禁军觉得这场内战是宰相杨国忠造成的，便将他杀了，可他妹妹杨贵妃还在。于是，他们给李隆基出了个千古难题：请将杨贵妃杀了！李隆基不得不忍痛割爱。第二年，太子李亨称帝，反击叛军获胜，将李隆基迎回长安做太上皇。历时 9 年的"安史之乱"落幕，依旧是大唐江山。

然而，大唐风光不再，整个中国古代社会也从此由盛转衰，完全变了一种性格。由于外来的佛教支持了武则天改唐，安禄山与史思明又都是胡人，唐人便形成一种新的心态："非我族类，其心必异。"于是，重陷"华夷之辨"的泥沼，丧失民族自信，不再对外开放，反而处处设防，草木皆兵，儒学渐渐僵化为"理学"，作茧自缚……

且说李亨在另一场宫廷政变当中受惊暴死，其子李豫接任。李豫虽然最后平定"安史之乱"，但继承发扬了父皇的错误，大赦安禄山、史思明的旧将、亲族，让他们变成新的节度使，形成一大堆新的藩镇。他们在各自辖内扩充军队，委派官吏，征收赋税，形成一个个事实上的独立王国。大唐自顾不暇，吐蕃趁火打劫，公元 763 年长驱直入，李豫只好逃亡，长安第二次沦陷，幸有大将郭子仪将他们吓退。

李豫去世，其子李适继位。适逢成德节度使病死，其子上表请求继承。李适断然拒绝，并调兵镇压。没想到，"四镇"联合对抗中央，而调往前线的士兵又哗变，李适只得仓皇而逃——这是第三个出逃的唐帝。直到李适下《罪己诏》，自我批评"朕实不君"，宣布赦免叛乱的藩镇，才收复京师。从此，李适对藩镇也转为姑息。

李适去世，其子李诵继位，但他中风口不能言，政事委以大臣王叔文等。王叔文组织一系列改革，包括限制藩镇，史称“永贞革新”。然而，李隆基成功地控制、消除了亲王们的权力和影响，却让宦官成为皇帝个人权力的延伸，宦官的权力和影响越来越大，从监控太子、亲王、公主起家，到参朝政、典禁军，代表皇帝到各地监军，逐步发展到可以废立皇帝，朝廷完全失去对他们的约束力。同时，对藩镇早已失控，“兵骄则逐帅，帅强则叛上”。这两股恶势力相互勾结，狼狈为奸，于公元805年发动宫廷政变，拥立太子李纯。李诵在位仅8个月便被废，王叔文等大臣被贬或被杀。“元和”是李纯的年号。

李纯即位没几天，西川节度使死，副手刘辟按常规自任“留后”(即代理)，请求朝廷予以任命。用现代俗语话说是“先上车，后补票”，将朝廷当“橡皮图章”，李纯不同意，调他到中央机关。刘辟则拒绝。李纯来个折中，将他任命为副节度使主持工作。刘辟仍不满，发兵攻梓州，要吞并东川节度使。李纯不再客气，调兵遣将，收复梓州，活捉刘辟，送京师问斩。夏州留后杨惠琳，本来以为主持工作之后自然转正，没想忽然派来新的节度使，他便煽动士兵拒绝。李纯没商量，马上调兵征讨。夏州的官兵怕了，将杨惠琳杀了，传首京师。见李纯接连使出铁腕，其他节度使不得不有所收敛。

魏博节度使田季安生活放荡，性情暴躁。部将田兴倒是既武又文，性情恭谦。田兴多次奉劝田季安收敛些，田季安却认为田兴收拢人心，要杀他，他只好跑路。田季安病死，其夫人将年仅11岁的儿子立为副使，请田兴回来辅佐。李纯想出兵，大臣李绛建议等一段时间。果然，他们很快发生内乱，推举田兴为留后。田兴却说：“不得冒犯！我想还是要遵守朝廷法令，申报版图户籍，请求中央任命。”李纯闻讯大喜，一边派人去慰问，一边赶制任命书，破格直接委任田兴为节度使。李绛建议奖赏150万缗，大臣们认为太多。李绛说：“假如调15万兵去大战一年，何止150万！”李纯深有同感，给田兴赐名“田弘正”，并免除魏博6州百姓赋税徭役一年。其他节度使，有的恨田兴破坏了几十年的“潜规则”，派人离间，田兴不上当；也有人联络讨伐田兴，但没敢行动。

淮西节度使吴少阳死，其子吴元济匿不发丧，伪造吴少阳上表称病，请求任命吴元济为留后。朝廷不同意，吴元济便耍横，派兵掠舞阳等地。李纯不是吃素的，调16镇9万大军去镇压。平卢节度使李师道、成德节度使王承宗接连几次上表，请求赦免吴元济，李纯拒绝。李师道发兵2000人，说是辅助官军，却悄然援助吴元济，不仅偷烧官军物资，还刺杀力主削藩的宰相武元衡和裴度，京城大骇。战争4年无果，中央财力吃紧，民力困乏，大臣纷纷建议罢兵。李纯与裴度态度不变。西线战场官军易将，李愬谋略过人，组织2000人成立敢死队，加以特别训练，然后选择"往亡日"，雪夜行军百里，突入吴元济门外。被士兵紧急叫醒时，吴元济还睡眼惺忪地说："可能是我们值夜的将士回来要寒衣吧！"等他发现是官兵时已太迟，只得乖乖做俘虏。淮西军主力当日投降，拖了多年的战役一夜结束。

吴元济就擒后，王承宗吓破了胆，一听使者招降就上表交人质，进献2州。李纯即恢复他的官职爵位。李师道不愿束手就擒，李纯用离间计，让部从杀了他。

各节度使"至是尽遵朝廷约束"，中央权威重树。这些年风调雨顺，五谷丰登，斗米仅2钱，国库充实，周边相对来说也比较平静。

当时大臣李翱赞美李纯："自古中兴之主无人及之。"宰相裴度将李纯这十几年勤政、智谋编写成文，在一次宴席高兴时进献，请求宫中盖印后交给史官。李纯却不同意："你这么做，好像是朕要求你写的，不妥啊！"看来，李纯还挺谦逊。《剑桥中国隋唐史》评论：

在评价他（指李纯）的成就时，我们应以他前面的几个皇帝作为考虑的出发点，而不应以完全重新集权化这一不切实际的标准来衡量。根据这一尺度，宪宗出色地达到了他的目的，而且突出地表现为王朝后半期唯一的有成就的皇帝。

最后一句也许有待商榷，但"应以他前面的几个皇帝作为考虑的出发点"这句非常在理。这不仅适用于李纯，对于所有中兴之主，都应该用这一尺度去衡量。

21 会昌中兴：大打老虎苍蝇蛀虫

（公元 841—公元 846 年）

李翱在赞美李纯的同时，直言不讳提醒说：至此，李纯只有武功，文德方面还需要从 6 个方面努力，一是革弊政，二是用贤良，三是改税法，四是减租赋，五是强边防，六是善纳谏，否则太平盛世没指望。李纯对李翱此谏态度如何不得而知，从史实来看没采纳，令人非常遗憾。李纯就此自满，不再进取，不再信任贤臣，不再纳谏，而热衷于追仙享乐，以至公元 820 年服药后暴死，但《唐书》说“皆言内官陈弘志弑逆，史氏讳而不书”。

继位的太子李恒也不争气，政务荒废，被李纯好不容易压下的藩镇势力很快重新抬头，回到半独立状态。也许连李氏祖先都看不过去，李恒在一次打马球的时候坠马，进而中风，一病不起，太子李湛继位。李湛跟他老爹一样贪图享乐，甚至有过之而无不及。宦官刘克明等将李湛杀了，迎李恒第六子李悟继位。两天后，另一派宦官王守澄杀了刘克明和李悟，另立李恒次子李昂为帝。

李昂倒是很想干一番事业，与郑注、李训密谋将以仇士良为首的宦官集团一举全歼。不想李训求功心切，另设圈套抢先灭仇士良，不意仇士良反手，血流成河，史称“甘露之变”。仇士良得势 20 余年，先后杀 2 王 1 妃 4 宰相，猖獗至极。李昂名为皇帝，实为囚徒，直至公元 841 年郁郁而死，由其弟李炎继位。“会昌”是李炎的年号之一。

严打老虎苍蝇

李炎也是想干事的皇帝。他在“就职演说”中宣布：本年二月八日之前，除了十恶不赦、背叛国家、故意杀人、官员贪赃枉法者，其他不管罪行轻重，一律释放。李炎加尊号后，又宣布大赦，但重申将“官典犯赃”与十恶、叛逆、故意杀人等罪行并列，不在大赦之列。后又一次大赦，再次重申将贪腐的官吏除外，并强调进贤纳士，政令通畅。将官吏贪赃枉法与十恶、叛国、杀人之罪相提并论，可见李炎对廉政工作重视到何等程度，也足见当时官场腐败严重到何等地步。

第二年又下诏：官吏贪赃枉法，不应该有特殊待遇。内外文武官收赃物丝绢30匹，一律处以极刑。不久又下敕，对官吏贪污满千钱的，即处以死刑。当时大文豪柳宗元的《哀溺文》说，五六个人乘小船渡湘江，途中船破，只得下水游渡。其中一个平时最会游的落在后面。同伴问其原因。他说：“我腰上缠着一千文钱呢，挺重，游不快！”同伴说：“为什么不扔掉呢？”他摇摇头。一会儿更游不动了，已到岸的同伴大呼：“快把钱扔掉！都快淹死了，还要钱干什么？”他又摇摇头，于是淹死了。虽然能上岸，如果来路不正，一千钱也能让人丢命！古代钱币换算，大约为：1两黄金=10两白银=10贯铜钱=10000文铜钱。一千文钱才一两银子。李炎惩贪，比朱元璋那贪60两银子处死的力度大多了，连苍蝇也打了！

官场腐败，首先是制度问题。贪婪是人的本性，即使再好的盛世，也不能灭绝官员贪婪的本性，而只能从制度上遏制。制度上纵容，就像家长对孩子过宠，贪腐非泛滥不可。唐朝官员薪水不高，有些尚不能养家糊口，还有些地方不能及时发放，这就难免助长贪腐。为此，李炎即位不久就调高百官工资。第二年有奏：“河东等较远地区，应适当多加工资。同时，要及时发放，由各地观察判官监督，按月发，不能拖欠挪用。如有违规，应当追究观察判官的责任。”李炎同意。还有一个现实问题：自古以来很多人都是借钱进京赶考，称“京债”，为官后急于还债，以致贪赃枉法。为此，特许由朝廷借款给他们偿债。可以说，李炎非常关心干部群众的实际困难。

但是，李炎关心有度，以不奢靡为底线。他上任当年就下诏，严禁官员无节制地游宴，并取缔进士曲江集宴。曲江在西安城区东南部，是唐代皇家园林所在地，有曲江池、大雁塔等胜景。唐时有个传统，放榜之日在这里举行大型宴会，皇帝亲自参加，新科进士与皇帝及王公大臣一边观赏江边天光水色，一边品尝宫廷御宴美味佳肴，盛大隆重，令人终生难忘。但显然，这代价非常昂贵，所以被李炎叫停。他不惜拿优良传统开刀，狠刹奢靡之风。

藩镇与边事

卢龙军人哗变，杀节度使自命留后，请求朝廷认可，李炎拒绝。后来出兵，很快平定。昭义节度使病死，其侄刘稹想按惯例要求继任，李炎用兵平息。这是唐王朝对藩镇割据的最后胜利。

和亲，让美女发挥比长城更有效的作用，看似风花雪月，其实血泪斑斑。《旧唐书》记载唐使者送嫁将归时，太和公主“宴之帐中，留连号啼者竟日”。这时期，回纥改名回鹘，天灾人祸不断，政权更迭频繁，让太和公主遭受更多苦难。她在回鹘生活 22 年，至少嫁过 3 位可汗。内战中，太和公主被黠戛斯部的军队俘虏。幸好黠戛斯人自认为是西汉名将李陵之后，与唐本为一家，派人送她归唐。途遇乌介可汗袭击，李炎派兵抢回。乌介逃走，3 年后为部下所杀。从此，强大一时的回鹘汗国分崩离析，双方百年恩怨终于了断，北部边境安定 30 多年。

“会昌法难”

李炎一上台就淘汰部分僧尼，拆小寺山房、兰若等，并对僧尼活动进行一些限制。

第二年加强管理，遣“保外无名僧”，不许置童子沙弥，令原来杂工巧匠和不修戒行的僧尼还俗；不许僧尼无限占有奴婢，限僧留奴一人，尼留婢二人；令逃兵、罪犯、娶妻等违反佛教戒律的僧侣还俗，没收其财产；禁止僧尼步出寺院大门。仅长安城内约3500人还俗。

第三年加强对外国僧人的监管，要求申报留居理由。当时留居长安的外国僧人21名，主要来自天竺、狮子国、新罗和日本等。对其他外来四教即祆教、摩尼教、景教和回教，也采取相应措施。凡国中所有的大秦寺和摩尼寺一并撤毁；逐回纥教徒，其多半死于路途。当时京城女摩尼70人，无从栖身，只得自尽；景僧和祆僧2000余人，放还俗。

第四年拆天下山房、兰若、普通佛堂和村邑斋堂，僧尼一律还俗，送归原籍。不许供养佛牙，除代州五台山及泗州普光寺、终南山五台寺、凤翔府法门寺等有佛指骨之处，严禁供养和瞻仰。如果有送一钱，或僧尼在这些地方接受一钱施舍，均背杖20。

第五年全面灭佛，令僧侣40岁以下的全部还俗，不久又规定为50岁以下，很快连50岁以上如果没有礼部度牒也要还俗，天竺和日本来的僧人也被迫还俗。裁并天下佛寺，上等州只留寺一所，如果破落便一律废除；下等州寺院全部拆废。长安和洛阳开始还允许保留10寺，每寺僧10人；后改为各留两寺，每寺留僧30人。各地拆废寺院和铜像、钟磬，所得金、银、铜一律交付中央铸钱，铁交当地铸农器，还俗僧侣各自放归本籍充纳税户。

据统计总计拆寺庙4600余所，拆招提、兰若4万余所，僧尼26万余人还俗，没收良田数千万顷，没收奴婢为两税户15万人，另外强制大秦穆护、祆3000余人还俗。

中国历史上4次灭佛的总体原因，一是物极必反，佛教发展过快过猛，招致道家和儒家不满；二是影响经济，一方面空耗财力，另一方面减少生产劳力，官府不适当禁止才怪。至于具体原因，各次有所不同。李炎时财力吃紧，加之信奉道教，很自然要打击僧尼。通过禁佛，编户增加近百万，纳税田地增加数千万顷。

不过，深层的原因还是武则天与“安史之乱”之后的排外思潮发展到极端，如孙英刚所说“中国思想转向古典主义，使中国实际上放弃了作为佛教世界领导者的地位”，“中国社会走向世俗主义”。当时中国不仅与印度文化圈、伊斯兰文化圈保持距离，后来还一再拒绝与基督教文化圈交流。

李炎被认为像一位过度活跃的“痴呆病人”。在位虽然才短短五六年时间，却干了几件历史性大事，户口比“安史之乱”期间增加了一倍多，呈现一派盛世景象。

22 大中中兴：强烈清算与评估（公元 846—公元 859 年）

李炎过度迷信道教，服丹药后感觉不适，继而狂躁，喜怒无常，公元 846 年病逝，其叔李忱继位。“大中”是李忱的年号。

李忱是李纯第 13 子，而且是庶出，按照“嫡长制”原则，皇位根本轮不到他。何况他家族在李纯之后已经有 4 位皇帝，或“父死子继”，或“兄终弟及”，而李忱是李湛、李昂、李炎的叔叔，并且“宫中皆以为不慧”。“不慧”是客气话，不客气说就是智障、古怪，至少也是弱智，人们称他“痴儿”。李炎病危，十来天不能说话，谁继位实际上是宦官说了算。宦官之间争权夺利，争来争去，最后对这个“傻瓜”形成共识：因为 5 个皇子都年幼，无法临朝理政，特立李忱为皇太叔，命他暂时处理军国政事。不日，李炎一死，李忱继位。没想到，李忱一上台完全变了样，人们惊呼“大智若愚”，原来傻痴是装出来的！

李忱认为自己不是李炎的继承人，而是李纯的直接继承人。他指责兄长李恒大逆不道，其 3 个儿子李湛、李昂和李炎也是逆子。因此，他一上台就全盘否定李炎时期对内、对外的方针政策。当然，李炎那个中兴问题确实也多。

安内

当时，有“牛李党争”。牛党多数科举出身，主张通过科举取士；李党多门荫出身，主张通过门荫取士。李党主张对不听从朝廷的藩镇用兵，牛党则主张姑息迁就。因为政见不同，加上个人恩怨，两党互相倾轧。大体上说，李恒、李湛、李昂时期两党交替进退，李炎时期牛党失势，李党独掌朝政。李德裕独断专行、排斥异己的作风，不但让反对派怨恨，也让宦官不满。柏杨一针见血批评道：

> 他们像虫蛆一样，没有政治理想，只有私人恩怨，看不到远景，只看眼前一寸的现实利益。个别检查，如李德裕的能力，牛僧孺的道德，都使人人敬。可是，只要一涉及党派，便立刻失去理性。

历史上的朋党，很难断孰是孰非，而又剪不断理还乱。李昂曾经感慨：“去河北贼易，去朝廷朋党难。”但李忱上台第二个月，突然将李德裕贬往荆州，朝野惊骇。不久启用牛僧孺、李宗闵等 5 位遭贬的前宰相，为“牛党”平反。

李炎任期虽然只有五六年，但盲目提拔亲信，高官泛滥，李忱接手后不得不严格控制。当时三品以上服紫，四品服深绯，所谓赐紫赐绯即升高官。李忱有时半年也没赏出一件。

当时地方最高长官是刺史。李忱规定：刺史人选初定后，须入宫接受他的面试，亲自敲定。他还常乔装打扮到民间私访，并指示编纂一本《处分语》，记载各州户田亩、山川风物、人情民俗之类，也许算是地方志书的前身，以供随时查阅。他说：“朕以刺史多不得其人，而为害百姓，故要一一面见，询问其如何施政，以此了解其优劣。”规定刺史任期届满，所治州县户口增至1000户可以提拔，逃亡至700户不仅得罢免，而且三年内不得任职。

李纯说是死于丹药，其实是死于宦官之手。据说郭太后与李恒母子也涉嫌，因为没证据，李忱不便公开报复，但免不了变着花样追究弑父党徒，杀戮或流放众多宦官、外戚以及当时的东宫官员。宦官知道李忱不好对付，只得收敛。李忱也没进逼，只要他们别太过分就行。郭太后感到受冷落，登勤政楼想自杀。李忱听后，非常生气。当夜，郭太后突然身亡，人们怀疑是李忱所为，各种谣言四起。当礼部按惯例要将郭太后安葬在李纯墓旁时，他勃然大怒。大臣王皞斗胆辩解：“太皇太后是汾阳王郭子仪孙女，李纯做太子时就是正妃，为天下国母历五朝，岂能不明不白突然废止礼仪？”王皞说得义正词严，不但没用，反而被贬为县令。

李炎喜欢看戏，一些乐工、演员仗着他的宠爱胡作非为，甚至干政，影响极坏。李忱上台后，狠刹此风。祝汉贞以演滑稽戏出名，李忱也宠爱。有一次，祝汉贞演出时突然触及时政，李忱立即翻脸，怒道：“朕养着你们，只是为了开心，怎敢干预朝政！”从此疏远他，后来还因其子贪赃事发将他流放。乐工罗程弹得一手好琵琶，也深得李忱厚宠，他却放肆得很，竟敢因小事杀人。乐工们为他求情，说他有绝技。李忱说：“你们可惜罗程的艺，朕可惜的是祖宗之法，这怎么能够相提并论！”

李忱十分珍惜大臣的奏本，每次必洗手焚香再捧起来读。《贞观政要》分类编辑李世民与魏徵、房玄龄、杜如晦等大臣的争议、劝谏、奏议等，还记载了当时一些政治、经济举措。李忱读《贞观政要》后，特地起用魏谟为谏议大夫。魏谟是魏徵五世孙，在朝中只是个小小“起居舍人”，负责记录皇帝的日常生活，但他忠于史实，秉笔直书。李昂曾经找他查看起居注，他竟然拒绝，如实说：“为了警示后世群王，起居注上善恶都写。陛下只须努力向善，不必查阅起居注。”李忱起用他，想再现魏徵直言极谏之风。李忱努力向李世民学习，以“至乱未尝不任不肖，至治未尝不任忠贤”为座右铭。他将《贞观政要》书于屏风上，常常正色拱手拜读。由于政绩显著，李忱被后人称颂为“小太宗”。

在佛教问题上，李炎显然有太过之嫌。李忱即位第二月便杖杀灭佛主谋之一赵归真，随后又诏令京城增加 8 座寺庙，恢复发放度牒，允许僧尼出家。诏令全面恢复被废的佛寺及相关政策，取得信佛的朝臣以及大批民众的支持。但复苏太猛，像被大坝堵的水轰然而下，重新泛滥。

如同武则天时期“僭于上而治于下”，“安史之乱”之后虽然有藩镇与宦官不断作恶，但唐朝后半期的社会经济仍然不错。姚大中说：

> 国内出现的因之反而是长期的和平局面，迄于唐朝国祚延续的最后半个世纪前，并无大规模的战事发生，社会、经济与人民生活的一般都倾向于安定，抑且欣欣向荣，与政治的不振，正呈强烈对照。

李忱在位 13 年，《新唐书》载他去世的时候国库充盈，堆积如山，户部钱币多得无法计算；各州也富裕，有的州积钱多达 300 万缗。

攘外

因为帮助平息“安史之乱”，回纥居功勒索，屡屡侵扰；又因为西北之兵东调对付内乱，西南防务无力顾及，吐蕃、南诏等趁机侵唐。特别是吐蕃成为庞大帝国，占尽凤翔以西。现在，吐蕃又趁李炎丧礼之机，引诱党项族及回鹘余众大举入侵唐河西地区。但不久出现转机，吐蕃 3 州 7 隘向唐投降。随后，唐军收复河、湟地区。那一带百年前被吐蕃侵占，历代唐帝耿耿于怀，如今终于光复。河西、陇右地区老幼 1000 多人穿着唐服进长安，李忱登上延喜门亲自接见。李忱颁诏：河西、陇右 3 州和 7 关的土地农田，免租税 7 年。从此，河西地区再没什么大乱，重新开通“丝绸之路”与中亚各国联系。

唐在党项聚集地设羁縻州，有功的酋长被任命为州刺史等职。但他们也经常南侵，而唐军连年发兵征讨无果。李忱认为主要原因在于唐边将本身，他们贪图党项的羊马，经常欺侮、掠夺、诛杀，激怒党项民众，于是改派文官代替边镇将帅，临行前还告诫他们要善待党项人。不久，那些地方相继安定下来。

这时期总体仍然排外。日本史书记载："宽平六年（公元 896 年）遣唐使停止，日本透视世界之窗固已关闭，中国也终究失却日本。"不仅日本，所有以前受中华文明德泽庇护，或者以宗主——属国关系平衡国际秩序的周边诸民族，也都大致在这个时期断绝了关系。大唐国际、贵族式的文化，一路向国粹、庶民的宋式文化发展而去。

《剑桥中国隋唐史》"强烈地"将李忱任期称为"清算和评估过去的时代"。他后期迷恋道仙，日益躁怒，又频繁更换宰相，并没有多少实质性建树。"虽然唐王朝此后名义上存在了大约 40 年，但 9 世纪末年应该视为五代时期的开始"。换言之，大唐至此名存实亡了。

23 长兴之治：君心化作光明烛

（公元 926—公元 933 年）

李忱晚年重蹈祖宗的覆辙，公元 859 年服仙丹后卧床一个多月，什么时候驾崩的都不知道，有传说出家去了。李忱有 11 个儿子，因为担心诸子争夺迟迟没立储，宦官假诏立郓王李漼。李漼时年 18 岁，风华正茂，朝野寄予厚望。但这时农民起义此起彼伏，好不容易才平息。李漼以为从此天下太平了，逐渐沉湎于享乐，病重时被宦官谋杀，拥立其长子李儇。李儇才 12 岁，更是贪玩，成为太监手中的傀儡。这时，爆发了声势浩大的农民起义，从中原南下福建广东，然后北回，直指长安，建立大齐政权，黄巢称帝。李儇步李隆基后尘，逃入四川。好不容易平息，又陷入军阀混战。李儇崩，宦官拥立李晔，仍然是个傀儡。藩镇趁着平定民变的机会壮大自己，对中央的威胁一天比一天严重。据统计，在唐后期 150 年里，河北三镇换了 57 个节度使，真正由朝廷委任的只有 4 人。公元 907 年，实力最强的军阀朱全忠篡唐称帝，国号梁，都城设在开封，史称“后梁”。由此，政治中心开始从长安和洛阳转移到开封和太原。

从此步入“五代十国”时代，如同“五胡十六国”，契丹、党项、大闽、南平、后蜀等地动荡不断。日本讲谈社《中国的历史》认为:“五代十国”的说法是汉族中心观念的一种表现，只是宋人按他们自己当时势力范围计算的。实际上，“五代”不过是 5 个自诩正统的地区性政权，其势力范围大体不超过黄河流域。宋人称之“五季”，季者末也，意为乱世。“十国”则是五代统御不了的独立王国，除北汉在山西，其余 9 个都在南方，即今江淮、闽浙、两广、四川。后蜀、南唐、后汉等许多王朝的君主都不是王，而自称皇帝，只是没有独立的年号。按现在中国行政区看，契丹、南诏、于阗等也当计算在“十国”之内——如此就不止 10 国了。

大军阀李克用以复兴唐朝为名继续与朱全忠争雄，病逝后其子李存勖继位。李存勖很能干，史称“五代领域，无盛于此者”，公元 923 年在魏州（今河北大名）称帝，国号唐，史称“后唐”。但李存勖沉湎声色，杀戮功臣，又横征暴敛，公元 926 年发生兵变，被流箭射死。李克用养子李嗣源，以骁勇知名，屡立战功。李嗣源平乱入京，接受百官朝拜，国号仍称唐。“长兴”是李嗣源的年号之一。

整治宦官与军阀

唐朝初年派遣文官监军还稍好，后来派宦官矛盾就多了。大唐王朝最终死于宦官与藩镇狼狈为奸，李嗣源之辈本身也是藩镇割据的产物。因此，李嗣源迫不及待拿宦官开刀，宫中仅留 30 人，几百名逃窜山林，不少被处死。

紧接着，李嗣源整治军阀。命魏州军校赵在礼率 3500 人戍卢台军，以备御契丹，赵在礼拒绝。柏杨说："这种职务上的调动，在当时往往是一种屠杀陷阱，被调动的将领一旦离开据点，失去自卫力量，在中途可能会受到处决。"所以，这时期常见将领拒绝调令。赵在礼不仅拒绝调令，而且率军哗变。平息后，李嗣源毫不客气将这 3500 人及其家属共万余人全部处斩，以致永济渠水变赤。宣武节度使在汴州反，也迅速被镇压。义武节度使王都阴谋联合河北诸镇像当年那样割据世袭，不输贡赋，不受征发，李嗣源果断命大将王晏球征讨。王都引奚、契丹兵来援，王晏球将他们击败。契丹又发 7000 骑援救，王晏球又败之，王都举族自焚。从此，契丹再不敢进犯，改而遣使入贡。这样，自唐后期以来桀骜不驯的魏博骄兵，基本被铲除。李嗣源进而规定：诸道防御使、团练使、刺史、行军司马、节度副使等职务皆由朝廷命授，不允许诸道自行奏荐，开始从制度上解决藩镇割据问题，但执行并不严。

"粗为小康"

大学士冯道曾给李嗣源念一首唐诗：

二月卖新丝，五月粜新谷。
医得眼前疮，剜却心头肉。
我愿君王心，化作光明烛。
不照绮罗筵，遍照逃亡屋。

李嗣源听了，非常感动，立即命人写下来，经常诵读，告诫自己要把自己的心化作光明烛，照亮百姓寒屋。

李嗣源迫不及待进行一系列改革：一是将年轻美貌的宫女放出，只留老宫女 100 人、宦官 30 人、鹰坊 20 人、御厨 50 人、教坊 100 人，其余嫔妃、伶人、宦官全部裁撤；二是罢租庸使孔谦所立苛敛之法，并数其罪而斩之；三是除夏秋税省耗；四是罢诸道监军使，并尽杀之。租庸使类似今天的国家税务局长兼财政部长，职掌国家经济命脉。孔谦善于聚敛钱财，筹措军需，被赐“丰财赡国功臣”之誉，那他为什么反而丢命呢？此前我们看到桑弘羊被民众咒死，王安石、张居正等聚敛之臣都没有好结果，孔谦亦然。所以，李嗣源迅速将孔谦处死，将租庸使之职废除。

古代税收是实物，从地方运送至京城的途中难免有损耗。为了保证朝廷一头足额，就必须在纳税人这一头加收。“省耗”特指五代时田赋附加税，夏秋二税每斗加收一升即 10%。现在，李嗣源一笔勾销。前几年朝政混乱，诸道州府欠租税 200 多万贯。李嗣源将诸道州府所欠租税及部分夏税全部放免。

酒麴、铁器历朝多禁民间私造，而由国家专营垄断。李嗣源准许民间酿酒，在秋税时纳麴钱，每亩减为 5 钱。不久将此税取消，城中官造麴半价，乡村分文不取。让民自铸农器等，夏秋征农具税 3 钱。李嗣源还颁布法令，规定债主得到的利息如果达到本钱的数额，不得再收利息，只准收回本钱；如果利息累计本钱的两倍，则本钱也不准收，限制高利贷盘剥。他命各州将账簿送到中书省，由中央统一征收赋税，不许地方官员插手。他还要求地方官不得科敛百姓，不得阻挠商旅。

原来党项等外族的马以朝贡的方式送到京城，估其价值，加上他们的差旅费，每年花费 50 多万缗，是一笔沉重的负担。李嗣源令沿边开设市场，专门交易党项马，而不再进京，省下大笔资金。鉴于西北诸胡卖马往来的商人多，使用绢交易，耗全国绢十之七，就又改成用钱币交易。

司马光赞李嗣源：“帝性不猜忌，与物无竞。在位年谷屡丰，兵革罕用，校于五代，粗为小康。”

第五章

和则多赢

李嗣源在位仅7年。公元933年他一死，如同蜡烛熄灭，整个社会又陷入黑暗之中。其子李从厚登基，组织学习《贞观政要》和《太宗实录》，励精图治。然而，执政能力不可能一步登天，最终还是被大臣专擅朝政，李嗣源的养子李从珂、女婿石敬瑭则受排挤。

第二月李从珂起兵“清君侧”。李从厚慌忙调兵，诸军却纷纷倒戈。李从厚一边遣使召石敬瑭进京，一边逃奔魏州，途遇石敬瑭。哪料，石敬瑭竟将李从厚安置在驿馆，继续投奔李从珂。李从珂废李从厚，自己即位。李从珂上台后，与石敬瑭的矛盾日益尖锐，急忙撤掉石敬瑭之职。石敬瑭觉得事态严重，拒绝调令，并上表指责李从珂养子继位非法。同时，石敬瑭向契丹求援，许诺败李从珂之后，割让燕云十六州。这十六州指：幽州（今北京）、蓟州（今天津蓟县）、瀛州（今河北河间）、莫州（今河北任县）、涿州（今河北涿县）、檀州（今北京密云）、顺州（今北京顺义）、新州（今河北涿鹿）、妫州（今河北怀来）、儒州（今北京延庆）、武州（今河北宣化）、云州（今山西大同）、应州（今山西应县）、寰州（今山西朔州）、蔚州（今河北蔚县）和朔州（今属山西），总约12万平方公里，相当于3个台湾岛，都处于长城南边。

契丹本来归附唐朝，与唐之间既有朝贡、入仕和贸易，也有战争和掳掠。唐灭时，契丹趁机建立政权，成为北方一个强大势力。公元916年，契丹族首领耶律阿保机正式创建契丹国，全盛时期疆域东到日本海，西至阿尔泰山，北到额尔古纳河、大兴安岭一带，南到河北南部的白沟河，以致欧洲认为契丹就是中国。据说哥伦布出海就是为了寻找他所仰慕的契丹帝国，直到今天世界上仍有近十个国家称中国为“震旦”(契丹)，就跟把中国称为“瓷器”(china)一样。对于石敬瑭的求援，契丹主喜出望外，亲自率军击溃李从珂，让石敬瑭接任，改国号为“晋”，史称后晋。石敬瑭称比他小10岁的契丹主为父皇，并履行割让燕云十六州的承诺。这样，长城对中原没了意义，契丹距开封1000来里地一马平川，没有任何要塞可挡，敌骑很容易直抵城下。所以，燕云十六州成为后来北宋的一大心病，石敬瑭成为汉奸的代名词。

不久，后晋与契丹翻脸，惨败。契丹入主中原，改晋为大辽国。这时，原晋将刘知远反辽称帝，虽然他本人不忍心改国号，史家还是称之“后汉”。刘知远死，其子刘承佑继位。刘承佑治国无方，滥杀无辜。大将郭威带兵入京，改立刘氏宗室刘赟为帝。忽报辽兵南下，郭威率军北上御敌，将士们却突然将黄旗披到他身上。郭威只得笑纳，返京贬刘赟为湘阴公，第二年正式称帝，改国号周，史称“后周”。

所幸郭威不错。他重用文臣，力图改变唐末以来军人政权的丑陋形象。可惜他命薄，没几年病逝，养子柴荣继位。柴荣可以说是五代十国所有君主当中最有成就的一位，但也命薄，由年方7岁的第四子柴宗训继位。这历史关头显然又急需一位周公，然而周公不再。柴荣对主帅“殿前都检点”即郭威的女婿张永德不放心，临死之时罢张永德，改由亲信赵匡胤掌握军权。哪想到，公元960年欢欢喜喜庆元旦的时候，忽报辽国与北汉联兵南下，宰相不明真相，慌忙命赵匡胤率禁军前去御敌。初四一大早，行军至不远的陈桥，郭威当年故事重演，赵匡胤之弟赵光义等文武官齐立庭院高喊：“诸将无主，愿册太尉为天子！”赵匡胤没来得及答话，黄袍就披到了他身上，众人下拜，高呼万岁。所谓的敌情没了，又回京城逼柴宗训行禅代礼，赵匡胤即位皇帝，改国号为“宋”。这是中国历史上最后一次异姓“禅让”。余蔚说：在这次改朝换代当中，“于百姓则‘秋毫无犯’，于周之太后及幼帝，则能加以善待，这在此前历代，较为罕见，也就奠定了宋政权的统治基调”。“建隆”是赵匡胤的年号之一。

24 建隆之治：无让汉唐

（公元 960—公元 976 年）

民生大事

公元 960 年正月有两条大事记，一条是陈桥兵变，另一条是诏令漕运河工，从此由官给口粮，用现代话来说是转为“国有企业职工”了。后来还改长江、淮河漕运，河工的口粮由所经各州县供给改为出发日一次性发给，保障河工的基本生活。

赵匡胤时期黄河溃决十几次，但没造成严重灾害。赵匡胤很重视治水，给沿黄河的 17 州各增河堤判官一名，专门负责这项工作。同时对运河、汴河、蔡河等主要河流做了不少修整。

赵匡胤诏令：“盗贼渐息，减诸县弓手数额，令、尉依旧占留者，重置其罪。”用现代的话说，社会治安好转了，各地的“辅警”编制要减少，解甲归田，县官不得多占，违者治以重罪。

史上为皇帝求仙药的官员多，为民救命的不多。邕州俗尚淫祀，百姓有病不是求医而是求神。知州范旻禁止求神，用自己的工资买药长期备着，百姓有病赠给，救愈上千人。鉴于此，诏令凡贩药过岭南的，一律免税，并给琼州赐医书《方书》《本草》。

不蹈前车之鉴

五代时武人专横，文人式微。后汉大将史弘肇公然宣称：“安朝廷，定祸乱，直须长枪大剑。至如毛锥子，焉足用哉！”毛锥子贬指文人。赵匡胤深有感触地说：“五代藩镇暴虐，人民受祸。我选儒臣干事者百余人，分治大藩，纵皆贪浊，亦不及武臣一人。”这是赵匡胤的基本思想，也是整个宋代皇帝根深蒂固的思路。

赵匡胤上台半年后立更戍法，不允许将帅专领固定兵员。一天下班后，赵匡胤把大将们留下，酒兴正浓时明说：“卿等何不释去兵权，出守大藩，择便好田宅市之，为子孙立永远不可动之业；多置歌儿舞女，日饮酒相欢，以终其天年。朕且与卿等约为婚姻，君臣之间，两无猜疑，上下相安，不亦善乎？”将军们当然乐意。是否真有这么一场酒宴，学界尚有争议，但对“释兵权”之事无异议。不久在各州设“通判”之职，掌军民之政；节镇所领的郡都直属于中央政府，而不再属藩镇，节度使的权力越来越小。禁将帅选精卒为“牙兵”，铲除军阀的根基。还将军中的法庭、监狱之类改为“司寇院”，任命文官担任“司寇参军”(即主管刑狱的下级官员)。这样，军队从上至下基本由文官统领了。

宋之前，“宰相见天子议大政事，必命坐面议之，从容赐茶而退，唐及五代犹尊此制”。赵匡胤上任没几天，朝堂上，宰相遵命起坐步上前，呈完回坐的时候发现凳子给撤掉了。从此成为一种新的礼制：君臣不能“坐而论道”了，皇帝高高在上，大臣则只能站立。学者认为，这是“中国古代朝仪史上历史性的变化”，是历史上专制君权加强的里程碑式标志，导致“君臣悬隔、上下疏离”。后来更糟，大臣还得跪。

行政权集中在中央，设参知政事、枢密使、三司使，分割削弱宰相的权力，实行军政、民政和财政三权分立。中央政府沿袭唐制，设尚书、门下、中书三省。尚书、门下列于外朝，中书设于禁中，称政事堂。

经济方面要求所收民租及税赋，除必要的开支以外，凡缗帛之类一律运送京师，将财权统一收归中央政府。各州除度支经费以外，不得占留。剥夺地方的财权，从经济上根除地方割据的隐患。

从此，中国开始步入“绝对主义的君主专制制度”。不过，这仅仅只是开始。

床边不许他人鼾睡

在五代十国那个烽火连天的时代，弱肉强食，但也有些奉行“保境安民”的国策，像传说中的“世外桃源”，或者说像近现代欧洲一些小国那样奉行“中立”“不结盟”，只想保持国家现状，不受别国侵犯也不想侵犯别国，而致力于安抚百姓。赵匡胤则更有野心。南唐使者来求和的时候，赵匡胤直截了当地说：“不须多言。江南有何罪？没有！但天下一家，卧榻之侧，岂可许他人鼾睡？”

赵匡胤的战略是：先易后难，先南后北。南平又称荆南、北楚，地处长江中游。宋军以讨衡州叛乱为名借道南平，行至荆门，却先遣数千轻骑连夜从小道入江陵，分据冲要，布列街巷。南平王大惧，尽献3州17县14万户。

南平一平，后蜀急了。后蜀主孟昶打算依托险要地势拒守，与北汉联手反宋，派人给北汉送密信。哪想这信送到北宋，赵匡胤大笑：“吾西讨有名矣！”随即命6万步骑分路出兵，直逼成都，孟昶只得降。

南汉主刘鋹坚持拒降。赵匡胤则想不战而屈人之兵，命南唐后主李煜写信劝刘鋹主动献地，刘鋹拒绝。赵匡胤命10州兵长驱直下，刘鋹才不得不降。

南唐地跨今江西全省及安徽、江苏、福建、湖北和湖南等省一部分，史称“五代之乱也，礼乐崩坏，文献俱亡，而儒衣书服，盛于南唐”，但他们只想“保境安民”。赵匡胤不为所动，水陆并进，直围金陵，城中居民樵柴无路，李煜只得出降，并写信奉劝各地守军也降。

吴越与南唐类似。吴越王钱弘俶携妻、子奉命入朝，礼品丰厚。赵匡胤对钱弘俶的恩典也“旷古少有”，返程时将一黄包袱赐之，嘱咐：“途中方可密视。”途中打开一看，竟然全是臣僚奏请拘留钱弘俶的奏章。钱弘俶感动万分，不久主动纳土归宋。

北汉奉辽帝为叔皇帝，而与后周、北宋为敌。赵匡胤时期，与北汉始终处于战争状态，大小战事隔不了两三年就有一场。

契丹辽国更是宿敌，但他们的国力与宋大致相当。赵匡胤运气好，时值辽穆宗是中国历史上有名的昏君兼暴君，沉湎酒色而不理国事，不足为虑，只不过偶因北汉等第三者冲突一时。辽涿州刺史致书宋知雄州，表示："用息疲民，长为邻国。"赵匡胤准许修好，然后互访。

"文以靖国"

赵匡胤"文以靖国"，人称"宋朝是文人的乐园"，结束了200多年的"军管"。赵匡胤在讲武殿亲自主持面试，取进士11人，诸科17人。过关才放榜，成为一种新制。赵匡胤自我标榜："向者登科名级，多为势家所取，塞孤贫之路。朕亲临试，以可否进退，尽革前弊。"

宋朝的科举制度多有改革，逐步完善。如赵匡胤置书判拔萃科，主考经义和法律。对《长定循资格》及有关制书，即选拔、任用官吏的条例，重新修改颁为永式。

赵匡胤特别重视史学，先后编《唐会要》100卷、《周世宗实录》40卷。前者是我国最早一部断代典制体史籍，分门别类记载唐朝各种典及其沿革，保存《新唐书》《旧唐书》未载的史实，极为珍贵。《新修五代会要》记叙梁、后唐、晋、汉、周5代史料。后又成《五代史》150卷，为区别欧阳修的《新五代史》也称《旧五代史》。唐后期修"日历"，每天记载国家、宫廷大事和皇帝的言行，后来没坚持。赵匡胤恢复，为以后的历史留下第一手资料。

《宋史》评赵匡胤：

在位十有七年之间，而三百余载之基，传之子孙，世有典则。遂使三代

而降，考论声明文物之治，道德仁义之风，宋于汉、唐，盖无让焉。呜呼，创业垂统之君，规模若是，亦可谓远也已矣！

这评价比较中肯。乾隆是个很不谦虚的皇帝，但对于赵匡胤，他自愧不如："吾于开创之君，独以唐太宗、宋太祖为不可及焉。二君者，皆以不世之才，平一天下，而以仁爱之心、宽平之政保养百姓，治功灿然，昭于千古。"

25 咸平之治：富得不敢汇报

（公元 997—公元 1022 年）

公元 976 年是宋朝历史上重要的一年。这年八月还大举攻北汉，十月赵匡胤却突然死了，其弟赵光义继位。《宋史》对此记载非常简略，语焉不详，人们传说赵匡胤是被赵光义谋杀的。

赵光义很想有一番作为。江南全数收入囊中，北汉很快归降，终于结束自唐末以来近 90 年藩镇割据的局面。赵光义直接从太原出发征辽，先后发动 3 次战役，两次惨败，一次半途而废。赵光义不得不承认谁也吃不了谁，转而采取守势，力求和平，精力转移到国内方面。公元 997 年赵光义崩，其子赵恒登基，为宋真宗。"咸平"是赵恒的年号之一。

钱帛换和平

公元 1004 年辽军大举南侵，大有吞并大宋之势，却忽然担心腹背受敌，提出和解。赵恒拒绝，亲临澶州北城门楼以示督战，士气大振，但多数大臣主张见好就收。于是议和，主要内容：一是辽宋为兄弟，辽帝年幼，称赵恒为兄，后世仍以此论；二是以白沟河为国界，双方撤兵；三是宋每年向辽提供助军旅之费银 10 万两、绢 20 万匹；四是双方在边境设置榷场，开展互市贸易。此项费银与绢共 30 万，还不到宋年收入的 1%，何况宋还能从双边贸易当中获取大量盈余，与战争开支相比完全可以忽略不计，但对于早习惯四方来贺的中原来说，“澶渊之盟”显然屈辱，一代又一代耿耿于怀。台湾学者蒋复璁说：澶渊之盟“影响了中国思想界及中国整个历史”。

党项族夏州定难军节度使归宋，出兵帮助对北汉作战。但赵匡胤削藩镇兵权引起李氏不满，其首领李继迁时而归宋，时而归辽，并不时南侵。宋军反击，李继迁中箭，不日身亡，其子李德明继位。李德明转而采取“依辽和宋”策略，专注于经济，韬光养晦。李德明改名赵德明，向宋投诚。赵恒表示赵德明如果不南侵，宋也不纵兵出界，双方从此和平相处。

其他方面大致也和睦。

平民文化

赵恒认为佛与儒不矛盾，周公与孔子、荀子、孟子各有所长。任命孔子第 45 代孙孔延世为曲阜县令，袭封文宣公，并要求各地州城置孔庙。赵恒还要求新印《孟子》，与后来朱元璋正相反。后人一般将孟子称为“亚圣”，与孔子并称“孔孟”。实际上有所不同，孔子仁政的出发点是君王，为此强调“君君臣臣”；孟子仁政的着眼点是民，强调“民贵君轻”。因此，孟子常受统治者冷落。赵恒将孟子抬出来，大概是因为他们的民本思想相通吧！

古代很多人写过《励学诗》，激励青少年努力读书，影响最大的莫过于赵恒这一首：

> 富家不用买良田，书中自有千钟粟。
> 安居不用架高堂，书中自有黄金屋。
> 娶妻莫愁无良媒，书中自有颜如玉。
> 出门莫愁无人随，书中车马多如簇。
> 男儿欲遂平生志，五更勤向窗前读。

特别是“书中自有黄金屋”“书中自有颜如玉”两句，现代人还经常挂在嘴上。从此，无数的中国男人以读书为职业。为此，赵恒要求各路、州、县都必须有学校，并赐《九经》。

唐代科举的推荐色彩还很浓，赵匡胤和他的子孙诸多改革，推荐色彩迅速暗淡。如改用“糊名法”，即将试卷的姓名糊去，只按卷面优劣评判。糊名后考官虽然无法看出举子的姓名，但还可能认出举子的字迹或暗记。赵恒亲自主考时进而实行“誊录法”，即考完后不仅糊去姓名，还将卷子另外统一请人抄一份提供给阅卷官。不久专设誊录院，纳卷后密封卷头，编写字号，发送誊录院，在宦官监督下由誊录官指挥数百名书手抄录成副本，然后才送考官。各级贡院也设誊录院。宋代名臣如苏东坡、范仲淹、王安石等，都没有显赫家世，只凭真才实学脱颖而出。许倬云说：“宋代科举比较能得人才，推究其中缘故，当因考试制度严密，弥封考卷，关说无所插手，考者不靠真才实学，颇难躐等。”

至此，“唐宋变革”脱颖而出。美国华盛顿大学教授伊沛霞说：“近年来中国、日本和西方的史学家认为，宋朝是前所未有的变化时代，是漫长的中国历史中的一个转折点。”有一个角度可以将中国数千年历史一分为二，这就是：宋之前可谓贵族半贵族社会，宋开始迄今可谓平民社会。

宋代皇室自命为道教神灵赵真君赵玄朗的子孙，道教接近于国教的地位。赵恒尤甚，要求各路、州、府、军、监、县择选官地兴建道观。宋儒常攻击佛教，对道教却多有赞词。但赵恒也为佛经作注，写《崇释论》，论述儒与佛并不矛盾。据统计宋初僧尼仅6.7万人，到公元1021年增加至僧3.9万人、尼6.1万人，加剧时弊“冗费”。官府不得不对僧人加以限制，必须持有礼部颁发的度牒才可，导致度牒的价格猛涨，有钱难买。

随着对外开放，外国宗教陆续进入大宋。泉州是宋元时代中国乃至东亚海外贸易的第一大港口城市，外国商人中有阿拉伯人、波斯人、印度人、犹太人和欧洲人，其中阿拉伯人最多，伊斯兰教等外国宗教也开始在这里传播。

赵恒读太清楼藏书目录，发现缺书尚多，便要求全国各地寻购轶书，每卷给千钱，能提供300卷的还可以量才录用为官。组织编成新类书《册府元龟》，编年体和列传体相结合，分1104门，赵恒亲自作序并命名，成为文人学士运用典故、引据考证的重要参考书。

吏治与民治

宋朝公务员待遇优渥，但并不是无原则。官员出差可以上歌舞厅但不允许和歌伎舞伎上床。赵恒重视反腐倡廉，一是抓思想源头，颁发《文武七条》，要求百官从7个方面廉洁自律。二是抓选官关键环节，官员有试用期，期满转正要有若干正式官员保举。如果后来犯贪污罪，那么他上司和荐举他的官员都要负连带责任。建有官员档案，规定此类官员不得随意更改姓名。三是抓事后督查，御史的选拔有严格的标准，特别规定宰执不得荐举御史。允许在职官员参加科举考试，考中者可提前转正或越级提拔，但有经济问题的不许参考。

《新定编敕》856条，与几代相沿下来的《律令格式》《刑统》一起刻版印刷，颁布实施。总体来看，宽严相济。赵恒常常亲自主持审决在押囚犯，每年一次集中处理长期关押的囚犯，以免他们过长受苦。亲阅拖欠债务案卷，释囚4106人，免赋8.3万缗。他还对各路转运使和提点刑狱官提出要求：如果辖内官吏蠹政害民而不能及时举察，以失职论罪。

赵恒对平民却宽容得很。四川有个书生给成都太守献诗，其中有句“把断剑门烧栈阁，成都别是一乾坤”。太守认为这是明目张胆煽动造反，把他缚送京城。赵恒却说：“老秀才想做官想疯了，涂几句诗泄泄愤，怎能治罪？不如给他个官！”

“仓箱处处盈”

“澶渊之盟”第二个月，赵恒就减河北各州士兵1/2，减边境士兵1/3，戍边的丁壮全都遣返回籍务农，由官府提供耕牛，并推广淮、楚一带的踏犁，使北方沿边地区的农业生产得以恢复发展。

将农业法规汇编成《农田敕》，还有《四时纂要》《齐民要术》等，多次印刷，让地方官用以指导农村工作。要求各级地方长官兼职劝农，负责指导“三农”（农村、农业、农民）工作。“占城稻”是水稻良种，北宋初年传入，在福建一带试种，效果很好。赵恒命人到福建取占城稻种3万斛，分发江、淮、两浙3路推广。

宋元之际的历史学家马端临说：“古人之立法，恶商贾之趋末而欲抑之。后人之立法，妒商贾之获利而欲分之。”此言甚是！宋则不然，自立国之初便采取了一系列惠商、恤商之策，国家财政从中获利巨大。同时鼓励官民享乐，拉动内需，城市经济十分活跃。如京城开封，大相国寺中庭、两庑可容万人，“每一交易，动计千万”；马行街“夜市直至三更尽，才五更又复开张”；许多场所通宵营业，“大抵诸酒肆瓦市，不以风雨寒暑，白昼通夜”。京城人口增至100多万，其中伎女一万，充斥酒楼、茶坊。酒类消费大增，1/3的田种酿酒粮还不够。历代最主要的农业税退居次要，而以前不太显眼的商税、专卖税、矿产税上升为主要税。北宋时商税占财政总收入的10%左右。稍后还有数据显示，80%的商税来自乡镇小市场，由此可见，当时商品经济发展的不仅仅只是若干大城市。

宋初沿袭旧制，由三司统管盐铁、度支、户部。赵恒罢三部使总领国家财政。在唐“市舶使”基础上，赵恒在杭州、明州设“市舶司”，更接近现代海关。中期以后，海外贸易收入一直占宋财政年收入的15%。

赵恒也是一名诗人，除了那首“书中自有颜如玉”，还有《御制集》300卷，今仅存《玉京集》6卷，《全宋诗》录其诗22首。他在《观龙歌》中抒写他作为帝王的心迹：

我睹真龙幸不惊，至诚祝龙龙好听。
但祈风雨年年顺，庶使仓箱处处盈。

他真挚地祈愿普天之下家家户户的粮仓都丰盈。

那么，天下究竟有多少钱财呢？赵恒要求三司史陈恕作个专题汇报，陈恕却迟迟没报呈。赵恒生气，令宰相去追问。陈恕只好说出原委：“天子还年轻！如果让他知道国家多么富，我怕他会生奢侈之心。”

史家普遍认为：北宋是中国政治、经济、文化高度发展的巅峰时期，中国在工业化、商业化、货币化和城市化方面远远超过世界其他地方。

26 仁宗之治：如月之盈兮
（公元1022—公元1063年）

公元1022年赵恒去世，太子赵祯继位，即宋仁宗。这时赵祯才13岁，由刘太后摄政，直到公元1033年刘太后病逝，赵祯才亲政。

和平的考验

党项李德明死，其子李元昊继位。公元 1038 年李元昊称帝，国号大夏，史称“西夏”。赵祯自然不可容忍，诏悬赏。陕西主官夏竦在当地张榜，更具体承诺：凡有得李元昊人头的，赏钱 500 万贯，并提拔为西平王。李元昊知道此事，便派人潜入，也张一榜，说凡有得夏竦人头的，赏钱 2 贯，贻笑大方。看来，党项人挺幽默。因连年战争，李元昊也不堪承受，经辽国调解，遣使入宋请和，书面称“男邦泥定国兀卒曩霄上书父大宋皇帝”。谈判达成协议，宋承认西夏是独立王国（但不承认李元昊是皇帝），每年“赏赐”他们绸缎 13 万匹、银币 5 万两、茶叶 2 万斤，另外每年节日增加绸缎 2.3 万匹、银币 2 万两、茶叶 1 万斤及银器 2000 两。此后，宋与夏 36 年没大纠纷。

宋与辽处于“澶渊之盟”的蜜月当中。不过，眼看宋在征夏战争中屡屡失败，辽国大臣心里也发痒。辽北院枢密使萧孝穆力谏南征，辽兴宗不纳。但辽兴宗也不愿坐失良机，一面重兵压境，一面遣使与宋交涉，要求将原属辽、北汉及关南的 10 县地归还辽国，以便“益深兄弟之怀，长守子孙之计”。经过反复交涉达成协议，在“澶渊之盟”基础上，宋增岁币银 10 万两、绢 10 万匹，辽不再索地，史称“重熙增币”。

这期间，与占城、龟兹、回鹘、大食多次友好往来，于阗、天竺、三佛齐及高丽等也来贡。

文化更繁荣

公元 1055 年诏封孔子后代为“衍圣公”，可以世袭。直到 1935 年民国政府改封衍圣公孔德成为“大成至圣先师奉祀官”，“衍圣公”才成为历史。

这时期，各州推行学田制度，直到清朝末年为止。诏令州县皆立学，士须学习 300 日才可以参加秋试。以前有一种“公卷”，即在考前将平日所做诗文送到硕学名儒手里，请他们传阅评判，一经公众推荐，即可任用。实际上有些考生请他人代笔，作弊之风日盛。赵祯予以废止。因北方对南方多歧视，增加江、浙、福建、川、广诸州军解额150名。进士科年平均数，赵匡胤时期9名，赵光义时期50名，赵恒时期78名，赵祯时期增至113名。范仲淹还倡导了一种以天下为己任的“士风”，“天、地、君、亲、师”名分论的伦常观念形成。

注意当代史料的收集整理。赵恒时期，开始出现一种《宝训》，记载先帝嘉言善行和治国经验，供嗣位君主学习。赵祯大发展，成《三朝宝训》30卷。两宋先后编纂十多种宝训，但无一完帙传世。后来，很多朝代都有，名称稍变，如《圣训》《慈训》《圣政》之类。多次修《国朝会要》，这是以某一朝代国家制度、历史地理、风俗民情等为主要内容的史书。特别重视唐史，诏令宋祁与欧阳修等人合修《新唐书》225卷，无论从体例、剪裁、文采等方面都更完善。最重要的是《新唐书》秉承孔子修春秋的传统，对所谓“忠奸顺逆”褒贬，增添卓行、奸臣、叛臣、逆臣等传，被列为“二十四史”之一。

金融创新

赵祯时期花费特别大，既要支付“澶渊之盟”的款项，又要对付西夏战争，还得承受“三冗”(冗官、冗兵、冗费)。三司使曾以陕西、河东、河北三路战前与战后财政开支对比，说明宋夏之战军费之沉重。因此，发展经济显得愈发重要。而相对和平的国际国内形势，也为经济发展创造了最基本的条件。

这时期经济最大的亮点是金融。金融是现代经济的核心，在历史上也是经济生活至关重要的因素。当然古今金融不可同日而语，古代金融一般只是铸钱之类。这时期有两大创新：

一是相当于现代银行贷款的“青苗钱”。李参任淮南京西陕西转运使时，为解决兵士缺粮问题，贷钱给百姓，等收获后以粮偿贷，史称“青苗钱”。几年后，兵食常有余。后来王安石变法，其中的“青苗法”即源于此。

二是近似于现代纸币的交子。益州的商人觉得铁钱重不方便，16人联合起来，约定以券代替，称“交子”。但有的商人亏损，不能兑现，引起纠纷，闹到官府，被叫停。薛田守蜀时，赵祯特地要求他调查交子详情。薛田建议：“废交子不复用，则贸易非便，但请官为置务，禁民私造。”“务”是古代收税的关卡。赵祯批准置益州交子务，限125.634万钱为额。针对蜀秦两地商业往来多，而秦缺乏军储，赵祯还诏取益州交子30万给秦州，专项用于粮粟。交子从此逐步向全国推广。世界公认最早使用的纸币是这时发行的交子，比美国、法国等西方国家要早六七百年。

“庆历新政”

《哈佛中国史》写道：

中国历史上很少有朝代像宋朝那样愿意去重塑和改革整个社会。有些历史学家甚至把宋代称作开启现代性曙光的中国的“文艺复兴”时代。

该书还称：“‘改革’是理解11世纪宋代政治的关键词。”

宋朝开国至此一路盛世，甚至有人称仁宗赵祯“圣治”，殊不知隐患也日渐显露。宋代主要问题是“三冗”，冗官、冗兵是冗费的主因。现代专家学者们认为：冗官问题肇始于北宋初年，形成于真宗末年，严重于仁宗、英宗之际，恶化于北宋末年，而极滥于南宋。北宋冗兵现象则渐显于太祖末年，蔓延于太宗朝，缓和于真宗朝，恶化于仁宗、英宗二朝。请注意：二者均在仁宗时步入高峰。幸好不乏有识之士，正如稍后的陈亮所记载：“方庆历、嘉祐，世之名士常患法之不变。”

范仲淹在基层工作多年。晏殊邀他到府学任职，但他更关心的是朝政。他说：“历代之政，久皆有弊，弊而不救，祸乱必生”，而“我国家革五代之乱，富有四海，垂八十年，纲纪制度，日侵月削”，现在“不可不更张以救之”。他多次上书吁请改革，3 次遭贬，他自嘲“极光”“愈光”“尤光”，仍坚持“宁鸣而生，不默而死”的人生信念。

赵祯以仁政著称，也以财政负债闻名。宋夏议和，边事稍宁，赵祯提拔范仲淹等人，主动改革积弊。范仲淹不失理智，认为“久安之弊，非朝夕可革”，所以“始未奉诏，每辞以事大不可忽致”。赵祯一再派人催促，朝野舆论压力增大，范仲淹才系统性提出 10 项改革内容：一是明黜陟，即严明官吏升降；二是抑侥幸，即限制官僚滥进；三是精贡举，即严密科举取士；四是择官长，即慎选地方长官；五是均公田，即按等级给官员以一定数量的职田；六是厚农桑，即重视农业生产；七是修武备，即整治军备；八是推恩信，即落实朝廷的惠政和信义；九是重命令，即严肃对待、慎重发布朝廷号令；十是减徭役，即均赋税宽徭役。赵祯非常满意，迫不及待转发下去实施，迅速掀起一场声势浩大的改革运动，史称“庆历新政”。

然而，另一种社会思潮也差不多发展到了高潮，这就是“祖宗家法”。邓小南《祖宗之法》一书专题研究北宋前期七八十年政治，认为“与其前后的时期、前后的朝代相较，内部政治态势的发展尚属平稳，惊心动魄的场面并不很多。‘祖宗之法’的长养形成及其良性运行，大体上是在这一时期”。他们陶醉得很，有的往前吹几千年：“我宋立国大体，兵力虽不及于汉唐，而家法实无愧于三代。”有的往后吹数万年：“汉唐之乱，或以母后专制，或以权臣擅命，或以诸侯强大，藩镇跋扈，本朝皆无此等，可以见祖宗家法，足以维持万世。”他们不许别人非议，殊不知“三冗”像三只水鬼一样正在将大宋往深渊里拖。邓小南指出：“赵宋的‘祖宗家法’，自其不容轻议之日起，即无可挽回地走向了它的反面。”

何况改革不可能皆大欢喜，“祖宗家法”派诽谤新政的言论日益增多，并指责范仲淹等人搞“朋党”。为此，欧阳修写了那篇著名的《朋党论》，提出“小人无朋，唯君子则有之”，力挺范仲淹。赵祯继续支持“庆历新政”，改革广度和深度进一步增加。然而，时任宰相夏竦又诬改革派私撰废立诏草案，这罪名比“朋党”吓人多了！虽然赵祯表示“朕不相信”，但范仲淹等人终于感到可怖。刚好辽与夏要启战，范仲淹便请求重返前线，“庆历新政”不及一年便告终。

不久，范仲淹死了，但改革的呼声未停，如“蝴蝶效应”逐渐发生作用。另一位改革家王安石开始登上历史舞台，推行了一系列“国富民强”的改革，财政方面的目标是“民不加赋而国用足”，但实际上被认为“抑民豪夺”，“国富”有余而“强兵”不足，遭到朝野强烈反对。王安石与桑弘羊、孔谦等人一样，成为这样的“聚敛之臣”，改革也就不可避免失败，“三冗”等弊政像癌细胞一样迅速扩散。

27 景圣中兴：“务行宽政”

（公元 969—公元 1031 年）

辽国朝中长期较乱。耶律阿保机死，第二任耶律德光宫廷政变夺其兄的继承权。第三任更糟，耶律阮上任仅 5 年，率兵救北汉时，被从征的将领所杀。第四任耶律璟更恐怖，集昏君与暴君于一身。

耶律璟是耶律德光的长子，趁镇压叛乱的时机夺得帝位。因为不是合法上台，特别担心众多兄弟来争夺。当然他的担心并非多余。第二年国舅与大臣密谋投敌，相继又有弟弟想自立为帝、堂弟夺皇位、四弟谋反、大臣谋反、另一个堂弟叛乱，所幸都及时镇压下去了。接二连三叛乱的原因出于不服，更出于不满。耶律璟没有勤政而是沉湎于享乐。当时北方虽然基本统一，但南方还有劲敌，哪能如此醉生梦死？何况他还是个杀人狂。公元 969 年，宫中近侍和厨师等 6 个不甘坐以待毙的小人物联手，将耶律璟灌醉杀了，结束了一个暴政时代。耶律阮之子耶律贤继位，即景宗。

这一次权力交接倒没什么麻烦。开国皇帝的所有兄弟都死了，他们的子孙也在前几次政变当中被杀光。耶律贤是耶律阮的次子，没人反对。问题是他长期患病，朝政只好由萧太后执掌。萧太后是耶律贤的夫人萧绰,《杨家将》中的萧太后就指她。耶律贤传谕：今后凡记录皇后之言也称“朕”。

公元 982 年耶律贤去世，其子耶律隆绪继位，即圣宗。耶律隆绪年仅 11 岁，尊萧绰为“承天皇太后”，继续让她摄政。萧绰原来曾许配汉臣韩德让，没来得及结婚就被选进宫。现在耶律贤死了，她对韩德让说:“愿续旧好！当国幼主是我的儿子，也是你的儿子！”传说她鸩杀了韩德让的妻子李氏。从此，他们过着“事实夫妻”生活，耶律隆绪对韩德让也真诚地以父相待，接见外国使臣都不避忌。韩德让的军政权力超过他前后任何一位大臣，但依然忠心耿耿，全力辅佐萧绰与耶律隆绪。

加速“汉化”

从北魏中兴可以看出，少数民族要有大发展，必须向汉族学习。契丹的文明程度比匈奴、突厥高些，但与汉人相比显然还差一大截。他们一立国就开始向汉人学习，但同时还想大力发展本族文化，命大臣创造契丹文字，甚至禁止宫中一般人读书，所以发展很慢。在萧绰与韩德让影响下，汉化步伐加快。南京官府要职原来一直由契丹宗族担任。耶律贤即位后，提拔汉族官员高勋为南枢密院使，又加封为秦王；汉官韩知古的儿子韩匡嗣被任为上京留守，后改任南京留守，加封燕王。还选拔一批汉族知识分子治理各州。契丹民俗中有“姊死妹续”的陋习，耶律贤予以废除，并令为官的契丹人可以随汉族礼俗，与汉族自由通婚。

耶律隆绪“幼而聪明……好儒术，通音律”，还好绘画，崇信佛教和道教。他能读汉书写汉字，特别推崇李世民的《贞观政要》和白居易的诗，曾以契丹文翻译《白居易讽谏集》。他本人作曲 100 余首，作诗 500 余首，代表作《传国玺》：

一时制美宝，千载助兴王。
中原既失守，此宝归北方。
子孙皆宜守，世业当永昌。

这诗是他得传国玉玺时所作。这玉玺是著名的秦玺，传至唐更名为“受命宝”。但据宋人考证，传国玉玺在董卓之乱后就失传，此后所称持有的均属伪造。

耶律贤一上台就多次召汉人翰林学士室昉，问古今治乱得失。他认为耶律璟太暴虐，今后“务行宽政”。契丹人得势了，跟后来的蒙古人、满清人一样实行民族歧视政策，他们打死汉人只要赔牛马，反之不仅要抵命，还要没收其亲属为奴婢。耶律隆绪修改“同罪异论法”，即契丹人与汉人犯法同罪处理，不得同样的罪因民族不同而予以不同处罚。同时修改“贵贱异法”“奴主关系法”，废除“兄弟连坐法”。

科考每年举行一次，后来改为3年一次。考试科目初期以词赋为正科，法律为杂科，后来借鉴宋朝分两科，即诗赋与经义，分别取士。但禁止契丹人参加汉式科考。有个官员让儿子非法参加，被责罚200皮鞭，他儿子直到能够三箭射杀三只野兔——通过本民族武功考试后，才得以提拔。这说明他们对汉化改革还是留有一手，并非照搬全抄。

奠基百年和平

宋与辽可谓“前辈子”的敌人。君主变易之时，萧太后不忘宋国威胁，一边立“更休法”，劝农桑，大力发展经济；一边大修武备，多设间谍，制造国内空虚的假象。果不其然，赵光义认为辽国朝中孤儿寡母有机可乘，大举北伐。萧绰命耶律休哥守幽州，耶律斜轸抵御中路及西路宋军，她自己与耶律隆绪驻扎在驼罗口指挥。宋军接连攻下涿州等地，寰州等不战而降。萧绰率军支援耶律休哥，大败宋东路军，乘胜反击。就是在这次战役中，辽军生俘杨业。杨业是妇孺皆知的“杨家将”之一，戏中名杨继业。

大宋对于辽国来说，诱惑力相当大，而萧绰和耶律隆绪的雄心也大。在那个丛林时代，这就注定了两国最终鱼死网破的宿命。经过多年准备，萧绰亲率辽军大举南侵，大有决一死战之势。但因担心腹背受敌，与宋和解，订立“澶渊之盟”。

“景圣中兴”是耶律贤之功，也是耶律隆绪之功，更是萧绰之功。如果不是她毅然站出来辅政，耶律贤长期生病，重臣被谋杀，政局如何维持？耶律贤死后，继位的耶律隆绪年仅 11 岁，宗室群起逼宫，如果不是她毅然平息，耶律隆绪之位如何能保？与北宋战争不断，辽国一次又一次被大军入境讨伐，危在旦夕，如果不是她组织抗战并反击，适时缔结百年和约，辽国有没有可能早被宋灭了？萧绰功不可没！宋人叶隆礼在《耶律贤萧皇后传》中攻击她“好华仪而性无检束”，“后天性忮忍，阴毒嗜杀，神机智略，善驭左右，大臣多得其死力”，而不见她之功，显然有失偏颇。《剑桥中国辽西夏金元史》评论：

皇太后并不是一位反复无常的暴君，而是一位深深懂得权力的现实性和统治艺术性的统治者……《辽史》很贴切地概括了她的成就：“圣宗称辽盛主，后教训为多。”

但萧绰能够与宿敌大宋缔结百年和平，却无法根治内耗。耶律璟堂弟耶律喜隐一再谋反，仍被宽恕。上京（今内蒙古巴林左旗）的宋军降卒叛乱，想从狱中劫出耶律喜隐并拥立为帝，攻城失败后，改立他儿子留礼寿为帝。辽军将留礼寿抓了斩杀，这才赐耶律喜隐死。

耶律隆绪也是晚节不保，他以为天下太平了，就开始热衷游猎，迷信佛教，疏于朝政。其子耶律宗真继位，时年 15 岁，由生母萧耨斤摄政。耶律宗真满足于表面繁荣，不仅迷恋佛道，还喜欢赌博，甚至拿城池当赌注，一输好几个。萧菩萨哥是耶律隆绪的第二任皇后，也即耶律宗真的养母。萧耨斤为了排挤她，指使人诬告她与大臣谋反。史称萧耨斤“残忍阴毒，居丧未及一年，先帝所行法度，变更殆尽”，临朝4年便导致“契丹亦困矣”。

公元1055年耶律宗真死，其子耶律洪基登基后，也迷恋佛教，不思改革，朝政日益腐败。其后天祚帝则又是个著名的暴君，在位20余年便亡国。史称“辽之内难，与国始终”，“宗室反侧，无代无之”。

28 大定之治：号称“小尧舜”

（公元1161—公元1189年）

宋、辽与夏三国还在那里明争暗斗，难断鹿死谁手，东北角落又蹦出一个政权——金，且像孙悟空不出则已，一出来就惊天动地。《剑桥中国史》说：在中世纪的欧洲，“金”是最先为人所知的中国朝代的名字。

金国可以追溯到西周之初的“肃慎”。辽时改名“女真”，女真向辽称臣。辽对女真分而治之，百般欺凌。宋人当然更看不起，公然称他们为“夷狄中至贱者”。完颜阿骨打上任酋长后，马上起兵反辽，公元1115年宣布建国，一切按汉族皇帝的做派。

完颜阿骨打病逝，其弟完颜晟继位。金本来就穷，还特别制定一条纪律：国库中的酒只有打仗时才能动用，如有违反杖打20大棍。完颜晟挡不住诱惑，偷喝一次被发现，群臣真的打他20大棍，由此可见金的法治之好史上罕见。

“澶渊之盟”后，宋辽两国百余年和平相处。作为“吃亏”的一方，北宋表面笑着，心里却始终在伺机“雪耻”。忽然从辽分裂出一个金国，北宋大喜，认为历史性的大好机遇终于到来。宋徽宗赵佶派人以做马生意为名，秘密到金国表示结盟并夹击辽国的意向，完颜晟喜出望外。公元1125年辽帝被金兵俘虏，宣告辽国灭亡。没想到，金兵转而掠宋，直抵开封。赵佶禅让赵桓，赵桓求和。金兵要求犒军费500万两，银5000万两，绢彩各100万匹，牛马各万匹；割让太原、中山、河间三镇，宋不得不同意。但第二年，完颜晟以不履行割三镇之约为借口，再次兵分两路南下。这回他们先后破太原等城，两个来月将华北几乎占尽，两路大军会师开封城下，这才要求割让已经落到他们手中的黄河以北地区。北宋覆灭，赵氏父子成俘虏。

完颜晟病死，其侄完颜亶继位。完颜亶汉化程度很高，但也深受其害。金廷风气本来比较淳朴，君臣之间不太重礼仪，尊卑界限不太严格。完颜亶实行大改革，各方面“大抵皆依仿大宋”，皇统新律达千余条。完颜亶是无比尊威了，可他酗酒，又常常乘醉杀人，其弟、皇后及妃嫔多人遭杀戮，群臣恐慌，以致他被右丞相海陵王完颜亮所杀。

完颜亮的汉化程度也相当高，他平生三大愿：一是国家大事自己说了算；二是征服南宋统一天下；三是娶天下绝色为妻。但他充满霸气，对部下又过于严酷。《姚记中国史》说：金国“汉化政治两位最大的热心者都是历史界所指证暴君，为颇有兴味”。

公元1161年，完颜亮篡位，迁都燕京，没多久又撕毁和约，兵分4路南下。他亲自率一路进军寿春，大有一举荡平南宋之势。而内部却“民皆被困，衣食不给”，“民不堪命，盗贼蜂起”，皇室完颜雍重演“黄袍加身”的历史剧，废完颜亮。远在长江边的完颜亮闻讯，想等打过长江、灭了南宋再回兵夺权，没想渡江失败，而他的部从已知完颜雍篡权，于是深夜哗变，闯入大帐将他射杀。“大定”是完颜雍的年号。

民为重

完颜雍生活节俭，当皇帝后御用器物多数还是旧的。他对臣下说：“前代君主享受富贵，不知耕作艰难，失去天下就是因为这。”他所到过的殿堂都被封闭起来，说是要作为文物保护，不让别人住了。他认为这样太无聊，诏令这些房屋可以住别人。

金朝军政合一，主要编制为猛安、谋克。猛安下辖谋克，总辖约千户。猛安从四品，掌修理军务、训练武艺、功课农桑。每谋克辖 300 户，7 ～ 10 谋克为 1 猛安。后改为每 25 人为 1 谋克，4 谋克为 1 猛安。谋克从五品，掌抚辑军户、训练武艺。完颜雍听说山东等地的猛安、谋克民户变得骄纵奢侈，不事耕作，非常生气，便诏令查实计口田，必须耕地有余而力不足才允许招人佃种，禁止猛安、谋克户出卖奴婢转租田地，并禁止农时饮酒。不久又规定：一旦查出不自耕种的，猛安户杖 60，谋克杖 40。两次派员到各地拘括官田，防止贵族地主多占、冒占官田。随后开展“通检推排”，即由朝廷派遣官吏到全国各地清查土地，核实财产，在此基础上颁布“通检地土等第税法”，统一各地标准，改善征派赋税不均现象。

和为贵

完颜亮死了，长江边的金兵自行溃退，只剩些零星冲突。完颜雍是真心想和的，嘉奖完前线回来的将士，遣使入宋告知新帝登位。宋也想和，即派翰林学士洪迈回访祝贺。可是完颜雍见宋国书用的是敌国礼，大怒，要求用原来议和的礼仪。洪迈坚拒不从，被锁在使馆，三天不给食。经金国大臣调解，才将洪迈遣回。

宋金为面子重新开战，但几战下来，谁也占不了上风。赵昚还是遣使入金议和，宋称侄，金称叔，“岁贡”改为“岁币”，银、绢各减 5 万，疆界回到以前议和所划，史称“隆兴和议”，或“乾道之盟”。此后 40 年，宋金基本能和睦相处，为金国开创盛世打下基础，也为南宋繁荣创造了条件。

历史对完颜雍评价很高。史家不仅把这个时期称为“大定之治”甚至“大定盛世”，还称其“汉文景风”。《金史》称：“税不及什一，两税之外，一无横敛，不数年间，仓库充实，民物殷富，四夷宾服，以致大定三十年之太平”，并写道：

当此之时，群臣守职，上下相安，家给人足，仓廪有余，刑部岁断死罪，或十七人，或二十人，号称“小尧舜”，此其效验也。

被视为“至贱”的完颜雍居然被誉为“小尧舜”，这叫那么多饱读儒学的汉族帝王面子往哪搁?

“女真文化复兴运动”

完颜雍特别爱读中国历史，坦言“朕于圣经（儒家经典）不能深解，至于史传，开卷辄有所益”，“近读《资治通鉴》，编次累代废兴，甚有鉴戒。司马光用心如此，古之良史，何能过此”。他“常慕古之帝王，虚心受谏”，认为“昔唐虞时，未有华饰，汉惟孝文务为纯俭。朕于宫室唯恐过度”。皇太子也“读书喜文，欲变夷狄风俗，行中国礼乐如魏孝文”。

金初的官员一般来自战功，完颜雍上台之初也卖官，但不久罢纳粟补官，改而“进士文优则取，勿限人数”。置太学，又在京府设学养士，要求教授须“宿儒高才”，待遇也提高，与县丞、主簿同等。

完颜雍反对“全盘汉化”，在“汉化”的同时注重弘扬本民族的文化，发起“女真文化复兴运动”。他说：“海陵习学汉人风俗，是忘本也。若依国家旧风，四境可以无虞，此长久之计也。”当然，这也有与完颜亮“对着干”的重要考量。完颜雍要求宗室说：“女直旧风最为纯直……汝辈当习学之，旧风不可忘也。”女直即女真。

完颜雍主张“女真为本”。有大臣谏：“猛安人与汉户，今皆一家，彼耕此种，皆是国人，即日签军，恐妨农作。”签军指签发所有汉人丁壮当兵。完颜雍听了生气，斥责：“所谓一家者皆一类也，女直、汉人，其实则二。朕即位东京，契丹、汉人皆不往，惟女直人偕来，此可谓一类乎？”在他眼里，汉人、契丹人是不能与女真人一视同仁的。

对外开放，向外学习，目标是做模糊数学的加法，争取达到 1+1 ＞ 2 的效果，追求双重优越性。这是个关乎国运的大问题。

29 明昌之治：“宇内小康”

（公元 1189—公元 1208 年）

公元 1189 年完颜雍病逝，因太子完颜允恭早逝，由太孙完颜璟继位，为金章宗。“明昌”是其年号之一。

加速“汉化”

如同完颜雍与完颜亮“对着干”，现在完颜璟又与完颜雍“对着干”：叫停“女真文化复兴运动”。完颜璟上台第二年诏修曲阜孔子庙，诏全国州县都修孔庙。禁取与古代帝王、周公、孔子相同的姓名。完颜璟还亲临孔庙祭拜，诏令 35 岁以下的亲军都必须读《孝经》《论语》。

完颜璟将女真封建化推向高潮：一是即位当年将宫籍监户的奴婢及原寺院僧道控制的契丹奴婢放为良人，从法律上废止奴隶制。二是限制女真特权，如放免授官格、军前怠慢罢世袭格、斗殴杀人遇赦免死罢世袭格等，削弱或废除猛安、谋克女真户的特权，淘汰一批平庸无能的猛安、谋克。责猛安、谋克户桑田，禁毁树木，禁卖土地。三是规定猛安、谋克只能在冬季率属户畋猎两次，每次不超过 10 日。四是允许猛安、谋克屯田户与当地汉户通婚，不久又诏许屯田军户与驻地居民通婚。

同时加快“汉化”步伐：一是参考唐宋礼乐，先后修成《金纂修杂录》400 余卷及《大金仪礼》，史称“大定、明昌其礼浸备”。祭祀三皇五帝和禹汤文武，继承汉族王统。二是增设经童科，凡士庶子年 13 岁以下，能诵 2 大经 3 小经，又诵《论语》及诸子 5000 字以上，府试 15 题通 13 题以上，会试每场 15 题，3 场共通 41 题以上，即为中选。置应制及弘词科，诸科齐备。更赡学养士法，凡生员给民佃官田，每人 60 亩，岁支粟 30 石；国子生每人 108 亩，岁给以所入，待遇空前提高。三是令女真文字直译为汉字，将国史院专写契丹字的学者解雇，并罢契丹字。四是先后编成《明昌律义》，及榷货、边部、权宜等敕条，不久又成修成《泰和律》12 篇 563 条 30 卷，附有注释等，为金朝最完备的法典。

南征北战

完颜璟上台不久，在临潢府设“行省”，命行省率亲军、武卫各 500 人巡视北边招抚军民，但北边已经不是招抚可以解决的问题了。辽、金将蒙古草原各部族通称为“阻卜”，意为沙碛、沙滩，显然带有轻蔑之意。阻卜武力反抗。完颜璟加大反制力度，遣官至上京（今哈尔滨）、东京（今辽宁辽阳）、北京（今内蒙古宁城县）及西京（今山西大同）等地招募汉人为兵。诏令各地方官进一步重视“盗贼”动静，聚众 20 人以上就必须上报中央，否则处 100 杖；从临潢到北京一路筑壕障，突击 50 日完成，随后西北、西南路也修长城。不久又在西南路沿边筑堡垒 900 里，营寨相望。为西南、西北路的沿边壕堑加修女墙及副堤，加修临潢、泰州（今吉林姚南东）一带的边备。完颜璟还派员深入蒙古挑拨离间，诱使他们互相残杀。可是蒙古其他各部组建12部联军，共同向铁木真开战，结果却是铁木真统一蒙古高原各部。公元1206年春，蒙古贵族们在斡难河（今鄂嫩河）源头召开大会，宣布成立大蒙古帝国，为铁木真加尊号“成吉思汗”，意为“拥有海洋四方”，不久向整个欧亚大陆开战。

“隆兴和议”之后，宋、金基本能和睦相处。然而，眼看着蒙古人从金叛乱崛起，南宋又开始激动了。朝野主战派都占上风，包括宁宗赵扩及大臣辛弃疾、陆游等人。丞相韩侂胄是外戚，对拥立赵扩有功，刚禁朱熹理学、贬谪宗室赵汝愚，更想立功，突然侵入金边境。完颜璟一方面遣使入宋，要求依约撤兵；另一方面要求山东、陕西方面严防，加紧训练，并拨银15万两给边防将帅。

随着南部边境事件增多，完颜璟召集大臣讨论，有的认为宋兵只是挑衅，无意入侵；有的则认为宋兵接连进犯，非同寻常，应加紧战备。完颜璟赞同后者，部署诸道分守。果然，宋很快向金国宣战，诏书写得慷慨激昂：“天道好还，中国有必伸之理，人心效顺，匹夫无不报之仇……兵出有名，师直为壮，言乎远，言乎近，孰无忠义之心？为人子，为人臣，当念祖宗之愤。”然而，情绪当不了枪使，何况完颜璟已有防备。宋军几路进攻，史称“开禧北伐”。结果，宋军一再失败，不得不遣使入金议和。完颜璟提出条件：一是割让两淮，二是增岁币，三是归还战俘，四是犒军银，五是送战犯首级。韩侂胄一听，怒不可遏。可现在战败，原来主战的人纷纷变得怨恨贸然开战，何况皇后早就看不惯韩侂胄。皇后密令礼部侍郎史弥远袭杀韩侂胄，然后才禀报赵扩，公布韩侂胄的罪状，并将他的首级送入金国。金宋达成新的协议：两国境界如前，宋以侄事伯父礼事金，增加岁币银帛各5万，另纳犒师银300万两，史称“嘉定和议”。与40年前的“隆兴和议”相比，这对宋来说显然更屈辱。

“野蚕成茧”

完颜璟上台当年置提刑司，兼管劝农采访事及屯田等，减租赋让利于民成为一种常态。推行“区种法”改革，要求 15 ～ 60 岁的丁每人试验 1 亩。经过几年实验，取得良好效果，诏令推广这一新的耕作方式。

完颜璟的努力很快收获丰厚回报。《续资治通鉴》称：公元 1193 年为“金大有年……野蚕成茧”。《金史》称：“章宗在位二十年，承世宗治平日久，宇内小康，乃正礼乐，修刑法，定官制，典章文物粲然成一代治规。”

完颜璟 6 个儿子早夭，公元 1208 年病逝前夕只好密诏叔父完颜永济：“朕尚无子，贾氏、范氏已孕，即将分娩。如果两妃中生下男孩，马上立为皇帝。”可惜完颜永济不是周公，完颜璟一咽气他就自立为帝，接着清除怀有龙种的妃子及其外戚势力。成吉思汗曾经见过完颜永济，对他本就不屑一顾，现在听说完颜永济居然当了皇帝，不禁叹道：“我谓中原皇帝是天上人做，此等庸懦亦为之耶？何以拜为？”

完颜永济也想有所作为，阴谋除掉成吉思汗。但他用人不当，其向对方告密，双方撕破脸皮。部将劫持完颜永济，将他毒杀，另立完颜璟同父异母之兄完颜珣为帝。

完颜珣更是乱政。他向成吉思汗屈辱求和，又与西夏断交，将都城由中都南迁至汴京，发动侵宋战争，从此金国三面受敌。宋与金鱼死网破，蒙古人得利。蒙古于公元 1227 年灭西夏，公元 1234 年又灭金。

30 建炎中兴：容易被忽视的明君

（公元 1127—公元 1162 年）

金国犹如暴发户，公元 1127 年灭北宋之时并没有多少底气，突然抢了这么多土地，根本管不过来，只想捞一把走人。金兵在宋地建傀儡政权，要宋臣自己选一个“新君”。有人与宰相张邦昌不和，趁机写上他的名字。而他是个本分人，很清楚后果，急得要自杀。金兵威胁：如果张邦昌不继位就杀了所有大臣。张邦昌只得从命，但金兵一撤，他马上请早被废的元祐皇后出来主持工作，并派人将玉玺送给侥幸逃出的皇子赵构，自己只以原职办事。

赵构在应天府（今河南商丘）称帝，即宋高宗，史称“南宋”，改年号为“建炎”，表示继承宋室火德。

与金和平

赵构一方面起用主战派李纲为相，贬主和派大臣；另一方面号召各地民众开展抗金斗争，凡有能力组织抗战的都自动授予使臣之职。

金兵立即追击，赵构避难江南，撤到扬州，后来又退镇江等地，最后定都临安（今浙江杭州）。华北各地纷纷向金兵投降，金在黄河与长江间建“齐”国，让最早投降的宋臣刘豫为帝。

不久部将发动兵变，迫使赵构让位于 3 岁的太子。韩世忠等人率军平叛，赵构复位，但从此不再信任私家军，转而向金军求和。议和成功，金国废刘豫，河南、陕西还宋，条件是南宋像伪齐一样臣服于金。

金国内部政变，主战派上台，撕毁和约，再次攻占开封等地，岳飞等人奋力反击。然而，“岳家军”反攻到距开封仅 45 里地的朱仙镇时，秦桧急忙叫停，强令撤退。其他将军奉命撤，岳飞继续作战。赵构大怒，一连发 12 道金牌命令，岳飞才撤。赵构和秦桧担心这些将军误大事，便收回兵权，杀了岳飞。迅速与金议和成功，约以大散关与淮水一线为界，宋帝对金帝称臣，每年进贡白银 25 万两、绢 25 万匹。对于宋来说，这显然是耻辱的。赵构无奈地说：“朕对南北之民均爱！朕之所以议和，并不是害怕战争，而是害怕战争给百姓带来的伤害。有些大臣偏激，批评朕软弱，那不是天下人的共识！”之后有些反复，但总体和平，休战约 30 年。

秦桧病死的时候，金人担心和约得不到继续执行，赵构特地下诏强调："朕惟偃兵息民……讲信修睦，古今之大利……故相秦桧，但能赞朕而已。岂以其存亡而有渝定议耶……内外大小之臣，其咸体朕意……如敢妄议，当置重典。"由此可见赵构求和之诚心与决心，也可见迄今有些人将宋与金议和的责任全推到秦桧身上极为不公，也不符合史实。

恢复发展经济

张筱兑在《论南宋建炎中兴及江南民生》一文中评论：

经过"靖康之难"的打击，宋室的国家政体几近陷于瘫痪，南宋在军事上一直萎靡不振，但在经济文化方面却一直是辽、夏、金、元等少数民族王朝的领袖，这也使得"中兴"有了更为确凿的历史含义。

由于向金"岁贡"，还有新的战争之需，加之老祖宗传下来的"三冗"，南宋背上沉重的负担。官府得保证"岁贡"，也就得将税赋列为头等大事，难免苛捐杂税。有一点不可忽略的是：赵构本人生活简朴，也要求全国官民不要奢靡。

在国家危机尚未解除的情况下，赵构便将民生经济摆上重要议事日程，江淮一带的营田改为屯田，从江苏、浙江、福建一带发动土豪大户人家前往开发，每年收谷 500 石的免本户差役一次，700 石的补进义副尉，4000 石的补进武校尉。中央特设力田科，专门鼓励民众开发两淮。鼓励商业，特别是边贸，在泗州与金开设互市榷场。宋陆续开放枣阳等镇，金则在多地置场，促进双方贸易。

与外国通商日益频密，宋初就开始设市舶司收取关税，赵光义时期每年约 30 万缗，其后每年约 50 万缗，赵构时激增至 200 万缗，约占年财政总收入的 1/20。为此，赵构感叹说："市舶之利最厚，若措置得宜，所得动以百万计，岂不胜取之于民？朕所以留意于此，庶几可以少宽民力尔。"赵构这思想太超前了！如果这时期便能够以外贸补贴农业，中国该多先进啊！

由于经济快速发展，铜币不能满足需要，加上海外贸易大发展，导致钱币大量流失海外，民间越来越喜欢纸钞，即北宋的交子，这时期改称"会子"。临安知府钱端礼率先统一由官府出面发行会子，流通于两浙地区。赵构提拔钱端礼为户部侍郎，命他负责大量印制会子——这就相当于现代国家银行了，供各州城乡使用，在全国范围流通。

无怪乎国外汉学家常把宋代经济巨大进步称为"宋代经济革命"，具体表现为农业革命、货币和信贷革命、市场结构与城市化革命等。

文化建设新高潮

虽然偏居江南一隅，小朝廷不断流亡，但科举没停，时而还加强。在临时首都扬州开科，以诗赋及经义试进士，分两科录取。随后赵构在集英殿亲试各路进士，取 451 名；川、陕、河北、京东因路途梗阻不能赴扬州，赐第 104 名。赵构还亲书《大学篇》，赐每一位新进士。制定六科取士的统一标准：一是文章典雅，可备制诰；二是节操公正，可备台谏；三是法理皆通，可备刑谳；四是节用爱民，可备理财；五是方正恺悌，政绩著闻，可备监司、郡守；六是知机识变，知勇绝伦，可备将帅。

鉴于四库书籍多失散，诏令各州县广泛搜集已刊书版，不论经、史、子、集、小说、异书，各印 3 份藏于当地。尚在民间的，由官府给纸墨工价。后来又令国子监刻刊"五经三史"，即《诗经》《尚书》《仪礼》《周易》和《春秋》，《史记》《汉书》与《后汉书》，广为发行。

赵构非常重视人才。郑樵不事科举，却毕生从事学术研究，在经学、礼乐、语言、自然、文献及史学等方面造诣颇深。赵构听说后，召他进京，授予九品官。朱熹算是赵构自己手上科举的人才，出仕同安（今福建厦门一区）

主簿兼儒学，初师不利，不得不辞。他到孔庙祭拜，写下短文《辞先圣文》：

熹祗服厥事，于兹五年，业荒行隳，过咎日积。虽逭厥罚，何慊于心。辞吏告归，愧仰崇仞。谨告。

朱熹坦言执政5年来失误不少，虽然侥幸逃脱追责，但内心十分失望与不安。离职后筑室武夷山，从事教育和著述活动，但他仍然关心国家大事，抨击“今世之服，大抵皆胡服”，甚至认为“今上领衫与靴皆胡服”，直接批评赵构，主张“要辨得华夷”。赵构倒是有心胸，听闻朱熹很有内才，召他进京。朱熹认为“举朝无非秦（桧）之人”，不愿同流合污。

宋儒门派多，有人总结他们精神气质的三点共性：重经义，轻经验；扬三代，贬汉唐；急著述，缓事功。

《宋史》评论：“高宗恭俭仁厚，以之继体守文则有余，以之拨乱反正则非其才也。”美国学者贾志扬说：“宋朝之得以复兴，要归功于赵构的逃跑。”赵构没能收复北方是一大遗憾，然而止损也是一种赢。

31 乾淳之治：忍辱负重多务实

（公元1162—公元1189年）

公元1162年，55岁的赵构忽然以“倦勤”想多休养为由禅让过继的儿子赵昚，自己当太上皇，25 年后才去世。他早就对大臣大发感慨：“凡事得考虑周全。朕才 35 岁，为周全头发都白了！”中国历史上有不少“禅让”佳话，实际上大都是被迫，这次应该是货真价实的。赵构退“二线”后，说是不再过问朝政，其实也干预了一些。“乾淳”取自赵昚年号“乾道”与“淳熙”。

和外安内

岳飞一死，成为一面主战的旗帜，随着宋金战和之风飘舞。宋金战火重燃，有人直接呼吁释放蔡京、童贯和岳飞等人的家属，赵构只得同意。现在赵昚上台，第二个月便下诏追复岳飞原职，以礼改葬，第二年又逐秦桧党人，为大举反攻笼络人心。

金又向宋索地及岁币，赵昚大怒，立即出师渡淮，顺利收复一些地盘，但旋即大败。幸好金兵没有趁机南下，不然后果不堪设想。有人评论：赵构朝有恢复中原之臣，无恢复之君；赵昚朝则有恢复之君，而无恢复之臣，顶多剩些志大才疏之辈。赵昚改而也议和。

对于赵昚来说，和约是屈辱的。他忍辱负重，转而集中精力发展现有辖区的社会经济。对于北方，在坚持和平的前提下，他只做两件事：一是建树忠义文化，在鄂州（岳飞曾于此屯兵）建岳飞祠，庙额书写“忠烈”，谥岳飞“武穆”，为主战人士画饼充饥。二是防范金人入侵，命荆南府训练义勇民兵，楚州加强海防，复置淮东万弩手“神劲军”，以定海水军为御前水军，将两淮归正人编为“强勇军”。

学术之争

早在西汉就有“真儒”与“伪儒”之争。北宋三个学派，一是以王安石、王雱父子为首的“新学”；二是以苏轼、苏辙兄弟为首的“蜀学”；三是以程颢、程颐兄弟为首的“道学”。这三派都是欧阳修学说的继承人，可他们相互排斥。后来又分化诸多派别，如福建的朱熹，继承“道学”，形成“理学”，也称“闽学”。

王安石饱读儒家经典，自以为重新发现了周代理想社会的价值观。然而，他的变法失败，又发生“靖康之变”。赵构不敢追究父皇的责任，就全推给王安石，说“安石之学杂以旧道，取商鞅富国强兵。今日之祸，人徒知蔡京、王黼之罪，而不知天下之乱生于安石”，开始全盘否定王安石，“新学”遭全面打压。

赵昚即位后诏求臣民意见，朱熹跃跃欲试，应诏陈事，反和主战，反佛崇儒。随后又应诏入对，但他的主张与当时大政方针相左，没被采纳。赵昚任命朱熹为国子监武学博士，朱熹辞职不就，请归崇安。

丞相王淮荐朱熹提举浙东常平茶盐公事，而王淮的同乡姻亲唐仲友素与朱熹有学术分歧，唐仲友知台州调往江西但没来得及赴任。朱熹听说唐仲友喜欢官妓严蕊，经常在酒宴时请她作陪，便将严蕊拘捕，严刑拷打，要她承认跟唐仲友有奸情。严蕊不屈。朱熹先后 6 次上状奏劾唐仲友，并指责王淮与其上下勾结，闹得沸沸扬扬。赵昚轻描淡写地说：“不过秀才们斗气罢了，懒得理！”但由此引发诸多不满。吏部尚书郑丙疏言：“近世士大夫有所谓道学者，欺世盗名，不宜信用。”赵昚深有同感：“道学岂不美之名，正恐假托为名，真伪相乱耳。”于是诏令禁道学。直到朱熹调离，岳飞的儿子岳霖接任，严蕊才被释放。

后因朋党纠纷，朱熹受贬，其学说被指控为“伪学”，与外敌相提并论。朱熹再未入官，在闽北一带讲学著述至死。他将《大学章句》《中庸章句》《论语集注》《孟子集注》合刊为“四书”，构筑一个理学体系，可谓“孔子的笼子”4.0 版。朱熹在主观上也想通过革尽统治者的“人欲”来复尽“天理”，例如他上疏宁宗直言：“陛下即位未能旬，而进退宰执，移易台谏，甚者方骤进而忽退之，皆出于陛下之独断，而大臣不与谋……”但这一版“孔子的笼子”也没能有效地制约权力，反而将皇帝捧得更加“神圣”，暴君昏君比汉时、周时只会更多不会更少，亡国之事仍然一而再再而三发生。南宋灭亡之时，学者周密指责说：专用理学之士，“列之要路，名为尊崇道学，其实幸其不才愦愦，不致掣肘耳，以致万事不理，丧身亡国”。

理学的实际作用倒是如《哈佛中国史》所说：在“相当大程度上束缚了人自身的发展”，“形成了礼下庶民的局面”。

仓廪盈溢

针对两淮地区因金兵蹂践百姓流亡多的现状，赵昚令镇江、建康、鄂州、荆南都统并兼管提举措置屯田，两淮、湖广总领淮南、湖北、京西帅漕兼提举措置屯田，守臣兼管内屯田，从组织上层层加强领导。然后安排两淮屯田，在扬州、和州各屯 3 万人。民户三丁取一，以为义兵。相关部门反映：去年丰收，今年米贱，到处要求和籴，仓廪盈溢。江东诸路供米，要求就近送金陵、镇江粮仓，可现在这两处守臣也说无仓可储了，请求改送行在（即杭州）丰储西仓。

财政大臣报告：诸路货运都要收现钱（铁铜钱），州县也不许民户收会子，以致外地会子堵塞，不能流通，商贾低价现钱收购会子。为此，请中央拨给度牒及各州助教帖，以收纳会子。赵昚诏令先发给佛教度牒、道教拜师帖各 500 道，以供榷货物，定价收兑会子。不久又置丰储仓即国家粮仓，增印会子。后来，赵昚听说军民变成不要现钱而要会子，但会子之数有限，诏曰：“诸路州县并以见钱、会子中半交收。”见钱即现钱，中半即对半。由此可见，纸钞这时已呈取代金属币之势，犹如我们今天上街买菜都爱用微信支付。不过，历史发展并非直线，元明清时会子又退让给金银了。

这时期的经济负担更加沉重，但赵昚不容横征暴敛。如大臣反映：今重征之弊莫甚于沿江地区，如蕲春之江口与池州之雁汉，人称大小法场，征取酷如杀人。赵昚即令沿江诸路监司严行禁革，罢沿江税场多处。多名大臣反映：秋苗加耗太重。赵昚责令各地方官自觉察纠。有大臣言：郡县政事，以预借最害民。一年租税负担已重，而又预借明年租税，实增民众负担，名为借而终无还期。前官既借，后官必不肯承担。赵昚诏令禁州县预借租税。此类事例还多。读着这些史料，难免不感慨，一为窥见这个盛世平民生活的真相；二为那些为民请命的大臣；三为知情即改的赵昚。

崇安因火灾发生饥荒，在此开耀乡闲居的朱熹请于官府，同乡绅一起向州府贷得常平仓粟 600 石，按户口发给灾民。当年冬，这些百姓向官府偿还粮食。时任知府王淮却将这些粮食留在乡里，只是将登记户口上交。赵昚同意这种做法，要求常平官每年察验仓储。此为社仓法之始。崇安那年留下的常平米 600 石，运作情况良好，生活困难的农民春夏借，秋冬加息 20% 计米归还。遇歉收免其息一半，遇大灾息全免。经过 14 年积累，将 600 石赈贷归还官府，留储米 3100 石为“社仓”，不再收息，每石只加耗米 3 升。这样，一乡 45 里内，再遇歉年也不缺粮。朱熹将《社仓事目》上奏，赵昚将此做法推广到全国各地。为此，仓储行业奉朱熹为“紫阳仓祖”(朱熹号紫阳)。

史称赵昚“卓然为南渡诸帝之称首”。

第六章

集权与怠政

后来赵昚也变得心灰意冷，越来越厌倦政事。1187 年赵构崩，赵昚表示要服丧三年，让太子赵惇参与政事。1189 年，赵昚正式禅位赵惇，即宋光宗。赵昚自称太上皇，闲居慈福宫，继续为赵构服丧，直到5年后病逝，庙号“孝宗”。富有戏剧性的是，赵昚的接班人赵惇却以不孝著名！他们父子历来不和。赵昚逊位后，赵惇长期不去看他，病了也不请太医，更过分的是他死了公然不服丧。因此，大臣在皇太后的支持下逼迫他“禅让”于太子赵扩。

赵扩一听要他当皇帝，吓得直嚷：“做不得！做不得！”皇太后令左右：“拿黄袍来，我给他穿上！”既然已经黄袍加身，赵扩还是想干些事。他对朱熹也很重视，特地请他入宫讲学，但对那些空洞说教大失所望：“朱熹所言，多不可用！”大臣也诸多反对，甚至将理学与外敌相提并论，要求将朱熹处斩，以致发生“庆元党禁”，即“置伪学之籍”，入籍者包括朱熹在内 59 人。幸好宋朝有不杀文人的好传统，处理干部或者知识分子不过贬官。为此，朱熹上表，自贬“草茅贱士，章句腐儒，唯知伪学之传，岂适明时之用”，承认数条罪状，表示“深省昨非，细寻今是”。此后朱熹未再入官，在闽北一带讲学著述至死。他将《大学章句》《中庸章句》《论语集注》《孟子集注》集为一编，即《四书章句集注》，“四书”之名始立。赵扩时期虽然经济保持发展，但无力摆平大臣争权夺利，“开禧北伐”的结果是被迫签订更加屈辱的“嘉定和议”，后来北伐也未取胜。更糟的是蒙古崛起，被迫通好。

赵扩病逝（有人怀疑是谋杀）后，史弥远拥立皇子（原来只是远房堂侄）赵昀继位。赵昀在位长达 40 余年，前 2/3 的时间几乎完全受制于史弥远等奸臣，一方面极力抬举“革尽人欲，复尽天理”的理学，另一方面，自己却纵欲无度，不仅宠阎贵妃乱政，而且经常召唐安安等歌妓舞女进宫淫乐，以致“反动标语”“阎马丁当，国势将亡”贴上朝云门。赵昀一直致力于使理学成为正统官学，他把王安石从孔庙从祀中排除，而加进周敦颐、程颢、程颐、张载和朱熹，随后又加朱熹的盟友张栻、吕祖谦、邵雍、司马光。讲谈社《中国的历史》认为：

> 淳祐元年（1241 年）的孔庙改制，意味着朝廷正式承认朱子学是御用学问、体制学说。如果说唐朝实体是被黄巢和朱温（朱全忠）消灭的，那么唐朝的理念，却是此时被朱子学消灭的。

换言之，大唐的理念最终是被理学给焚尸灭迹的。卜宪群《中国通史》写道：

> 虽然理学获得了主流意识形态的地位，在道德性和内部秩序的重构方面取得了长足进步，使传统儒学得以脱胎换骨，但民族精神却失去了汉、唐时代恢宏开拓的气象。自宋以后，宗法、贞节、孝道等观念大行其道……这些导致了中国社会长期处于稳定却停滞的状态。

赵昀后期沉湎于酒色，朝政落入贾似道等奸相之手，与蒙古结新盟而灭旧盟金，金亡之后宋随即被蒙军入侵，战败后向蒙古称臣，将长江以北全割让给蒙古。

赵昀死后，养子赵禥继位。赵禥虽不是赵昀亲生，但其秉性却继承得滴水不漏，《续资治通鉴》说“帝自为太子，以好内闻；既立，耽于酒色”，连批阅公文也交给4个最宠的女人，号称“春夏秋冬四夫人”。为了专心于后宫，他将军国大权全部交给贾似道。其实，这时候南宋还是有机会的。蒙古可汗蒙哥与他的弟弟忽必烈分歧严重，蒙哥中箭而死，忽必烈北归夺位。而襄阳在围困中坚守了 5 年，贾似道却隐匿不报，也不派兵增援，等忽必烈稳定内政后重新南下，襄阳守军终在粮尽援绝的情况下献城投降，蒙古大军又沿长江南下杭州。据说，南宋这时又派使者求和，忽必烈命人抬出几个大箱子，里面全是南宋联合蒙古攻金的契约。忽必烈说："只要能挑出任何一份，你们曾经兑现过，我们立即撤军，永不南下！"南宋使臣哑口无言。

赵禥死时，留下 3 个儿子：7 岁的赵昰、4 岁的赵显和 3 岁的赵昺，最终选赵显继位，皇太后谢氏垂帘听政，实权仍然在贾似道手上。不到 2 年，赵显也降。赵昰和赵昺作为皇帝逃亡了几年，1279 年在崖山（今广东江门市新会区南约 50 公里处）最后一战，君臣跳入大海，南宋沉入历史。

在此之前，改朝换代早已令人麻木了，但南宋之亡仍令国人沉痛不已，为此流传一句话："崖山之后无中国。"对于这句话很有争议。王夫之说："汉唐之亡，皆自亡也。宋亡，则举黄帝、尧、舜以来道法相传天下之亡也。"几千年一亡，难怪异常之痛。美籍华人学者唐德刚还说：

> 吾人如大胆地说一句，北宋的朝政，是近古中国政治现代化的起步，亦不为过。可惜的是，传统中国这种有高度现代化和民主意味的开明文官制，在宋亡之后，就再次复古回潮了。

然而，明代史家陈邦瞻认为：

> 宇宙风气，其变之大者有三：鸿荒一变而为唐虞，以至于周，七国为极；再变而为汉，以至于唐，五季为极；宋其三变，而吾未睹其极也。

在陈邦瞻看来，中国历史只有三变，除了周至秦，汉至唐，就是宋——至明时还没有终，也就是说元明的政治制度都继承于宋。邓小南也认为："从近代的‘人心政俗’来看，则宋代在政治理念、思想文化方面的历史遗产，确实深深地渗入到中国社会的肌体之中。”

历史上的蒙古如同一头从天而降的雄狮。铁木真（即成吉思汗），出生时间迄今无定论，却有着天才般的组织能力，仅用 2 年多时间就统一大半个蒙古草原，然后将部族改组为国家，更有力地向外扩张，风风火火建立起一个横跨欧亚的大帝国。这个庞大帝国带来了中国与欧洲的交流，但也加深了东西方的隔阂。蒙军 3 次西征，野蛮屠杀。欧洲人闻风丧胆，惊呼“黄祸”，将东方黄种人（包括中国汉族及日本人）视为威胁。

《哈佛极简中国史》说蒙古史有两大谜团，一是“在几乎没有接触过世界上高等文明的情况下，产生如此出众的领袖”成吉思汗；二是“仅有 150 万人口的蒙古人如何做到建立起一支以少胜多的军队，征服了人口数远在其上的众多民族”。这两个谜团只能让成吉思汗自己解答：

> 人生最快乐的事是战胜敌人，追逐他们，抢夺他们所有的东西，看他们所亲爱的人以泪洗面，骑他们的马，臂挟他们的妻女……我的子孙们将穿绣金的衣，食佳肴，乘骏马，拥美妇，而不想这些享受是什么人给他们的。

这话未经文人墨客修饰，比《商君书》还赤裸。他们的征服欲是异常强烈的，但是非常原始，满足于掠夺战利品。

成吉思汗将征伐而来的领土分给 4 个儿子，他们各自独立，一是位于中亚的察合台汗国；二是俄罗斯伏尔加河下游地区的钦察汗国；三是位于波斯的伊利汗国；四是窝阔台汗国——初以蒙古为中心，后以中国汉地为中心。1271 年，忽必烈将国号改为“大元”，就是大蒙古国的汉式表达，俨然以中国正统朝代自居。

蒙军有个惯例：如遇抵抗，一旦攻破就要屠城。他们不懂农业，占领的汉地不会经营，居然想毁为草原。幸好他们灭辽时，从那里吸纳了一位名叫耶律楚材的大臣。耶律楚材出身契丹贵族，汉文化水平很高，被成吉思汗收为高参，他为蒙古及元的发展作出了重大贡献。窝阔台占领中原时，大臣建议："汉人无补于国，可悉空其人以为牧地。"耶律楚材竭力劝阻，说："陛下将南伐，军需宜有所资，诚均定中原地税、商税、盐、酒、铁冶、山泽之利，岁可得银五十万两，帛八万匹，粟四十余万石，足以供给，何谓无补哉？"幸好这说辞让窝阔台动心，中原的汉人才没被杀光。

忽必烈也有明君的一面。为了减少汉人反抗，他努力展示谦和与仁爱。明初士人叶子奇赞其"轻刑薄赋，兵革罕用"。如果说成吉思汗想征服世界的话，那么忽必烈只想征服东亚。但忽必烈的视野绝不限于东亚，威廉·麦克尼尔在《世界史》中说他"按照前所未有的综合设计和覆盖整个欧亚大陆的规模，创造出一个新型的世界国家和横跨东西的交流圈。在世界史上，还不曾看到如此庞大规模和周到设计来实施国家建设的范例"。

忽必烈去世之后，40 年间换了 10 个皇帝，在位时间最长 13 年，最短仅一个多月。元武宗时期大力改革，"溥从宽大"，大范围封官赏赐，在中书省外另立尚书省，兴建元中都，发行"至大银钞"和"至大通宝"，强化海运，增课赋税，推崇宗教自由，加封孔子为"大成至圣文宣王"。虽然他没有获得盛世之类誉词，但有中兴之实。可惜他在位不足 4 年就病逝了，一系列改革戛然而止。末代皇帝妥懽帖睦尔继位，即顺帝，年仅13岁，只能"深居宫中，每事无所专焉"，实权落到右丞相伯颜手上。

伯颜政治观念极其保守。《剑桥中国辽西夏金元史》写道："显然，伯颜相信自忽必烈去世后 40 年来朝政一直在向并不理想的方向发展，他要重新恢复以往的局面。"伯颜一方面是以忽必烈时期的标准压缩宫廷现行支出，减少盐的专卖比例，注重向灾区及时提供赈济，这当然不错。另一方面就不那么理想了，他想重建据说是忽必烈最初规划的统治制度，即在政治、军事两方面严格实行民族区分，对汉人采取一系列歧视政策：禁止汉人学蒙语，重要官位只许蒙古人、色目人担任，没收铁制农具，严禁汉人传统戏剧和说书，取消科举。与此同时，伯颜擅权，一手遮天，"势焰薰灼，天下之人唯知有伯颜而已"；他还大肆贪腐，"天下贡赋多入伯颜家"；他还与太皇太后私通，以致朝野传诵"上把君欺，下把民虐，太皇太后倚恃着"的歌谣。顺帝对伯颜很不满，与伯颜的侄儿脱脱密谋除掉伯颜，开始亲政，但已回天无力。

耶律楚材尊儒学与孔子，后来捧朱熹，恢复科举，诏定以朱熹《四书章句集注》为取士标准。从此，理学成为元、明、清三代的官方哲学。但这没能让他们变得多文明，伯颜竟然又提出杀光张、王、刘、李、赵5姓，使汉人减少90%，幸好皇帝没同意。

关于元朝，目前有很多不同说法。一般认为他们实行民族歧视政策，将全国民众划分为4个等级：蒙古人地位最高，色目人其次，汉人居第三，南人即原南宋地区的各民族垫底。日本学者杉山正明则认为："事实是，这种现象仅限于后来所恢复的科举应试的极小范围"，并认为这种说法"属于世上常说的肆意'虚构'和随意'迎合'"。蒙古人的汉化政策，也有相当成功的案例。著名文人杨维桢，诗有"铁崖体"之誉，曾在浙江桐乡举办"聚桂文会"，汇聚500多位名士，点缀那个时代。至元末，正值兵乱，张士诚据浙西，一再派人上门请杨维桢入伙，他不仅一次次拒绝，还痛加斥责。

不过，元朝后期的确也逼得很多民众揭竿而起。马可·波罗对其治下的社会经济盛赞不已，但也注意到"很多心存不轨的人，经常有谋反的趋向"。浙江温州一带的造反旗帜上写着："天高皇帝远，民少相公多。一天三遍打，不反待如何！"据统计，1295—1332年间，汉族地区爆发民变24次，少数民族地区131次。元朝于1274年、1281年两次侵略日本失败，在东南亚一带也屡屡失利，便开始衰落。

在元末众多起义当中，朱元璋胜出。1368年朱元璋在应天（今江苏南京）称帝，国号"大明"。不过，蒙古帝国退回草原后，并没有偃旗息鼓，在上都（今内蒙古锡林郭勒）继续使用元的国号，史称"北元""残元""故元"或"胡元"，仍然有强大的实力，号称"引弓之士不下百万，归附之部落不下数千里"，一直到260多年后被清朝吞并。但我们认为元朝在朱元璋立国之时即灭亡。"洪武"是朱元璋的年号。

已经改朝换代了，明政府又请杨维桢出山，他却作《老客妇谣》：

老客妇，老客妇，行年七十又一九。

少年嫁夫甚分明，夫死犹存旧箕帚。
南山阿妹北山姨，劝我再嫁我力辞。
涉江采莲，上山采蘼。采莲采蘼，可以疗饥。
夜来道过娼门首，娼门萧然惊老丑。
老丑自有能养身，万两黄金在纤手。
上天织得云锦章，绣成愿补舜衣裳。
舜衣裳，为妾佩古意，扬清光，辨妾不是邯郸娼。

这诗借一个老妇人不愿再嫁，表明他自己忠于元朝，决心不在明朝为官。有人把诗举报给朱元璋，朱元璋却没有为难他。朱元璋的残酷在于对开国功臣，换言之是潜在的政敌。钱穆曾经研读明朝初年开国功臣的诗文，发现有不少人怀念元朝。朱元璋本人也曾明说："元世祖肇基朔漠，入统中华，生民赖以安靖七十余年。"朱元璋对元朝颇为感恩，并无复仇、民族革命的想法。据研究，对元朝采取仇视和否定态度是从明朝中后期开始的，那时蒙古族的瓦剌部族统一蒙古各族后，对大明王朝构成了威胁。

32 洪武之治："恢复中华"

（公元 1368—公元 1398 年）

空前集权

朱元璋在《太祖宝训》中写道："朕观元朝之失天下，失在太宽。昔秦失于暴，汉兴济之以宽，以宽济猛，是为得之。今元朝失之于宽，故朕济之以猛，宽猛相济，惟务适宜尔。”在他看来，元亡的原因在于统治太宽松，大明现在要强化统治。

朱元璋废元制地方行政最高机构“行中书省”(即我们现代所简称的“省”)，将全国划分为13个“承宣布政司”，意为“朝廷有德泽、禁令、承流宣播，以下于有司”，置布政使、参政官等。在中央政府置通政使司，专门负责接受内外奏章，每天早朝时汇达御前。

监察系统也进行相应的改革，置谏院官和都察院。都察院不仅可以监督审判机关，还拥有“大事奏裁、小事立断”的权力。在中央设大都督府，作为全国最高军事机关；在京师及郡县要害地区设所，数府郡划一防区设卫，相当于我们现在的大军区。战时，命总兵官佩将印领兵出征，战后将印还于朝廷。大将军单身回第，军士各回本卫。不久罢大都督府，将其分为中、左、前、后、右五军都督府，与兵部互相牵制。兵部有权颁发命令，但不直接统率军队；都督府掌军队的管理和训练，但没有调遣权力。这样，军权集中于皇帝之手。

胡惟庸是开国功臣，任左丞相，位居百官之首。有人告胡惟庸谋反，朱元璋处死胡惟庸犹不解恨，连中书省也给罢了，废丞相之设。其职能归六部，六部直接对皇帝负责，相权与君权合一。朱元璋还愤愤然诏曰：“以后嗣君毋得议置丞相。臣下敢以此请者，置之重典。”从此，在中国延续了近2000年的相权被彻底剥夺，中国政治进一步走向专制。

朱元璋影响了整个明朝。许倬云指出：“太祖立下‘皇明祖训’，严嘱子孙不得轻易改变他订立的典章制度。固然后世皇帝破坏‘祖训’之处不少，这一保守的基调是一锤定音，以致明代政治难有改革。”

努力安边

元顺帝逃到应昌（今内蒙古赤峰）后，曾组织两次南下，均被击败，但明军也没追击。朱元璋说：“元运衰矣，行将自灭，不用麻烦我们的将士！只要固守各疆，防止他们南侵即可。”朱元璋致书元顺帝，劝降被拒，拉锯战持续。

历史上外交基本思路：“中国居内以制夷狄，夷狄居外以奉中国”，努力打造一个“四夷来朝”的礼制体系，制造一种自己为“天下共主”的虚幻景象。明朝乐此不疲。朱元璋称帝不久，先后派员与高丽、安南、日本、占城、爪哇、暹罗、真腊、东南亚岛屿三佛齐、文莱、琉球等国联系，要求他们前来朝贡。设3个市舶司，宁波用来接待日本，泉州接待琉球，广州接待东南亚各国，出台了一系列优惠政策。然而，朱元璋很快就失望了。他在《皇明祖训》里抱怨：“自占城以下诸国来朝贡时，内带行商，多行谲诈。”于是，朱元璋开始闭关锁国，颁令“海民不得私出海”，还指示没必要向外国派使团。

倭寇即日本海盗活动，元末至明初时，主要侵扰朝鲜与中国北方沿岸。朱元璋派使者，要求日本国王良怀取缔倭寇，并向大明朝贡。日本正值内乱，地方军阀多借国王的名义对外活动，“怀良亲王”拘明使者。朱元璋一面命当地守军击退倭寇，另一方面再遣人出使日本。“怀良亲王”送还被掠的中国人，但倭寇仍然时常侵扰。朱元璋也无奈，只好派兵出海防范，暂罢市舶司。

安南本来友好，但其内部政变，国王成傀儡，实权落入国相手中，胁迫国王对大明说不。朱元璋当然生气，可是也无奈，只能置之不理，安南从此处于半独立状态。高丽情况类似，但更严重。

意识形态

朱元璋在京城建历代帝王庙，祀三皇五帝、夏禹、商汤、姬发、刘邦、刘秀、李世民、赵匡胤、忽必烈，共16位。其中包括忽必烈，令人匪夷所思。朱元璋在即位告文中说：“自宋运告终，帝命真人于沙漠，入中国为天下主，其君父子及孙百有余年，今运亦终。”原来，他承认元朝的统治是受命于天，旨在广大臣民现在服从于大明的“天命”。

朱元璋还组织编修《祖训录》《女诫》等书，印发皇室对照学习。随后修《皇明宝训》15卷，辑录朱元璋的言论和政事，以及《臣戒录》《醒贪简要录》

《彰善瘅恶录》等反腐教材，印发文武百官学习。

朱元璋命天下通祀孔子，还让衍圣公列文臣之首。然而，朱元璋读《孟子》，当读到“民为贵，社稷次之，君为轻”等语时，大发雷霆，宣布罢免孟子配享孔庙的资格。此令一下，天下哗然，因为历史上从来没有一个帝王这么干过。朱元璋坚持己见，不许有异议。不久，他虽然将孟子的牌位放回孔庙，但《孟子》一书不可轻饶。他下令删掉 85 条原文，编成《孟子节文》，科举考试只能以此为准。朱元璋在明伦堂前置卧碑，镌勒学校生员禁律，共 8 条，其一为：“一切军民利病，农工商贾皆可言之，惟生员不许建言。”不久，“明初理学之冠”薛瑄提出：“自考亭（即朱熹）以还，斯道已大明，无烦著作，直须躬行耳！”意思是说宇宙真理已经明了，无须再思考著述了，只要遵照朱熹的教导践行就可以了。

早在称帝前一年，朱元璋就开始召集儒臣修纂礼书，要求广大臣民做忠臣孝子与节妇烈女，安于本分。如根据汉族的传统定朝臣衣服及士子巾服之制；人们日常生活着青布直身的宽大长衣，头上戴四方平定巾，一般平民穿短衣，裹头巾。他还颁布了《正礼仪风俗诏》，连乡下人酒宴怎么坐都给规定死了，皇权无孔不入。

朱元璋称帝不久诏命全国各地普遍设学校，府设教授，州设学正，县设教谕，各级设训导。随后命各乡立社学，聘师教子弟。府州县学岁贡生员考试，一等送国子监，二等送中都，不中的遣还，并罚教官，停其廪禄。定科举法，以朱熹《四书章句集注》为准，定文章格式为“八股文”，不许有不同意见。实行南北分卷，录取比例为南方 60%、北方 40%。

“救济斯民”

朱元璋在战争夺权之时就开始抓经济，称帝之初有一些善政，如命诸郡县富民入京师，朱元璋亲自接见，并赐酒食。不久，他又分批召见直隶、应天 10 个府州拥有田地 700 亩以上的地主，如同现代“劳模”进京受表彰，意义不言而喻。

朱元璋称帝后立即委派164人浩浩荡荡分赴全国各地去丈量田地与核实人口，以户为单位进行登记，并以此为依据征赋役。随后，以税粮多少划分若干个区，分区编造以田地为主的图册，写明田主姓名。由此，赋税可能更公平，但更难逃漏税。朱元璋重农轻商，规定农民可以穿纱，商人只许穿布。

实际上，朱元璋并没有给百姓带来多少福祉。在他家乡流行的“凤阳花鼓”唱道：“凤阳本是个好地方，自从出了个朱皇帝，十年倒有九年荒。”朱元璋是个暴发户，光宗耀祖之心很强。称帝第二年即诏定他出生的临濠府（今安徽凤阳，后改名）为中都，先后从苏、松、嘉、湖、杭等地徙民4000余户到临濠耕种，连续3年由官方给粮、牛与种子，一再免凤阳及和州的田租，后因担心家乡劳民伤财、恃功自傲等问题，突然叫停都城建设，改都南京。

有些学者对朱元璋评价并不高，如赵翼说：“盖明祖之性，实帝王、豪杰、盗贼兼也。”但有些政治人物持不同看法，如康熙立碑“治隆唐宋”赞誉朱元璋，并说：“明太祖天授智勇，崛起布衣，纬武经文，统一方夏，凡其制度，准今酌古，咸极周详，非独后代莫能越其范围，即汉唐宋诸君诚有所未及也。”

33 永乐之治：耀武扬威
（公元1402—公元1424年）

公元1398年朱元璋死，因太子朱标早逝，其子朱允炆继位，即明惠帝。朱允炆性情温文尔雅，曾改掉73条过于严苛的法律条文，人们欢呼“四年宽政解严霜”。然而，朱元璋大搞复古“封建”，也就是说朱允炆有24个健在的叔叔分封在各地。他们不仅享有巨额年俸和广泛的特权，每人还拥兵达3000～15000人。朱元璋为防止群臣擅政，还规定地方藩王有移文中央索取奸臣和举兵清君侧的权力。这对朱允炆这样的侄儿辈来说，显然是极大的威胁。鉴于历史教训，朱允炆一上台就对诸藩王封地进行改革，从“限藩”进而“废藩”。

燕王朱棣权势最大。1402年朱允炆密令逮捕朱棣，朱棣则根据祖训举兵，连夜夺北平。朱允炆出师50万，仍然失败，转而求和。朱棣不肯，直逼南京。南京城陷，宫中起火，朱允炆不知所终，据说自焚了。为洗刷“杀侄夺位”的骂名，朱棣对着一具烧焦难辨的尸体痛哭一番，声称只不过是为了诛杀奸臣云云，然后登帝，即明成祖。“永乐”是他的年号之一。

招摇于世

《明史》写道:“成祖疑惠帝亡海外，欲踪迹之，且欲耀兵异域，示中国富强。”这就是说朱棣委派太监郑和率船队下西洋远航的目的，一为搜捕朱允炆；二为耀武扬威。历史上，习惯以今印度尼西亚的加里曼丹岛为界，以东的群岛称东洋，以西包括印度及非洲东海岸称西洋。郑和先后7次率船队下西洋，到过今霍尔姆兹、红海、东非一带。船队包括240多艘海船、2.7万名船员。船有5类，第一类“宝船”，最大长44.4丈，宽18丈，载重800吨，可容纳上千人，是当时世界上最大的船。第二种是马船，第三种是粮船，第四种是坐船，第五种是战船，分别用于载货、运粮、居住、作战。这么多船只人马，别说一艘艘高大如楼，就算一条条小舢板排过去，也够浩荡，够威风。日本史界迄今大赞，称“其规模之伟，为太平洋战争以前，人类历史所未曾见”。不过，朱棣还明确谕令郑和:“遍历诸番国，宣天子诏，因给赐其君长，不服则以武慑之。”先后几次动武，将俘虏押回北京斩杀。弱小国如占城，吓得主动表示“愿纳国土，请吏治之”。为此，中国现代史学会副会长白云涛评论：

郑和之七次远航，不管其初衷如何，但性质上与西方早期之葡萄牙、西班牙、荷兰、英国等大航海之后的远航及征服异曲同工，并无二致。如有不同，不过是东方式的征服和西方式的征服之形式不同。

平心而论，中国并非生来“落后挨打”。朱元璋与朱棣时的军事力量也不容小觑。

安南遣使入明，称原国王陈氏宗族已绝，胡汉苍为陈氏外孙，暂理国政。朱棣册立胡汉苍为安南国王。然而，安南一个旧臣入明揭露胡氏叛乱真相，乞求援兵复国。朱棣派人去问罪，胡汉苍承认，表示让位。朱棣让原国王质子回国，不想遭胡氏伏杀。朱棣大怒，发兵讨胡氏，大破安南，改名交趾，设交州等 15 府 36 州 181 县。可是，明军班师回国，交趾的简氏又叛乱，建政“大越”。明军重新发兵，战争反复。

这时期漠北的蒙古族分 3 部：居于西辽河、老哈河一带的，为兀良哈部；居于鄂嫩河、克鲁伦河一带及贝加尔湖以南地区的，为鞑靼部；居于科布多河、额尔齐斯河流域及准噶尔盆地的，为瓦剌部。朱棣册封瓦剌部的首领，以便利用他们与鞑靼部首领阿鲁台的矛盾。随后又遣使向阿鲁台招安，没想使者被杀。朱棣命大将率精骑 10 万出征，不想中计，全军覆没。朱棣亲率 50 万大军远征，大败阿鲁台，并深入现为俄国境内鄂嫩河边的鞑靼大寨，迫使蒙古本部的鞑靼向明称臣纳贡。可是瓦剌对阿鲁台与大明亲热不满，准备攻阿鲁台。阿鲁台告急，朱棣再率 50 万大军出征，斩敌数千，又穷追一阵才班师回京。但不久，阿鲁台也犯明边境，朱棣被迫第三次亲征。阿鲁台早早将辎重马畜丢弃，往北逃去。就像朱允炆生死不明让朱棣耿耿于怀一样，阿鲁台远遁也让他坐卧不宁。朱棣第四次亲征，阿鲁台又早早闻风而逃。朱棣不战而还。第五次亲征追一个多月不见踪影，仍然空手而归，朱棣自己却在榆木川（今内蒙古乌锡林郭勒盟）病倒，再也不能活着回京，肯定死不瞑目。

朱元璋闭关似乎有立竿见影之功，倭寇有所收敛。但不久复又猖獗，所幸当时中日双方政府关系很好，日本多次献所获海寇，辽东总兵刘荣对倭寇取得空前大捷，倭寇不得不收敛好长一段时间。

朱元璋又开始修长城，朱棣等子孙们一代接着一代干，200多年几乎没停过。朱元璋和朱棣时期，主要是在原来基础上增建烟墩、烽堠等，重点是北京西北至山西大同的外边长城和山海关至居庸关的沿边关隘。这是中国历史上费时最久、工程最大、防御体系和结构最为完善的长城，对当时防御发挥一定作用。我们今日所见长城，其实不是秦汉边塞，而是明代筑的边墙。

编书与迁都

朱棣血腥镇压之后华丽转身，大力倡导儒学，尊程朱理学为正统，并把自己说成是“道统”的继承者。儒士们吹捧他是“周公再世”，使得早已沉寂的周公突然备受推崇。

对待孟子方面，朱棣心胸稍宽，恢复《孟子》全文，《孟子节文》仅用17年。朱棣一面嗜杀，不惜诛人十族，一面又宣称：“朕所用治天下者五经耳。”朱棣命儒臣纂修《性理大全》，并亲自撰序，内容主要是宋代理学著作与理学家言论汇编。

朱棣还命解缙等人编纂《永乐大典》，时称“天下文艺之英，济济乎咸集于京师”，朱棣亲自作序。《永乐大典》是中国著名的古代典籍之一，规模远远超过前代编纂的所有类书，保存14世纪以前中国历史地理、文学艺术、哲学宗教等文献计22937卷，总约3.7亿字，是迄今世界最大的百科全书，比法国狄德罗编纂的百科全书和英国的《大英百科全书》早300多年。但大都遗失，如今仅剩残本约400册，分散在日本、德国等8个国家和地区。

朱棣命人将古代的嘉言善行编辑成《文华宝鉴》，相当于现代常见的“名人名言”，专门用于教授太子。朱棣对太子说：“修己治人之要，具于此书。帝王之道，贵乎知要，知要便足为治。”还编成《历代名臣奏议》，汇编商朝至元朝的奏议 350 卷，分君德、圣学、孝亲等 64 门，辑录包括晏子、管仲、李斯等名臣奏疏 8000 多篇。该书取材广泛，包括历代政治得失、典制沿革、用人赏罚，是研究中国历史的重要史料。

此前朱棣经营北平 30 多年，称帝第二年将北平改名为北京，并开始筹备迁都工作。首先是扩充人口，先后 3 次将山西无田农民迁往北京，又迁直隶、浙江等地富民。其次是打好物质基础，以舟师由海道运粮至辽东与北京，每年例行。最关键当然是宫殿，他专门派遣大臣到四川、湖广、江西、浙江和山西等地采伐木材。1421 年元旦开始以北京为京师，南京各部在此后行文中加“南京”二字。直至明亡，除了贪玩成性的武宗朱厚照光临过南京外，只有一些不得志的大臣被委派到南京。

经济有所发展

内战结束没多久，朱棣就命从征将士有掠民间子女的，一律放回。要求入觐官汇报各地民情，说不出的治罪，说不当的不予追究。随后又明文要求户部：凡地方官或朝臣使者目击百姓艰苦而不汇报的，一律治罪；凡朝觐对境内灾情不报的一律治罪；有蝗蝻为害庄稼要立即捕绝，否则不仅惩治当地官员，还要追究布政司和巡按的连带责任。

为适应新形势，在市舶司设馆专门接待外商，福建为“来远”，浙江为“安远”，广东为“怀远”。安南平定后设交趾、云南市舶提举司，专门负责西南各国政商。还在开源、广宁等地设 3 个马市（也交易其他物资），以便与海西女真及朵颜三卫等地互市。

对朱棣，当时就有不少正直官员提出批评，如户部尚书夏元吉反对第三次征讨蒙古和郑和的几次远航，翰林侍读李时勉反对在北京建都，还有人对征剿安南及漕运制度等表示反对。夏原吉说：“连年出兵，无功而返，军马储备已损失十之八九，加上灾荒不断，现在经济已经很困难了。况且您圣体欠安，还需要调养，实在要出征也遣将就行，不必亲自远行！”朱棣听了大怒，将夏原吉下狱犹不解气，还抄他的家，第二年照样亲征。《剑桥中国史》评论：

> 永乐帝的国内计划和对外征战的花费是巨大和浪费的；它们给国家和黎民百姓造成了异常沉重的财政负担……为了帝国的建设和霸权，这种代价的确是昂贵的。

两宋经济持续腾飞，到元时还保持这种势头。通过《马可·波罗游记》等历史著作，我们很容易看到当时繁华及非常活跃的国际贸易。但这种发展势头在明朝戛然而止，开始被西欧超越。

34 仁宣之治："堪比文景"

（公元 1424—公元 1435 年）

1424 年朱棣暴死于征战途中，太子朱高炽继位，即明仁宗。朱高炽很想有番作为，但龙椅还没有坐热就"无疾骤崩"，有人怀疑他是被儿子朱瞻基谋杀的。朱瞻基在大臣们支持下继位，即明宣宗。

外收

朱高炽即位后刻不容缓跑监狱，将遭朱棣迫害的大臣夏原吉请出，商议丧礼，赦免诏书该写什么。夏原吉建议赈济饥民、减省赋役、罢停下西洋的宝船及云南、交趾地区各道采办，朱高炽照单全收。但不久看到朝贡少了，朱瞻基觉得没面子，又命郑和第七次下西洋。返航时，郑和在印度去世，一般说是因劳累过度，实际上迄今是个谜。兵部大臣刘大夏擅自将海航资料藏了起来（从此失踪），明说："三保（即郑和）下西洋，费钱粮数十万，军民死且万计，纵得奇宝而回，于国家何益？此特一弊政！"从此，中国的相关活动停止了，中断了海外扩张，大航海之功拱手让给他国。诸多现代专家学者表示惋惜，认为此举削弱了沿海防御能力，切断了与世界其他地方的联系，明帝国开始孤立于国际事务之外。英国著名历史学家汤因比说：郑和的船队"在世界上是无与伦比的，所到之地的统治者都对之肃然起敬。如果坚持下去的话，中国人的力量能够使中国成为名副其实的全球文明世界的'中央之国'"。

交趾的叛乱活动此起彼伏，征战不利，只好和谈，军民尽撤北还。随后，越南后黎朝开国皇帝黎利遣使入贡，关系趋于正常化。黎利死，其子继位，朱瞻基也予承认。从此，交趾永远脱离中国。

阿鲁台听说大明改朝换代，不失时机遣使贡马。朱高炽宥其罪，纳其马。瓦剌部日益强大，坚持与明搞好关系。朱瞻基担心秋高马肥时胡人来犯，亲自巡边，刚好遇到兀良哈万马侵扰。朱瞻基命两路夹攻，亲自射杀 3 个敌人。兀良哈看到黄龙旗才知道大明皇帝亲征，立即下马拜地请降。朱瞻基遣使谕兀良哈三卫，准其来朝及市易。但朱瞻基还是不堪其扰，筑赤城等 5 堡，并将开平卫迁到独石堡，就此弃地 300 里，尽失险要，被认为是一个严重的战略失误。

朱元璋在西番即西羌地区设安定、曲先二卫。但汉官出使乌斯藏路经那里时，他们竟然杀朝廷使者，夺驼马币物。朱高炽、朱瞻基都曾命大军围剿，生擒其男女 340 余人，获驼马牛羊无数。其头目虽然逃遁，但终是怕了，遣其弟贡马请罪。朱瞻基让他们返故地，西番从此平定。

与日本的关系，朱棣时陷于冰点，久不来贡。朱瞻基派宦官出使琉球，令其王转告日本，希望恢复友好。第二年日本使者果然来访，朱瞻基派一个使团护送日本使团回国，使团在日本受到热情接待。

与朝鲜关系仍然密切，双方定期互派使团，互赠礼物。朱瞻基两次照会朝鲜王，劝告不要以金银器皿、珍奇动物为贡品。朱瞻基婉言谢绝朝鲜派学生来读国子监的要求，但赐一套儒家经史著作。

明朝很重视边疆地区的巡视工作，发现情况及时处置。朱棣设奴儿干都指挥使司，作为管辖黑龙江流域及库页岛的最高军政机构，并委派女真族宦官亦失哈为钦差，前往巡视，宣谕抚慰当地民众。1413 年，亦失哈第三次巡视奴儿干都司时，在官衙所在地附近原有观音堂的基础上，修建永宁寺，竖一块石碑，上刻《永宁寺记》，用汉、女真、蒙、藏 4 种文字书写，记录建立奴儿干都司及他本人前两次巡视的过程。亦失哈第九次巡视时，见永宁寺已毁，第二年便重建永宁寺，又立一块碑，铭刻《重建永宁寺记》。后来，沙皇俄国将两块永宁寺碑拆除搬走，转移到海参崴的博物馆中，并将永宁寺附近遗迹全部毁坏。

内敛

朱高炽上台后匆匆复置“三公”“三孤”之职，给他心腹顾问“三杨”(杨士奇、杨荣、杨溥）等人最高荣誉，并谕可以密奏涉及贵族甚至皇族的人事，随后还让他们直接参与具体的行政事务。

朱高炽喜欢南京，想将中央机关迁回。朱高炽不久即死，朱瞻基则不喜欢南京，迁都之事流产。朱瞻基创设巡抚之职，“巡视安抚”各地的军政、民政大臣，协调各地三司——按察司、布政司、都指挥使司的工作。

法律总体从轻。赦死罪以下，运粮自赎。杂犯死罪至笞 40 下的，可按 10 个等级纳米，分别为 2 ～ 100 石。纳者均减死罪，徒流以下的悉免。随后规定罪轻的免追系，发所在州县遣还。但“文吏犯赃，不听赎罪”，对官员贪腐保持从严。

考虑科举中南北诸多差异，议定南京国子监及南直隶名额 80 人，北京国子监及北直隶50人，江西50人，浙江、福建45人，湖广、广东40人，河南、四川35人，陕西、山东、山西30人，广西20人，云南、交趾各10人，贵州应举者列入湖广。会试取士不超过100人，其中南人60%、北人40%。

朱瞻基有些话说得非常有水平，如巡抚要求在杭嘉湖地区增设一名专门管理粮政的官员，朱瞻基驳道："省事不如省官！"工部尚书建议加修山西圆果寺佛塔以便为国求福，朱瞻基驳斥说："安民为福！"

有一次朱瞻基路经农田时，下马询问农事，还取农具亲自犁了几下。他叹道："我只是推三下，就不胜劳累，可见农民终年劳作多辛苦。"同年六月京畿发生蝗灾，朱瞻基遣官下基层指挥灭蝗，特意谕旨户部说："以往有些捕蝗官员害民，并不比蝗灾轻，一定要注意。"朱瞻基写有不少诗，有一首《捕蝗诗示尚书郭敦》，这诗很长，摘后部若干如下：

上帝仁下民，讵非人所致。
修省弗敢怠，民患可坐视？
去螟古有诗，捕蝗亦有使。
除患与养患，昔人论已备。
拯民于水火，勖哉勿玩愒。

从艺术的角度看，这诗算不上什么佳作，只不过是政治报告的别体。不过，从中可以略见朱瞻基悯农的情怀。

当时妓女很多，穷乡僻壤也不乏。朱瞻基一举将全国各地的官营妓院全部革除，严令御史纠察官员德行品性，胆敢违令狎妓宿娼者罢职，永不叙用。曾经繁华靡丽的教坊女肆大都拆毁，歌楼舞馆变为废井荒池。但这次"扫黄"的成果显然极有限，否则哪有什么"秦淮八艳"之类可资美谈。

何况朱高炽、朱瞻基本人私生活是纵欲的。朱高炽临死还咬牙切齿说："李时勉廷辱我！"朱瞻基上台后御审翰林侍读李时勉："你怎敢侮辱先帝？你那奏疏到底写了什么？"李时勉说："我劝皇上不应近女色。"朱瞻基听了，哭笑不得，叹息良久，称赞李时勉忠诚，马上赦免他，并恢复官衔。其实，朱瞻基也好女色。他有三大嗜好，一是书画；二是促织；三就是好色。据传他曾向一位太医索要房中术不成，就将太医密捕。朝鲜《李朝实录》记载：明廷常要求朝鲜提供处女和宦官充实后宫。

朱瞻基好促织则是公开的。促织即蟋蟀，为此人们称他“太平天子，促织皇帝”。当时吕毖著《明朝小史》写道：

帝酷好促织之戏，遣取之江南，其价腾贵，至十数金。时枫桥一粮长，以郡督遣，觅得其最良者，用所乘骏马易之。妻妾以为骏马易虫，必异，窃视之，乃跃去。妻惧，自经死，夫归，伤其妻，且畏法，亦经焉。

蒲松龄《聊斋志异》里有一篇《促织》：“宣德间，宫中尚促织之戏，岁征民间”，说的就是他。

史家对朱高炽、朱瞻基时期评价很高，认为是“明朝的黄金时代”，也称为“洪宣盛世”（此洪指“洪熙”，朱高炽年号），还将其与“永乐盛世”合称为“永宣盛世”，与汉“文景之治”及唐“开元盛世”相提并论。《剑桥中国明代史》评论：

宣德的统治是明史中一个了不起的时期，那时没有压倒一切的外来的或内部的危机，没有党派之争，也没有国家政策方面的重大争论。政府有效地进行工作，尽管宦官日益参与了决策过程。及时的制度改革提高了国家行使职能的能力和改善了人民的生活，这两者是贤明政治的基本要求。后世把宣德之治作为明代的黄金时代来怀念，这是不足为奇的。

不过也有人认为评价过高，留下的史料被“三杨”过于美化。许倬云就明说：“号为仁宣之治，其实是作风保守的表现。”

35 弘治中兴：大整顿与大发展

（公元 1487—公元 1505 年）

1435 年朱瞻基死，其子朱祁镇继位，时年 9 岁。大臣请求张太后垂帘听政，她却说："不要破坏祖宗之法，委任得力的辅佐大臣就可以了。"她将"三杨"等人召来，郑重说："你们都是老臣了。如今皇上年幼，你们要尽心辅佐！"《剑桥中国明代史》说张太后"领导了一个事实上的摄政团"。这个摄政团团结协作，国力持续在鼎盛的轨道上。但随着摄政团成员相继去世，朱祁镇成年亲政，太监王振无所顾忌，逐渐露出真面目，看谁稍不顺眼便杀。朱祁镇却一次次公开赞赏王振："朕朝夕念劳，尔其体至意焉。"

"朝贡体系"是面子工程，明朝越来越不堪承受，不得不开始限制朝贡使节的人数，强行要求复杂的礼仪，试图缩小朝贡的规模。而蒙古方面，不仅需要汉地的物资解决自身的不足，还需要用汉地的物资转手参与以布哈里（今乌兹别克斯坦）为中心的中亚贸易圈。此外，早在朱元璋时就发现朝贡者"多行谲诈"，而他们不仅不收敛，反而变本加厉。1449 年 2 月，瓦剌首领先派 2000 名使者入贡，号称 3000 人，试图冒领 1000 人的赏赐。按往常睁一只眼闭一只眼就过去了，可这次王振要求按实际人数计算，并将马价削减 4/5。明朝变小气，瓦剌很生气。同年七月，瓦剌借口大明失信，大举南下，"兵锋甚锐，大同失利，塞外城堡，所至陷没"。王振盲目鼓动皇帝亲征，中敌圈套，朱祁镇在土木堡被俘，50 万军队差不多被全歼。瓦剌很狡猾，拿朱祁镇做盾牌，每次攻明边关城池总是将他挟到阵前，令明军守将参拜皇上，他们则趁机攻击，屡屡得手。幸好于谦等大臣明智，及时果断拥立朱祁镇之弟朱祁钰，明谕前线“瓦剌奉驾至，不得轻出”，并坚决拒绝都城南迁而选择抗战。也幸好瓦剌野心不大，朱祁镇受到客人般优待，敲诈了一些钱财便把他放归。朱祁镇曾经承诺安心当太上皇，可是回来后，他趁朱祁钰病重，发动政变，夺回皇位，并杀于谦等功臣。“土木堡之变”如同“安史之乱”，成为明代前期与后期的分界线，大明王朝从此开始走下坡路。

朱祁镇死，其子朱见深继位。朱见深仁爱宽厚，励精图治，朝野一片称颂。然而，他也很快宠信太监，并宠爱万贵妃，宫里宫外一片混乱。1487 年朱见深死，其子朱佑樘继位，即明孝宗。“弘治”是朱佑樘的年号。

整顿官吏

朱佑樘一上台即贬逐以万贵妃为首的一批奸人，随后对“传奉官”开刀。“传奉官”指那些不经吏部，不经选拔、廷推和部议等程序，由皇帝直接任命的官员。掌握宫中大权的嫔妃及太监也可以借皇帝之名卖官鬻爵，仅大太监梁芳一人授官就达 1000 人。而那些官员多是江湖术士、和尚、道士、番僧、优伶等，什么人都有，就是少有优秀人才。现在，朱佑樘一举淘汰传奉官 2000 多人，又遣散禅师、真人、国师等 1400 多人。

与此同时，起用一批贤臣。朱佑樘最信任的是王恕。王恕早在朱祁镇时期入仕，以敢说敢干闻名。任扬州知府时，不等朝廷答复就给饥民发粮救济。他先后应诏陈述政事 21 次，提出建议 39 次，都是极力阻止权贵宠臣胡作非为。每当遇上不公平的事，肯定有人问：“王公怎么不说呢？”或者说：“王公的奏疏马上就要到了！”时有歌谣：“两京十二部，独有一王恕。”很自然，权贵宠臣讨厌他，朱见深也不满意他，突然在一次批文中附加让他退休。他回乡后，廷臣仍不断推荐他。朱佑樘即位后，召他任吏部尚书，不久加职太子太保。除直陈时弊外，王恕还推荐了一批人才。

马文升在朱祁钰时期入官，文武兼备，在山西、湖广“有神君之称”；在福建严惩当地贪腐狂徒冯某，离任时闽人传唱“马使留来天有眼，冯公布去地无皮”，对他表示称颂。他还是一名优秀的将军。西北满四反叛，响应者甚众，大败官兵。明廷调陕西边兵5万及京兵进剿，起用马文升为右副都御史。马文升亲自侦察，发现满四一个弱点：城中无水，粮储渐乏，便建议围而不攻，坐等他们粮尽自毙。果然，满四军最后失败了。有一次蒙古族叛乱，马文升督兵追至黑水口，生擒敌首。可是汪直据为己功，反而让他受“表奏不实”之罪，停俸3月，后来还贬官，直到汪直失宠后才恢复。朱佑樘即位后，提拔他任兵部尚书。马文升整顿久弛的兵备，罢免30多名不称职的将官，引起那些人怨恨，有人夜里持弓等在他家门口准备行刺，有的则写诽谤信射入宫内。朱佑樘坚定支持他，令锦衣卫缉捕那些报复者，并派12名骑士保护他。

刘大夏在朱见深时期入官，后受王恕赏识，推荐给朱佑樘。刘大夏担任广东布政使时，发现前任剩下一些“羡余”，管库的小吏说这种钱不必入账，一向归主官。刘大夏也犹豫了一下，内省道:“我平时读书，立志做好人，遇上这事怎么能动心？实在愧对先贤，算不得大丈夫！”他指令将这钱全数入账。后来，刘大夏治河有功，被提拔为兵部尚书。

后人将王恕、马文升、刘大夏称为“弘治三君子”。他们辅佐朱佑樘，立下了汗马功劳。朱佑樘还每天两次在平台召见大臣议事，称“平台召见”，是一种新的朝参方式。朱佑樘还制定严格的官吏考核制度，提拔选调官员以政绩为主。他将四品以上官员名单贴在文华殿墙壁上，平时熟记，掌握官员动态。对宦官则严加管束，东厂、锦衣卫不敢放肆。这样朝中多君子，出现历史上少有的良臣大集合。

收复哈密

明初闭关自守，在嘉峪关以西不设官署。朱棣采取羁縻政策，设“关西七卫”。哈密为其一，地位最重要，因为它在大明与西域诸国要道上，成为明与瓦剌争夺的中心。

瓦剌头目名为也先不花，其姐姐嫁给哈密最高首领原忠顺王卜答失里为妻，在位的忠顺王倒瓦答失里是也先不花的外甥。倒瓦答失里脚踩两只船，明顺朝廷，暗通瓦剌。1488 年底，吐鲁番又占哈密，杀罕慎，但因有所畏惧，就遣使到北京入贡，请求代理西域之职。朱佑樘刚上台，百废待兴，而西域情况复杂，便同意退换城印求和。不想，1493 年吐鲁番故伎重演，重新占城夺印，还掳走忠顺王。这时，明廷中发生争议，有的认为应由马文升挂帅出征，马文升则认为西域不构成大危害，当行绥靖。有的大臣赞同，也认为明朝的威胁在瓦剌，不应让兵部尚书亲自西征。于是派兵部侍郎张海等人前往。然而张海送完国书就以为完事了，未等指令便返京师，并称哈密存亡不会影响明朝。朱佑樘大怒，将张海等下狱。1495 年初，朱佑樘命罕东卫（嘉峪关西南）出兵 3000 人为前锋，明军 3000 人为后继，日夜兼程袭哈密，顺利占领。从此，西域开始畏惧大明。

朱佑樘总体奉行和平国策，其他邻邦或属国如安南、暹罗、琉球、占城、爪哇、日本等，常来朝贡。

理学新突破

早在南宋，就有陆九渊与朱熹分庭抗礼，还曾在鹅湖之会上展开大辩论，两人在学术上齐名，只不过帝王宠爱有殊。陆九渊认为心即理，因此“人欲”与“天理”不是对立的。尽管理学“黑云压城”，陆学还是在民间发展壮大，至王阳明手上集大成为“心学”。

王阳明即王守仁，弘治年间进士，历任刑部主事、南京兵部尚书等职，还因平乱而被封为新建伯，后追赠新建侯，谥文成，所以又称王文成公。王阳明精通儒道释三家，发现朱熹学说的根本性错误，针锋相对提出“知行合一”。他的学说“王学”(阳明学）是明代影响最大的哲学思想，传至日本、朝鲜半岛以及东南亚，弟子极众。王守仁和孔子、孟子、朱熹并称为“孔、孟、朱、王”。

但“王学”很快招致统治者及其御用理学的疯狂反扑，嘉靖年间一次科举策论试题就影射王阳明的心学“阴诋吾朱子之学”。王阳明去世，明世宗朱厚熜不仅没有表彰这位平叛功臣，反而不给恤典，并批复说：“守仁放言自肆，诋毁先儒，号召门徒，声附虚和，用诈任情，坏人心术。近年士子传习邪说，皆其倡导。”尽管如此，“嘉、隆而后，笃信程朱，不迁异说者，无复几人矣”，心学还是在民间蓬勃发展。只不过满清入关后重拾朱熹，实行更严厉的文化专制，流行100余年的王阳明心学才逐渐衰微。

36 隆庆之治：耀眼的流星

（公元1567—公元1572年）

公元1505年朱佑樘死，其子朱厚照继位。朱厚照是个著名的荒唐而风流的昏君，被《剑桥中国明代史》称为“浮夸和玩世不恭地藐视他父亲的一切真挚的儒家理想主义”，统治则更为严酷，在东、西厂之外加设特务机关“内行厂”，“一家犯罪，邻里皆坐”，如果家在河边没邻居就株连河对岸的人家，全国上下笼罩在恐怖的气氛中。朱厚照在位16年，1521年3月突然死于“豹房”，即他日夜淫乐的场所，由堂弟朱厚熜继位。

朱厚熜上任没几天就与朝臣发生激烈冲突。原来，老宰相杨廷和等大臣根据朱熹理论认为：小宗入继大宗应以大宗为主，即朱厚熜无法做朱厚照的儿子，但必须做他叔叔即朱厚照父亲的儿子，大宗才不算绝后。这样，朱厚熜应该称伯父为父亲，称伯母为母亲，而改称自己的生父为叔父，改称自己的生母为叔母。朱厚熜无法接受，争执不下，落泪如雨，向张皇后辞职。这下大家慌了，终以大局为重，和稀泥糊弄过去。4 年后，朱厚熜正式恢复称自己生身之母为母亲，杨廷和如丧考妣，竟然号召 200 多名大臣在宫门齐声大哭，声称朱厚熜如果不改变对他父母的称呼，就哭个不停。朱厚熜不再让步，下令逮捕哭声最大的 134 人，第二天又捕 90 多人，全部廷杖，其中 16 人死于杖下。张海英在《明史》中评论：

就大礼仪之争而言，表面上不过是一些礼仪细节的争执，但其背后，却有着非常复杂的因素……蕴含了内阁首辅与皇帝争夺权力的因素……由此也开了明中后期朋党政治的先河……在学术背景上正是正统的朱学与新兴的王学之间的互相抵牾，它在一定程度上导致了对传统程朱理学的批判。

朱厚熜最终赢了，但他的内心千疮百孔，辞职不成，消极怠工总可以吧？从此，朱厚熜似变了一个人一般，越来越迷恋于后宫，后 27 年跟群臣见面仅 4 次。大臣张居正呈《论时政疏》，直陈当时“阴阳不调，灾异数见，四夷未宾，边尘屡警”，然而“今群臣百僚不得见陛下之清光已八九年”，“今陛下所与居者，独宦官宫妾耳。夫宦官宫妾岂复有怀当世之忧，为宗社之虑者乎”？这些话一针见血，但石沉大海，没受打压已算是侥幸。朱厚熜就这样混了 45 年，1567 年死后由太子朱载垕继位。“隆庆”是朱载垕的年号。

改革

朱厚熜既享乐又不肯放权，宠严嵩父子，而严氏大贪，“输边者四，馈嵩者六”，府库空虚。太仓银库岁入 200 万两，而开支却达 300 多万两，甚至超支 370 多万两，人称嘉靖为“家尽”。

朱厚熜去世，张居正等大臣起草他的遗诏，让已死的他自我检讨："只缘多病，过求长生，遂致奸人诳惑……各稽祖宗旧典，斟酌改正。"为接班人的改革铺平了道路。

朱载垕即位后，依据这份遗诏迅速展开一系列改革。首先为多年来"谏言得罪诸臣"平反，"存者召用，没者恤录"。罢除一切斋醮，撤西苑内大高玄殿等及诸亭台斋醮所立匾额，停止因斋醮而开征的加派及部分织造、采买，禁止太监干政。

朱厚熜时期，为挽救财政危机，赋和役合一，化繁为简，各种役目并为一项，按丁粮一次编定，俱于秋粮征收，称"一条鞭法"。实践中发现"一条鞭法"有一些问题，朱载垕实行相应改革，要求从将近10年以来完欠、起解、追征之数及贫民不能输纳的全都备录簿中，逐级报送户部稽考。不过这改革也不完善，第二年又行"一条鞭法"。

开放

这时期，蒙古土默特部落强盛起来，"朝贡体系"则越来越僵化。俺答汗上台后，多次写信给朱厚熜，诚恳说：

> 臣等生长北番……生齿日多，衣服缺少……各边不许开市，衣用全无，毡裘不奈夏热……入边作歹。

他们之所以犯边，只因为大明闭关，生活所迫。俺答汗明确表示："如果许贡，即约束其下，令边民垦田塞中，夷众牧马塞外，永不相犯。"然而，朱厚熜不仅坚持闭关，而且还杀了他们的使者。俺答汗愤怒，即率6万大军分4路进犯大同等地，长驱入营潞河东20里的孤山、汝口等处，"残掠人畜二百万"，史称"庚戌之变"。俺答汗宣称："予我币，通我贡，即解围，不者岁一虔尔郭！”先兵后礼。第二年3月，俺答汗遣子到宣府、大同贡马，要求开马市，朱厚熜不得已同意。但同年11月朱厚熜拒绝以牛羊交易谷豆，单方面关闭马市，俺答汗又开始时不时纵兵南下劫掠。

偶然一个机会，俺答汗将孙子把汉那吉的未婚妻许配给鄂尔多斯部的首领，把汉那吉一气之下投奔大明。朱载垕不仅受降，而且授官。俺答汗舍不得孙子，遣使到大明请求封贡。朱载垕同意，但要求用把汉那吉交换赵全。赵全是白莲教头目，叛逃蒙古后经常为他们南侵出谋划策，成为蒙古人对付汉人的王牌，分量胜过他的孙子，俺答汗不肯答应，陷入僵局。这时，大同巡抚忽然想到，赵全曾给朝廷写过投降信，便采取离间计，将此信送给俺答汗。俺答汗看了，觉得赵全这种人不一定可靠，便答应朱载垕的条件，并息兵互市，史称“隆庆和议”。此后，俺答部族臣服大明，数千里边境摆脱兵革之苦，四五十年间基本和平。

嘉靖时期，倭寇转移到东南沿海，为祸程度与地域范围都超过前期。当时，本国一些人与日本海盗狼狈为奸，而且“大抵真倭十之三，从倭者十之七”。这些“从倭”，包括被朱元璋所败的民军残余，以及纯为走私的沿海渔民。所以，“去外夷之盗易，去中国之盗难；去中国之盗易，去中国衣冠之盗难”。朝廷虽然在偏僻的闽南对外开放月港，但仍对本国海商进行许多苛刻的限制。因此，倭寇重又猖獗。黄燕红随笔《月港怀古》有过一段生动的描述：

政府海禁不但严禁人民出海贸易，后来更变本加厉地发展到普通百姓“寸板不许下海”。连打渔养家和基本的海上交通往来也不被允许了，这不要了百姓的命吗？失去生存来源不甘心等死的一些人，索性破罐子破摔抛开仁义道德家国天下，“顶剪发而椎髻向后以从之”，打扮成日本浪人模样以便混淆视听。施这样的障眼法，既是为了躲避政府的追捕，也是为了不拖累家人亲友。

可见，“倭寇”问题有着自身政策的根源。浙江巡抚朱纨在沿海实行保甲连坐制，严厉海禁，特别是1549年俘“海盗”李光头等96人尽诛之，引起公愤。御史陈九德为此弹劾，朝廷只得予以革职，朱纨被迫自杀。从此，大臣不敢轻言海禁事。有些大臣则公开请求朝廷允许福建商民在近海与外通商，如福建巡抚许孚远认为：“市通则寇转而为商，市禁则商转而为寇。”

正是在这种背景下，朱载垕诏告：“先朝政令有不便者，可奏言予以修改。”时任福建巡抚都御史涂泽民不失时机上书：“请开市舶，易私贩为公贩。”私贩指走私商，公贩指合法商。朱载垕当即批准这一奏请，宣布解除海禁，调整海外贸易政策，允许私人远贩东西二洋，史称“隆庆开关”。专家学者认为，此举在中国古代经济史和对外贸易史上占有重要的地位，对中国乃至世界经济发展都有一定影响。不过，也有人认为此举的意义不宜过分夸大，因为它并不是完全放开沿海贸易，而只是开放了福建月港一口，且只允许漳州和泉州的商人进行贸易，朝廷依靠月港收取的税金很有限，象征意义大于实际意义。

当时中国的商品如丝织品、瓷器、茶叶、铁器等，经由澳门、菲律宾的马尼拉等中转港运往欧洲广受各国欢迎，而中国民众没消费多少外国的名优商品，欧洲殖民者从美洲掠夺的大量白银则由马尼拉大帆船源源不断地流入中国，从今天墨西哥西海岸的阿尔普尔科经马尼拉到澳门，构成一条“太平洋丝绸之路”。据统计，至明末，全世界白银总量的1/3涌入中国，共计3.53亿两（目前重估约为5亿两），且2/3的贸易与中国有关，中国距资本主义仅一步之遥。

这时期“倭渐不为患”。西洋火绳枪、红衣大炮及贵重的木材开始进入中国，东南沿海不少渔民和商人则开始到东南亚一带定居。完全可以设想，如果这种开放政策得以延续，很可能不会有“鸦片战争”。

37 万历中兴：意外的成果

（公元 1572—公元 1620 年）

其实，朱载垕并不是一个好皇帝，他既懒惰又好色，短短 6 年就倒在美女怀里再也起不来。可他运气好，有一班杰出的大臣，如大名鼎鼎的张居正、戚继光、俞大猷等，否则哪敢奢望“隆庆之治”？

1572 年朱载垕死后，其子朱翊钧继位，即著名的“万历皇帝”，明神宗，万历是其年号。朱翊钧继位时才 10 岁，前 10 年由母亲李太后代为听政，一切军政大事交由张居正主持裁决。张居正宣称：“我非相，乃摄也。”即摄政，非一般宰相可比。

“万历新政”

张居正直陈当时五大积弊：一是宗室骄恣；二是百官困苦；三是吏治守旧；四是边防军备未修；五是财政极紧。张居正一边大力营造改革氛围，宣扬“天下之事，极则必变”，一边大胆推行一系列新政。

一是针对官僚问题，实行“考成法”，相当于我们现代行政企事业单位普遍实行的考核制度，特别类同现代上级与下级签订的“目标责任状”，知府在年初把今年要做的事列出，抄报张居正。根据考核结果，对“斥诸不职”实行“省冗官”。结果，各级官员“自是一切不敢饰非”，中央号令“虽万里外，朝下而夕改”。《剑桥中国明代史》认为：这时期“官僚政治的效率达到了它的顶点，这个顶点还标志着那个时代在中国社会的政治传统的束缚下人力所能达到的极限”。

二是针对国库吃紧，本着“不加赋而上用足”的方针，下令重新丈量土地，查实征粮土地701万顷，增加近300万顷，换言之赋源增加近半。大力改革赋税制度，实行“一条鞭法”。同时，“惩贪吏以足民”，“理逋负以足国”，逋负即拖欠赋税、债务。改革的结果，“至万历十年间，最称富庶”。万历十年，张居正去世时，户部的太仓储银，由之前每年200万两增加到三四百万两，京师储粮达700万石，是此前的3倍。

三是针对边防问题，起用戚继光镇蓟门、李成梁镇辽东，又在东起山海关、西至居庸关的长城上加修烽火台3000多座。结果，《明实录》说：“十年海宇肃清，四夷詟服。”所谓詟服，指畏惧服从。

四是“申饬学政，振兴人才”，对教育和考试制度进行18项改革，对违背祖宗旧章的肆意妄为一个一个“不许”，最引人注目的是其中第一、三、四条不许生员议论“天下利病”等。1579年正月甚至公然毁全国书院，一律改建为公廨衙门，4年后才不得不恢复。

张居正病逝，万历为之辍朝一天，给张居正崇高礼遇。然而，一些人马上疯狂地反扑，肆意攻击新政及张居正本人。两年后，万历批示：“张居正诬蔑亲藩，侵夺王坟府第，管制言官，蒙蔽我聪明，专权乱政……欺骗主上，忘恩负义，谋划国家不忠。本会断棺戮尸，念效劳有年，姑且免去全部法追论。”张居正被抄家，一些来不及退出的老弱妇孺竟然被封闭于张府，活活饿死十余口。到天启二年，朱由校才为张居正恢复名誉。大明王朝行将崩溃之时，朱由检“抚髀思江陵，而后知得庸相百，不若得救时相一也”。江陵指张居正（他出生于此），至此，张居正彻底平反。

张居正死后，万历亲政，也像个中兴之主，每天处理朝政十余个小时。然而，那些反对张居正的人迅速将矛头转向他，特别是在太子问题上，君臣争论不休。仅仅4年时间，万历完全变了一个样，创造另类“新政”：30年不出宫门，不郊游，不庙祭，不上朝，不见臣，不发表重要讲话。大臣雒于仁撰《酒色财气四箴疏》，毫不客气地指出："皇上之恙，病在酒色财气也。夫纵酒则溃胃，好色则耗精，贪财则乱神，尚气则损肝。"万历将此疏交给首辅申时行，申时行让雒于仁辞职了事。从此，万历更厌烦，奏章都懒得批阅。

"万历三大征"

万历"罢工"初期，对一些大事还有过问，主要通过谕旨的形式向下面传递，而不是常规"召对"形式。

丰臣秀吉统一日本后，曾致书朝鲜国王："吾欲假道贵国，超越山海，直入于明，使四百州尽化我俗，以施王政于亿万斯年。"丰臣秀吉甚至幻想将日本天皇的首都迁到北京。日本入侵朝鲜，并一度占领平壤。朝鲜国王李昖也是个好色怠政之徒，政治腐败，军队望风而溃。于是，朝鲜请大明援助。明廷认为："倭得朝鲜以为巢穴，退可以守，进可以寇，中国从此无息肩之期。"在历史上，这种看法无疑是正确的。但因为轻敌，援军不多，地理不熟，首战失败。随即又出动 4 万兵马，获平壤大捷，扭转战局。然后又因轻敌中埋伏，损失惨重。明兵部尚书石星力主和议，日本拒绝。万历大怒，将石星等将军下狱，重新调集兵马挺进。丰臣秀吉死后，日本才撤兵。

哱拜是蒙古鞑靼人，因私仇投靠明军，升为副总兵，退休后由其子哱承恩袭位。不想，哱拜父子唆使军官刘东旸叛乱，胁迫总兵张惟忠自缢。刘东旸自称总兵，以哱拜为主子，据宁夏，威胁陕西。万历调兵进剿，叛军则勾结蒙古部落协同抵抗。万历又调大军围剿，将蒙古兵族逐出塞外，并将宁夏城团团包围，决水灌城。叛军弹尽粮绝，内部火并，哱拜自尽，哱承恩等被擒。

播州主官杨应龙叛乱，一方面对明廷佯称愿出人出钱赎罪，另一方面又引苗兵攻占四川、贵州等地屯堡与城镇。万历感到鞭长莫及，束手无策。贵州巡抚江东之令杨国柱率军进剿，不想失败，杨国柱被杀。万历罢江东之，起用李化龙兼兵部侍郎，统一调度川、湖、贵三省兵马，分兵 8 路进发，分别取胜，然后合围。杨应龙明白大势已去，与二妾自缢。

无心插柳柳成荫

万历不上班，又不轻易授权，中央部门十缺六七，有些重要职位一空几年。礼部尚书李廷机年老多病，辞职书递了120多次，一次也没回音，只好不告而别。事后也没被追究，整个朝廷像空殿一般。不过，在这种情况下却没发生全国性混乱。

万历“新政”意外收获一系列可喜成果。樊绅在《万历年间中国经济文化的发展》一文中写道：

> 中国的资本主义一直是处在被抑制的状态中。而正是由于万历皇帝的罢朝导致了政府的监管力度减弱，使处于被抑制状态的中国资本主义得到了发展的春天，中国出现了资本主义萌芽。

文化也如此。这时期，王阳明学说又发展出李贽，对男尊女卑、社会腐败、假道学大加批判，当时称之为“异端之尤”，现在看来可谓“普遍人权思想”。南京大学中国思想家研究中心教授许苏民说：

> 李贽的学说使他处于万历年间中国社会时代矛盾的焦点上。这一焦点就是：是继续维护封建的泛道德主义、用“死的”来拖住“活的”，还是冲破封建的泛道德主义，用“新的”突破“旧的”、替朝气蓬勃地创造自己的新生活的人们开出一条新路？

黄仁宇认为李贽关于君主的评价，与欧洲哲学家马基雅弗利极其相似。李贽的思想在本国备受压制，但漂洋过海后，对日本倒产生了积极的影响。张海英《明史》认为：“李贽异端思想的出现，意味着宋明理学的式微，也意味着陆王心学同样无法解救现实社会的危机。”

汤显祖的戏剧《牡丹亭》，通过杜丽娘和柳梦梅生死离合的爱情故事，歌颂反封建礼教、追求自由幸福的爱情观和强烈要求个性解放的精神，汤显祖被誉为“东方的莎士比亚”。著名小说《金瓶梅》产生于这时期，清华大学中文系教授格非认为：“《金瓶梅》的伟大，因它堪称第一部全景式、多层次描绘社会人情及现实状况的旷世之作，就再现社会生活而言，即便是《红楼梦》也有所不及。”《西游记》作者吴承恩也生活于这个时期。

宋应星的《天工开物》详细记述当时农作物和手工业原料的种类、产地、生产工艺、生产设备等，传到日本后，被称为“中国的狄德罗”。狄德罗是17世纪法国启蒙思想家、唯物主义哲学家，百科全书派的代表人物。李时珍的《本草纲目》也出版于这个时期，流传至今。

更重要的是，这时期来了一位叫利玛窦的意大利天主教耶稣会传教士。他系统地学习中国传统文化，传入现代数学、几何、世界地图、西洋乐等西方文明，所作《山海舆地全图》是中国人首次接触近代地理学知识。他攻读四书，并首次将此译为拉丁文，是第一位阅读中国文学并对中国典籍进行钻研的西方学者。他在中国公开传教，用中国的“上帝”偷换“天主”概念。利玛窦先后将150余种西方书籍翻译成中文，对中国和日本等国产生了深刻的影响。利玛窦的世界地图给中国带来极大震撼。日本作家平川佑弘认为利玛窦不仅是“人类历史上第一位集欧洲文艺复兴时期的诸种学艺和中国四书五经等古典学问于一身的巨人”，还是第一位“世界公民”。

樊树志是晚明史的权威，最近推出5卷本《重写晚明史》。在其后记当中，他将这200多万字简单地归纳为一句话：“仅仅有经济的繁荣，没有政治体制的相应变革，没有把内忧与外患消弭于无形的能力，那么培育繁荣之花的王朝就会走向末路。”经济的繁荣不够，再加上文化的繁荣也不够，非得有政治体制的相应变革不可。

何况，明朝经济繁荣也是相对的，纵比尚可，一横比就暴露问题了。两宋经济腾飞发展，元时还保持这种势头。但是，让我们看看安格斯 · 麦迪森《世界经济千年史》一幅插图：

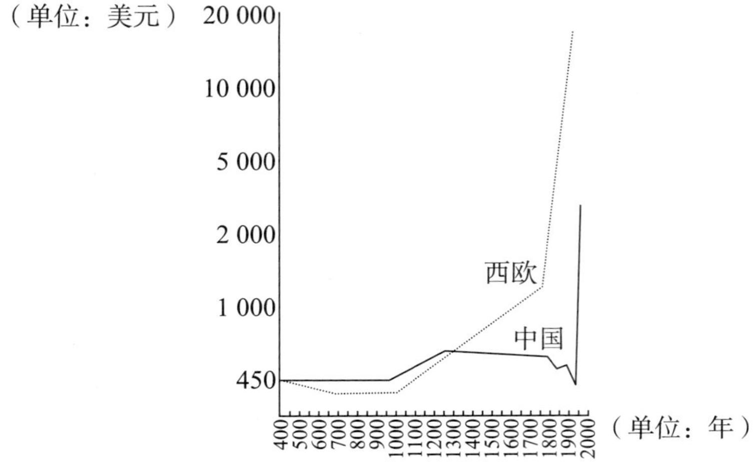

中国与西欧人均 GDP 水平的比较，公元 400 年—1998 年

由此可见：公元 400 年即北魏东晋时，中国的人均 GDP 与西欧几乎一样，此后西欧下滑，中国保持发展。至 1000 年左右即北宋初期，中国忽然开始上升两三个世纪。元时还保持腾飞发展的势头，只是在明朝戛然而止，并且开始被西欧超越。

第七章

千古未有之变局

万历三大征虽取得胜利，然而，更要命的敌人在万历眼皮子底下茁壮成长。建州女真在努尔哈赤领导下崛起，大明在边境地区则一再退让，今鸭绿江、辽宁丹东以北的6堡尽弃。大臣急了，上书直言“弃地非策”，万历不理。1616年努尔哈赤统一女真各部并称帝，国号“后金”(以示继承历史上的金朝，后改国名为“清”，取自《诗经》“维清缉熙”，熙指光明即明朝，清朝要缉取明朝；改族名为“满洲”，两个字都带水，以示克大明之火德)，第二年转而向大明挑战，一举攻占抚顺等城。至此，万历才开始有所重视。

此时，户部却哭穷，说辽东战线需军费300万两，内帑已发100万两，南京工、户部只能筹50万两，太仆寺等部门筹80万两，尚差70万两，建议从发动监生捐款、裁减役工伙食等方面解决。万历只得同意。但主管部门请求让各省发税银作辽饷，万历又不同意。努尔哈赤很快由战略防御转入战略进攻，明朝在东北地区的统治开始全面崩溃。

面对这一危机，大学士方从哲率百官在文华门拜伏，请求增兵发饷，万历根本不理睬。百官再次在文华门集体上访，请求皇上临朝“召见廷臣，而商战守方略”，直到天黑，万历才派宦官出来接见，说英明的皇上知道啦，你们先回家吃饭吧！过后，毫无动静。第二年万历死了，彻底不用操心后金的事。相比来说，那三大征胜利价值几何？清时学者赵翼说：“论者谓明之亡，不亡于崇祯而亡于万历。”对此，许多史学家认同。

1620年万历死的时候才有所意识，在遗诏中痛表追悔，但笔者很怀疑这遗诏并非他的本意。他儿子朱常洛继位后，20来天干了3件大事：一是用皇帝的私房钱犒劳边关将士；二是罢免矿税，减轻百姓负担；三是复职、提拔一批官员，使国家机器能够正常运转。可他太好色了，上任 29 天就暴死于后宫。

接下来的朱由校臭名昭著，将朝政委以更臭名昭著的太监魏忠贤。朱由校折腾完，其弟朱由检继位。朱由检"非亡国之君也"，但他急于求成，过于"勤政"，频繁更换大臣，能臣良将不是被杀就是被赶，没剩一个中流砥柱。偏偏这时期天灾严重，灾民越来越多卷入李自成等的队伍，而官场贪腐又一次次帮助他们死里逃生。最后，朱由检只能从太监中精选 3000 人组成禁旅，从各方面高配备，训练得箭无虚发。然而，在 1644 年的关键时刻，这些禁旅却"悉逃逸，无一存者"，为李自成打开城门的还是最宠的太监曹化淳，明兵部尚书张缙彦率文武百官、遗老遗少主动出城 5 里以外跪迎，胸前贴着"顺民"二字……

李自成并没有雄才大略，进军北京途中还只是请求分享点地盘而已。朱由检不是没动心，可他优柔寡断，太要面子，想与李自成及满清和解都没谈成，逼得自己上吊。李自成进京称帝，建"大顺"政权。他就此满足，转而贪财好色，转眼间被清兵剿灭。

其实，当时的大清自身难保。皇权争执不下，暂立 6 岁的福临为帝，随时可能爆发内战，哪敢奢望入关？可就在这时，李自成部将抢了吴三桂心爱的女人陈圆圆——当时的"秦淮八艳"之一。吴三桂时为大明辽东总兵，镇守山海关。怒发冲冠为红颜，吴三桂"泣血"请人帮他报杀父夺爱之仇。大清喜出望外，马上搁下内讧入关来帮助吴三桂灭李自成。可是李自成被灭之后，大清却不肯返回关外，而是趁势将他们的朝廷搬到北京来，并野蛮地南下。吴三桂头脑清醒后想后悔也来不及了。清入关后 40 年间，灭南明流亡小朝廷，平吴三桂等"三藩"，征郑成功父子，东西南北血流成渠。大清竭力自吹"自古得天下之正莫如我朝"，实属恬不知耻的谎言。

清帝跟秦始皇一样雄心勃勃，"我大清亿万年无疆之运"不离口。福临曾勇于开拓，软硬兼施，对稳固在中原的统治功不可没，可他也沉湎情色，不惜改变祖制选收汉人宫女，弄得大江南北人心惶惶。他宠爱董妃，董妃偏偏薄命，董妃一死他的心也死了，只想远离红尘。有人说福临出家去了，成为清史三大疑案之一。顺治十八年，遗诏传位于第三子玄烨，即康熙帝。

38 康乾盛世："宁可求全关不开"
（公元 1681—公元 1796 年）

这个时期涉及 3 位皇帝，首先是康熙（8 岁上任，16 岁亲政），接下来是其子雍正，再接着是雍正之子乾隆。康熙、雍正、乾隆分别是清圣祖玄烨、世宗胤禛、高宗弘历的年号，所以这个盛世也称"康雍乾盛世"。

"康乾盛世"长达百余年，起始时间有人认为从康熙继位开始，有人认为从他亲政开始。本书《中国历史兴衰一览图》从 1681 年开始，是考虑平定"三藩"、收复台湾，国内基本稳定，已是康熙二十年。

制度的继承与改革

一般认为：清承明制。清统治者对明朝体制评价非常高。南京明孝陵葬朱元璋夫妇，石碑上的"治隆唐宋"4 个大字就是康熙题的，意思是说朱元璋之治胜于唐宋。不过，康熙也曾对大臣说：

观明史，洪武、永乐所行之事，远迈前王。我朝现行事例，因之而行者甚多。且明代无女后预政、以臣凌君等事，但其末季坏于宦官耳。且元人讥宋，明复讥元，朕不似前人，辄讥亡国也，惟从公论。

康熙这话英明。他试图结束那种后一代讥讽前一代的历史怪圈，立志不让后人讥讽。此志不可谓不大。

清初有三大成功的改革，一是福临时期的“理藩院”，相当于我们现代的“国家民族事务委员会”，专门处理民族事务，所以几大民族相处总体是不错的（晚期例外）。二是康熙时期的“内务府”，相当于我们现代“机关事务管理局”，专门负责宫中各类事务，太监只做洒扫庭除之类琐事，所以太监在清朝横行不起来。三是雍正时期的“军机处”，也称“军机房”“总理处”。当时内阁在太和门外，西北有战事，为防泄密，在隆宗门内设军机房，选内阁中谨密者入值缮写，处理紧急军务，辅佐皇帝。所有成员均为兼职，在机构编制上找不到它的位置，相当于我们现代的“领导小组”。“军机处”延续到1911年，直到责任内阁成立后才被撤销。军机处漫长的历史上，特别是一些非常时期，发挥了积极作用。

文化与文字狱

1652年政局基本平稳后，顺治在太学隆重举行“释奠先师孔子”典礼，标志清统治者开始华丽转身，注重“汉化”。康熙初年，四大辅臣提出“率循祖制，咸复旧章”，致力于让关外时期的旧传统、旧制度回归，激化了满汉民族间的矛盾。康熙亲政后，不仅到太学举行释奠孔子之礼，还亲临曲阜孔庙行三跪九叩大礼，手书“万世师表”匾额。这时期，学者们纷纷向朱子学发起挑战，毛奇龄还推出专著《四书改错》，但康熙还是摒弃王阳明的心学，重拾朱熹的理学，将原来位于孔庙东庑先贤之列的朱熹，提升至大成殿十哲之一。他还强调说：如果“终日讲理学，而所行之事全与其言悖谬，岂可谓之理学”；相反，“口虽不讲，而行事皆与道理符合”，就是“真理学”。

《康熙字典》收录汉字 47035 个，在很长时期是我国字数最多的字典。鉴于《永乐大典》失散，乾隆诏令将所辑佚书与各省所采及武英殿所有官刻诸书汇编在一起，名为《四库全书》。这书客观上保存了大批重要典籍，具有文献价值、史料价值、文物价值与版本价值。但现代随着研究的深入，越来越多的专家学者认为这其实是一部“四不全”的次品乃至废品。

大清的文化政策实际上是“寓禁于征”。据不完全统计，清廷禁毁的图书达 310 多种、151000 多部，销毁书版 8 万块以上。另有统计，乾隆时烧书 24 次，毁书 538 种，计 13862 部以上，与编入《四库全书》的数量差不多。

文字狱不是他们发明的，但几乎可以作为他们的代名词。特别是“文人皇帝”乾隆，制造事件 130 多件，占整个清朝文字狱总数的 80%，其中 47 案的人犯被处以死刑，欧洲人称之为“中国的中世纪”。

“嫁妆”与周边关系

“内蒙古”与“外蒙古”之分始于清朝。16 世纪蒙古人主要分为 6 部：察哈尔部、鄂尔多斯部、土默特部、喀尔喀部、科尔沁部和喀喇沁，其中喀尔喀部疆域最大，察哈尔部势力最强。满洲人在入关之前，已征服除喀尔喀部之外 5 部，称为内蒙古。喀尔喀部称为外蒙古。柏杨风趣地说：内蒙古是满清带入嫁妆的一部分，永远留在中国。

蒙古时期，吐蕃改名“土伯特”，其下 4 部分：一是藏（后藏，今西藏西部）；二是卫（前藏，今西藏中部）；三是喀木（简称“康”，今西藏东部及四川西部）；四是青海（青海湖及柴达木盆地，今青海省）。准噶尔大策零远征拉萨，吞并土伯特。康熙派远征军 3 路进攻，大策零退回准噶尔。从此土伯特改称西藏，包括藏、卫、康 160 万平方公里并入中国。

青海本来相对独立。可是青海王投靠准噶尔，号召各部脱离清朝，并进攻西宁。雍正派大军突袭，他们迅速溃败，60 万平方公里并入中国。

准噶尔处处与清朝为敌。康熙曾经三次亲征，均未大捷。后来准噶尔发生内乱，阿睦尔撒纳在清朝帮助下获胜，却宣布独立，并将清朝远征军击败。乾隆大怒，重新组织远征军，对他们实行种族灭绝政策。准噶尔人从此消失，只剩一个“准噶尔盆地”名词流传现代。

准噶尔分两部，天山北路准噶尔盆地称“准部”，南路塔里木盆地称“回部”。回部是被准噶尔部吞并的，准噶尔被灭后他们便不愿再受外部统治，宣布建国，跟清廷对抗。清军精锐部队进击大胜，准噶尔全部领土约 190 万平方公里并入中国，并改名为新疆——新开拓的疆土。

初尝开放甜头

明清时期，中国从对外开放中获得巨大好处，不仅盈利大量白银，进一步了解了世界的真相，更有重要的实惠，即引进了红薯、南瓜、番茄、辣椒、蚕豆，以及玉米与马铃薯。卜宪群《中国通史》中说：“可以毫不夸张地说，没有哪些作物像这几种外来作物一样对中国人具有如此重要的意义。”当时自然灾害多，“这些高产而抗旱的粮食不知救活了多少中国人的性命”，使得中国人口跳跃式增长。今天中国人所吃的食物中有 37% 原产于美洲。

在明清易世前后，欧洲历史上最长的战争结束，建立起“威斯特伐利亚体系”，确定国际关系中应遵守的国家主权、国家领土与国家独立等原则，也是当今世界秩序的基础。那么，这对中国影响如何？

有人认为大清对国际法一无所知，其实不然。与俄国在东北发生军事冲突时，康熙委派代表团前往尼布楚（今俄罗斯涅尔琴斯克）谈判，签订《尼布楚条约》，这是中国历史上第一次以“中国”作为主权国家的国际条约。这应该是一份比较公平的条约。然而，此后至 1839 年的 150 年间，中国不论官方还是非官方文献，都没有再涉及国际法的记载。这表明清政府并不愿意把谈判的经过公之于众，清政府对国际法实施了封锁。

1793年英国外交使团访华，中英双方都非常重视。英国官方函写道：

为了对贵国皇帝树立友谊，为了改革北京和伦敦两个王朝的友好来往，为了增进贵我双方臣民之间的商业关系，英国陛下特派遣自己的参议官、贤明干练的马戛尔尼勋爵作为全权特使，代表英王本人谒见中国皇帝，深望通过他来奠定两者之间的永久和好。

但中方认为英国使团只是来为乾隆祝寿，强求马戛尔尼行三跪九叩之礼。马戛尔尼以死相拒，因为他认为自己是“西方独立国帝王所派之钦使，与贵国附庸国君主所遣贡使不同”。针尖对麦芒，互不相让，最终不欢而散。不过，著名近代史专家马勇最近在《历史的季节》序文当中否定这种说法：

假如我们仔细阅读马戛尔尼来华史料，还可以发现中方之所以对英国使节前恭后倨，除了文化差异之外，可能还与四年前发生在巴黎的骚乱——后来被命名为“法国大革命”有关，甚至是直接原因。

说白了就是：乾隆被法国大革命的恐怖吓坏了，慌忙关上国门。打个不太贴切的比方，当年的中国好比有女初长成，求婚者挤破门槛，可是清统治者有私心，苛求上门入赘做儿子，求婚者不愿意，清统治者便紧闭门户，将女儿幽锁深闺。为此，乾隆还赋诗自鸣得意：

间年外域有人来，宁可求全关不开。
人事天时诚极盛，盈虚默念俱增哉。

《清史稿》评价康熙：“虽曰守成，实同开创。”这时期，清王朝的疆域达鼎盛。而这个盛世结束时，即乾隆转嘉庆之际，将清王朝一分为二，前期从政治、经济、军事到社会、文化等，均呈整体上升之势；嘉庆开始，内忧外患，双重困扰之下，清王朝迅速走向衰落。

39 同光中兴：凤凰涅槃

（公元 1861—公元 1894 年）

表面光鲜的“康乾盛世”，潜伏着诸多危机。1796 年正月初一，85 岁的乾隆将皇位禅让给太子嘉庆，自己当太上皇，享清福去了，但没几天就爆发声势浩大的白莲教起事。钱穆认为：“此后满清政府即使不遇到中西交通，没有西洋势力侵入，不久也仍得垮台。”

嘉庆很想有一番作为。1799 年乾隆死，第二天嘉庆就打响亲政第一炮——贬大老虎和珅并抄他家，惊天动地，人们欢呼“嘉庆新政”。然而，嘉庆反腐并不彻底，吏治并没有多少改观；但在闭关锁国方面倒是更严厉，特别是英国再派使团访华失败。嘉庆仍然幻想侥幸独立于世界潮流之外，连雍正、乾隆时期已经试行解除海禁的政策也大开历史倒车。

嘉庆死，其子道光继位。道光生活简朴，穿带补丁的裤子，大臣们跟着缀一块圆绸于膝间。然而，对一个皇帝来说，光节俭有什么用？他一方面不把英国舰队将远涉重洋而来的消息当真，另一方面又认为英军来了也不怕，盲目地放大自己的优点和敌人的缺点。

中外贸易冲突不断激化，1840 年鸦片战争爆发，中国近代史由此开始。

1842 年签订《南京条约》，这是中国近代史上与外国签订的第一个不平等条约。柏杨在《中国人史纲》一书中写道：

> 这一场战争，事实上是贸易战争，不是为鸦片而战，而是为贸易而战。但它却是由鸦片引起的，而且人们也乐意把这项肮脏的罪名加到侵略者头上，所以称它是鸦片战争。

而英国方面则称“通商战争”，自始至终都没有宣战，只是军事报复行为（reprisal），而不是正式战争。他们不喜欢正规帝国及其统治成本，而热衷建立以私有财产和自由贸易为基础的新的世界体系，将当时的海外战争大多视为“规训”：你不遵守新的世界体系游戏规则，就讨伐你！这显然是野蛮的，好比求婚不成就抢亲。

1861 年道光死，同治继位。同治时年 6 岁，由亲王载垣等人摄政。不久，慈禧等人政变夺权。慈禧是道光的妃子，同治的生母。同治长大擅长房中术，年仅 19 岁就挥霍完卿卿性命，由其侄光绪继位。光绪年仅 5 岁，慈禧再度垂帘听政。慈禧实际执政长达半个世纪。

内部平叛

广东花县洪秀全 3 次科举落第，便砸了孔子牌位，说是信奉基督教，自行洗礼，到处传教，1851 年组织反叛，很快攻克江宁（今南京），建“太平天国”，然后北伐西征，先后攻克 600 余个城市。英国等本来表示中立，还派驻华公使访问太平天国。没想他们也认为“尔海外英民不远千里而来，归顺吾朝”，要求匍匐在地行礼。于是，英国改而与清政府成立“中外会防局”，派“洋枪队”共同镇压太平天国。八旗和绿营吃不消，清统治者非常恐慌，不得不放开对汉族官员的限制，10 名总督中有 9 名是汉人，15 名巡抚全是汉人。

同时，令汉官在自己家乡组建团练，曾国藩、李鸿章、左宗棠等人都是在这样的背景下脱颖而出的。

此前不久云南曾发生回民起事，被镇压。有人逃回老家渭南，又发动民变，说是要将陕西的汉人杀光，在那建一个纯粹的伊斯兰教国家。左宗棠率军进击，对回民剿抚兼用，“拒纳降，斩立决”。

运用“国际法”对外

第二次鸦片战争后，列强相信清廷会“门户开放”，清廷则不再留恋“朝贡体系”，设总理各国事务的衙门，开始重新利用“国际法”与西方打交道。1864 年，欧洲的普鲁士与丹麦尚在战争，普鲁士驻华新公使李福斯在进北京途中，发现 3 艘丹麦商船即令俘获。清廷总理衙门根据《万国公法》，认定这种将欧洲战火扩大到中国“内水”是非法的，便拒纳李福斯进京，迫使他认错，支付赔偿金 1500 美元。总理衙门还将《万国公法》翻印 300 部，供各省官员学习备用。

对于外患的认识，清廷有分歧。“海防派”以李鸿章为代表，认为日本很可能会攀附欧洲，以欧洲代理人的身份争取东亚霸权，因此是最危险的敌人。“塞防派”以左宗棠为代表，认为抗俄急于抗日，林则徐还预言：“终为中国患者，其俄罗斯乎。吾老矣，君等当见之。”《尼布楚条约》确立黑龙江和乌苏里江流域包括库页岛在内的地区属于中国，俄却强迫签订《瑷珲条约》，改以黑龙江为界，乌苏里江以东的中国领土由中俄共管。墨迹未干，又逼迫签订《天津条约》《北京条约》等。柏杨说：俄国不费一枪一弹，只凭恐吓和诈术就硬生生夺走 98 万平方公里中国领土。

中英这时期相对友好。“小刀会起义”后，上海海关的官员都跑了，没人收税，英、法、美三国领事各派一人成立“税务司”，代理清政府收税。两年后清政府返上海，税务司将 70 余万两税款全部移交，比往常还多。清政府惊赞不已，曾国藩曾在私信中赞叹道：“洋人代收海关之税，犹交还七十余万与监督吴道。国藩尝叹彼虽商贾之国，颇有君子之行……非匈奴、金、辽比，天下后世必有另一段论断。”于是，清政府将全国 14 个海关全部委托英国人代理。但英国拟从缅甸修一条到云南的铁路，没事先与当地交涉，引起冲突，后经协商和解。英国从哲猛雄（今锡金）修路到西藏，也引发冲突，经协商清廷承认哲猛雄归英国保护，西藏门户从此被打开。

法国与中国本来十分友好，路易十四称中国“虽不能至，心向往之”，建立凡尔赛——北京轴心，后因法国大革命爆发而中断。这时期中法开始爆发冲突。法国成为越南的保护国，中法多次争夺。清廷承认法国与越南订立的条约，战火仍燃到中国本土。法国舰队突袭福建水师，中国船舰被击沉 7 艘。清廷对法宣战，在镇南关（今友谊关）等地大败法军，法国内阁因此倒台。《中法和议草约》签订，中国军撤出越南，法国解除对台湾的封锁。

1517 年葡萄牙商人及官员到广州，与明廷交涉，被视为近代中国与欧洲接触的开端。葡萄牙人租借澳门，并开始与中国的贸易。1887 年签订《中葡草约》，给葡萄牙享受最惠国待遇，澳门成为欧洲在东亚的第一块领地。

清廷认为：“英、法、美三国以财力雄视西洋，势各相等，其中美国最为安静，性亦平和。”清廷聘用刚结束驻华公使之职的美国人蒲安臣为中国政府的钦差大臣，代表中国出访世界，震惊外交界。中美《天津条约续增条约》规定两国人民往来“听其自便，不得禁阻”，明确规定美国支持中国主权和领土完整，不干预中国的内部事务。对此，普遍认为这是中国与西方第一次在平等基础上签订的条约。美国刚卸任的国务卿西华德访问中国，这是第一位访华的西方国家领导人。美国前总统格兰特访问中国，是西方国家元首首次访华。格兰特说：“我甚盼中国自强。”

日本一个军官到上海，想买魏源的《海国图志》没有而只有《佩文韵府》之类闲书，便断言：“口头尽说圣贤语，终被夷蛮所驱使。”当时琉球是中国属地，日本却封琉球国王为藩王，并在那设“台湾番地事务局”。清廷派沈葆桢率军到台，全面防御。在英国“调停”下，签订《台事专约三款》，日军退出台湾，清廷给“抚恤”银 10 万两。但不久日本改琉球为冲绳县。

“洋务运动”

鸦片战争后，清廷形成“洋务派”与“顽固派”，洋务派主要有奕䜣、李鸿章、曾国藩、左宗棠和张之洞等，认为必须虚心学习西方的工业技术和商业模式，以官办、官督商办、官商合办等模式发展近代工业。1861 年初奕䜣上奏《通筹夷务全局酌拟章程六条》，建议开展以富国强兵为目标的“洋务运动”，又称“自救运动”或“自强运动”。这些建议在太平天国等内乱稍平息后，陆续付诸实施。

军事方面创办的重要项目有江南机器制造总局、福州船政局、汉阳兵工厂、金陵机器制造局、天津水师学堂、天津武备学堂、北洋舰队、湖北枪炮厂等；民用工业方面的重要项目有发昌机器厂、天津机器制造局、华盛机器纺织总厂、开平矿务局、轮船招商局、继昌隆缫丝厂、兰州织呢局、上海机器织布局、漠河矿务局、湖北织布局；金融方面的重要项目有英国汇丰银行分行、英国太古洋行、德华银行、日本横滨正金银行分行等；文化教育方面的重要项目有外语学校同文馆、自强学堂，法政学校兰州府学吏局，以及《申报》《时报》和《新闻报》等。

然而，卜宪群在《中国通史》中痛心地写道：

中国在收获“同光中兴”经济成功时，没有适时实现社会转型，没有培养出自己的社会中坚阶级，这是最为可惜的一件事。它为后来的历史突变，为大清帝国的瓦解，埋下了一颗最具生命力的种子。

朝鲜国门被打开，亲华的闵妃统治集团即“后党”虽然效仿中国“洋务运动”，但总体“事大守旧”。1884 年，亲日的开化党发动政变，占王宫，杀后党人士。后党向清廷求援，袁世凯率驻朝清军镇压，开化党被瓦解。1894 年，朝鲜东学党又起事，旨在“除暴救民”。清廷应朝鲜政府之邀请出兵，可是日本也出兵，中日在朝鲜发生战争。结果，清兵惨败，“同光中兴”戛然而止，清王朝也进一步走向深渊。

第八章

从近代到现代

通过“洋务运动”，西方科学技术极大地促进了中国近代化进程，迅速涌现了一批与世界先进水平接轨的近代企业，培养了一批重要人才，中国的海军实力则跃居亚洲第一、世界第六，综合国力大大增强。然而，比实力更显著的是一些国人的浮躁。

“天朝”体制被打开一个又一个缺口。本来，清廷坚持将所有西方国家视为“藩属”，只允许与中国沿海的地方政府打交道——你们都是我儿子辈。西方则坚决要求平等相处，直接与中央政府打交道。同治亲政时，清廷没法拒绝西方使节再次要求按国际惯例向皇帝递交国书，只能坚持“惟拜跪之礼最关中国国体，首先议定”，为此激烈争执了4个月，最后商定在国际惯例三鞠躬上加两个鞠躬。但对日本，清廷仍要求跪拜之礼，结果被当场拒绝，日本使臣甚至连五鞠躬也没有，只行了三揖之礼。昔日“小日本”竟然变得如此傲慢，令大清朝野满腔愤恨。

大清的“属国”只剩一个朝鲜。可是日本却还要来插一手，眼看这最后一个也难保，大清自然难容。当时有个著名“愤青”，名为张佩纶，是李鸿章的女婿，也是袁世凯的亲家、张爱玲的爷爷，进士出身，官至二品。中法争执刚起的时候，张佩纶多次上书主战。可是真被派到福建战场指挥御敌，他却坐视法国军舰入侵闽江，福建水师全军覆灭。事后遭弹劾，却因左宗棠等人说情，让他逃过一劫。中日在朝鲜发生矛盾，张佩纶又整天呼吁“奉辞伐罪”，认为日本“洋债日增，穷困弥甚”，一旦“天威所至，有不倒戈相向者乎”？曾国藩的孙子曾广钧还说此战不仅会胜，还要将日本从地图上抹掉，变成中国的一省。好像收拾“小日本”跟捡田螺一样，英勇的清军一出动他们就得闻风而降，朝廷不开战就是卖国贼。在这种社会思潮中，对日战争只剩时机问题。

北洋水师的实力表面看似雄厚，拥有德国、英国造的舰船25艘，其中2000吨以上的主力舰7艘，其中“定远”“镇远”两艘为7000吨级的铁甲舰，总吨位达27000吨，而日本只有5艘，总吨位不足15000吨，根本不是对手。然而，北洋水师成立后即处于停顿状态，主要将领不懂海军，而且贪赃枉法，以次充好、以假当真现象严重，使得军舰的实际战斗力大打折扣。所以，对于是否出兵朝鲜，清廷争议很大。

可是刚亲政的光绪太渴望战功了！他令李鸿章立即率兵入朝。李鸿章了解实情，不敢跟着瞎激动，忠告“不可急于一时而落入日本圈套”，建议“避战求和”，等实力充足后再打“持久战”。主战派大批李鸿章软弱，光绪急切地下令：“迎头痛击，悉数歼除，毋得稍有退缩！”

结果北洋水师全军覆灭。第二年签《马关条约》，中国割让辽东半岛（后因俄、德、法3国干涉而未得逞）、台湾岛及其附属各岛、澎湖列岛给日本，赔偿2亿两白银等。《马关条约》是继《南京条约》以来最严重的不平等条约。其第一款确定：“中国认明朝鲜国确为完全无缺之独立自主，故凡有亏损独立自主体制，即如该国向中国所修贡献典礼等，嗣后全行废绝。”这就意味着“天朝体系”最终崩溃。

不仅如此。日本讲谈社《中国的历史》评述说：

甲午战争以清朝的惨败告终。这不仅意味着长期以来作为东亚世界秩序的朝贡体制的崩溃，同时也意味着19世纪后半期中国尝试的洋务运动受挫。特别是败给“同文的小国”日本，人们受到巨大的打击。主战派的一些官员也主张，即使暂时忍受这种耻辱，朝廷也不能等闲视之，应该采取手段。除了自强，别无他法，强烈呼吁有必要以中央政府为中心进行政治改革……洋务运动中一贯显现的儒教文化毫不动摇的信心，体现出诞生古典文明的中国社会所具备的对异文化的姿态。甲午战争后“日本模式”被大肆宣传这一事实，体现出两次鸦片战争都未曾动摇的“中华”信心，经过这场战争的失败终于发生了变化。

比舰毁人亡、割地赔款、“朝项体系”崩溃更为严重的后果是：千古“儒教文化毫不动摇的信心”被动摇了！

理学本来在乾隆后期已开始式微，“士大夫皆不尚友宋儒”。道光至光绪初期，内忧外患日重，本当人心思变，却惊现“理学中兴”。他们“中兴”了一些什么呢？帝王师倭仁说：“性命之理，著落在君臣、父子、夫妇、兄弟、朋友其中。”他们重推理学的目的是与专制下的宗法制度、道德伦理紧密结合在一起，进一步禁锢全社会的思想。他们一方面不承认西方文明，名儒王闿运坚持说西洋人属于“夷狄”，只是“通人气”后学得诈伪的“物”，不可能创造出比大清更优秀的行政体系。另一方面是强纳西方为学生，如另一个名儒刘锡鸿，出使过英国德国，亲眼见过西方文明，无法否认事实，便歪曲说他们是因为来中国“得闻圣教所致”，但只是学得儒家“圣教”的皮毛，大清不必向他们学，只要恢复“祖宗旧法”即可。他们疯狂地反对“洋务运动”，试图将政局拉回闭关锁国的时代。宋人《北梦琐言》早就抱怨“儒生中通变者鲜矣”，千年后，面对世界巨变，儒家之保守依然如此！

而日本为什么能赢中国呢？被西方列强打开国门之时，日本对儒教文化进行了深刻的反思。福泽谕吉在《脱亚论》中写道：

我日本国土虽位居亚细亚的东边，但其国民的精神已脱去亚细亚的痼陋而移向西洋文明。然而不幸的是近邻有两个国家，一个叫支那，一个叫朝鲜。这两国的人民为亚细亚流的政教风俗所培育，与我日本虽无大异，但或许是因为人种的由来有所不同，处于同样的政教风俗中，其遗传教育之旨却有不同。日支韩三国相对而言，支韩更为相似，此两国的共同之处就是不知国家改进之道，在交通便利的现世中对文明事物也并非没有见闻，但却视而不见，不为心动，恋恋于古风旧习，与千百年前的古代无异……间接地会成为我外交上的障碍，是我日本国一大不幸。故今日我国之上策，与其坐等邻国开明而共兴亚洲，毋宁不与他们为伍，而与西洋文明共进退；与支那朝鲜接触时，也不必因为他们是邻国就特别客气，而以西洋人的方式处理即可。与恶人交友就难免恶名，我们要从内心里谢绝亚细亚东方的恶友。

这段文字我们今天读来也很刺眼，稍可聊以自慰的是其所指为清朝。孟母也知三迁啊，怎能长期与清朝、朝鲜这些"痼陋"为伍？日本民众一下就被福泽谕吉说服了，开始实行千古大改革，舍近求远，与亚洲诀别，改而"与西洋文明国家共进退"。日本的"明治维新"比清王朝"洋务运动"更迟，却更富有成效。麦克尼尔在《世界史》中写道："在1850年以后的几十年中，欧洲人以一队炮舰或一支哥萨克骑兵就能轻易地在亚洲大帝国中执行遥远的欧洲政府的意愿，而这主要是因为亚洲的内部衰落而非欧洲自身的强大"，"没有哪个民族对西方的优势的反应像日本人做得那样尽力和成功"。

光绪清醒地认识到"明治维新"的成功经验，决心向日本明治天皇学习，于是退而结网，老老实实补上体制改革的功课。慈禧本来也不大保守，她曾明说：

变法乃素志，同治初即纳曾国藩议，派子弟出洋留学，造船制械，凡以图富强也。

康有为有个说法很有意思：区分"变事""变政"与"变法"，最重要的是"变法"。1898年6月11日颁发"明定国是"，宣布变法，随后又发出数十道改革令，史称"戊戌变法"。这次变法主要内容是：经济方面设立农工商局、路矿总局，提倡开办实业；修筑铁路，开采矿藏；组织商会；改革财政，取消旗人由国家供养特权，令其自谋生计。政治方面允许士民上书言事；改订律例；裁撤冗员；澄清吏治。军事方面裁汰绿营，编练新军，添置船舰，扩建海军。文化方面废八股兴西学，设立中小学堂，创办京师大学堂；设译书局，翻译外国书籍；允许设立报馆、学会，派留学生，奖励科学著作和发明。黄仁宇在《中国大历史》一书中评论："如果这套工作可能因皇帝龙椅前之公告而完成，则中国应当立即成为一个现代国家。"

如同历史上每一次改革，这一次改革也必然触痛一些既得利益者。例如取消旗人由国家供养特权，旗人能没有意见吗？文官武将也反对，因为他们看不懂西方的书，不会用洋枪洋炮，也不屑于学。他们才不管什么国家根本利益，只关心自己的小利益。于是，立即以种种方式"出死力以阻挠之"。如军机大臣们叫嚣"开制度局是废我军机也，我宁忤旨而亡，必不可开"，公然抗拒光绪的圣旨。

满族大臣文悌则上纲上线，挑拨令人敏感的"满汉关系"，指控这次变法是"徒欲保中国四万万人，而置我大清国于度外"，"保中国，不保大清"。他们跪请慈禧太后重新垂帘听政，甚至密谋废除光绪，另立皇帝。才5天，太后就迫使光绪连下3谕，并夺取了人事任免和京津地区的军政大权。9月21日凌晨，她突然从颐和园赶回紫禁城，将光绪囚禁，宣布由她临朝训政。紧接着，下令追杀变法派主将康有为、梁启超，逮捕谭嗣同等人并杀害。至于新政，除京师大学堂（今北京大学）之外，全都废止。这次变法仅持续了103天。

日俄战争爆发后，"小日本"又打败庞然大国沙俄，这让更多中国人惊醒。日俄战争尚未结束，清廷便急切地委派镇国公载泽等人出洋考察。此举倒是引起革命党不满，搞自杀式爆炸，但没能吓阻出国考察团的脚步。两路出国考察人马回来，作出明确结论"宪政有利于国，有利于民，而不利于官"，并明确建议：我国宪法应仿效日本，兵农工商应学习日本和德国，政治方面则首先应实行满汉民族平等，实行"君主立宪"制。于是清廷加快改革的步伐，宣布预备立宪。马勇在他《重寻近代中国》一书写道：

1906年这个时候，皇族和满洲贵族确实是支持清廷走上政治变革之路的，确实是力主君主立宪权力分享的。反对君主立宪，反对政治变革的确实有一股力量，但这股力量并不来自皇族，也不来自满洲贵族。

那么，到底是谁还在顽固反对呢？例如御史刘汝骥建言“大权不可旁落，总理大臣不可轻设”；御史赵炳麟说责任内阁“行之日久，内外皆知有二三大臣，不知有天子”；吏部主事胡思敬指责君主立宪是“窃取外国皮毛，纷更我国制度，惑乱天下人心”……这全都是字正腔圆的儒腔儒调。

在这种情况下，慈禧没再犹豫。1908 年 8 月，慈禧去世前一个月，颁布《钦定宪法大纲》及《九年预备立宪逐年推行筹备事宜清单》，明确用 9 年时间走完日本 20 多年的改革之路。此举明显超过了“戊戌变法”，史称“清末新政”。

但是总有些既得利益者极其自私而又顽固，让人们迟迟无法相信清廷改革的诚意。原来各部设尚书 2 人，满汉各 1 人；侍郎 4 人，满汉各 2 人。现在说是取消满汉之别，任人唯贤，结果却是 11 部 13 个大臣和尚书当中，满族 7 人，蒙古族 1 人，汉族仅 5 人，满汉的比例反而扩大。这引起社会极大不满，革命党转入武装暴动的新阶段。慈禧和光绪偏又相继死去，年仅 3 岁的溥仪继位，其父即光绪的弟弟载沣摄政。鉴于“主少国疑”的新形势，改革派强烈要求加快立宪步伐，各地纷纷请愿要求提前召开国会。严复被誉为向西方寻找真理“先进的中国人”之一，著名的宪政史专家王人博称其《天演论》“超过了中国自鸦片战争以来到今天为止所有的学术著作”，他坚定地反对革命。严复说：“以中国民品之低劣，任何先进社会制度都不宜在中国骤然推行。”他与孙中山会谈，主张中国只宜先发展教育，缓慢改革。孙中山则心急如焚，回答说：“俟河之清，人寿几何？”是啊，人寿不能让一代代等下去，列强更不会坐等中国慢慢改。

在这刻不容缓的历史时刻，载沣等人依然漠视民众的情绪。1911 年 5 月新设责任内阁 13 名大臣名单中，满族 9 人，其中皇族 5 人，汉族仅 4 人，令人大跌眼镜。都察院转呈咨议局重组内阁的呼吁，得到的答复是：朝廷用人系君上大权，议员不得干预。议员不得干预国家大事，那就只能坐等革命党干预了！改革派终于醒悟：跪着求变革不可能完成历史使命。于是，改革派纷纷转而投身革命派。梁启超绝望地说：将来世界字典上决无“宣统五年（1913 年）四字连属成一名词者”！梁启超一语成谶，只是还嫌保守些，“宣统四年”之词都毁在这份名单上，当年 10 月就爆发了辛亥革命。

其实，辛亥革命仍然没有立即葬送清廷。著名历史学家马勇说：“如果说在这之前让清廷自我纠正两个致命失误比较困难，其实武昌起义给清廷提供了一个契机，只是清廷没有善待这个时机……”为什么清廷还不能善待这个时机呢？卜宪群在《中国通史》中深刻地剖析道：

在最近二百多年的统治中，极端的君主专制将官僚体制内的生物成功改造成了一种习惯匍匐、人格低下的奴才，他们贪恋的仅仅是权位和金钱，而对国家的整体利益和长远命运没有任何考量。原因一点都不奇怪，在极权主义的政治文化中，以政府名义做出的罪恶行为的后果是由全体人民来承担的，从未有人试图去追究参与决策者个人的责任。这就导致了以损害国家整体利益和长远利益为个别集团谋取私利的行为甚嚣尘上，在大多数时代甚至搞到王朝都要分崩离析的地步，那些利益集团依然不愿罢手。

直到 1912 年初，“宗社党”还在密谋打倒内阁总理，与革命军决一死战，逼得京津同盟会采取“斩首行动”。接连发生暗杀事件后，宗社党闻风丧胆，才无人再出头，纷纷逃匿。2 月 12 日正式让位给中华民国，结束千古帝制。

中国取消皇帝这一天，载沣抱起溥仪，轻松地说：“现在好了，我们也可以回家了！”次日，英国《泰晤士报》刊载北京发回的报道说：“北京很安静。清帝退位诏书已经被人民普遍接受……一切如常。”

中华民国是亚洲第一个共和国，它并非一帆风顺，而是几曾复辟。日本的野心也还没满足。日本有不少“兴亚主义”者，认为亚洲是亚洲人的亚洲，西方列强才是日本的主要敌人，应联合中国对抗西方的入侵。“明治维新”主要功臣伊藤博文就说："中国强，日本才能强。中国好，日本才能好。"但又认为清政府太腐败，必须打痛它才能结盟。八国联军侵华后，大多数列强很快撤军，只留少数象征性兵员，只有日本例外，"合法"地驻军华北，直到 1932 年扶持在东北建立伪"满洲国"，1937 年开始全面侵华。

1938 年日本外相发表"建立东亚新秩序"宣言，表示要"以日、满、华的牢固结合为基础"，包括中国、朝鲜、印度支那、缅甸、泰国、马来西亚、菲律宾、荷属东印度（今印度尼西亚）、澳大利亚、新西兰、英属印度（今印度、巴基斯坦、孟加拉国）、阿富汗及太平洋上的所有岛屿，日本则为这"共荣圈"的核心和领导者，由日本来垄断"共荣圈"的丰富资源和广阔市场，并同英、美展开持久战争。《危世图存》中写道：

当时，日本人公然声称"支那固陋而自灭"，是"文明早已过去，六经早已扫地之国"，而"日本自觉地意识到自己作为亚洲民族，代表了与西洋文明相对的东洋文明"的趋势，福泽谕吉还认为日本在东洋文明化进程中已经是当然的盟主和领袖。日本要取代中国文明地位的野心，昭然若揭。我觉得中日当今矛盾的深层根源仍在于此，而不是那个区区荒岛。

日本过于迷信"明治维新"的成功及中日甲午战争、日俄战争的胜利，从古代迅速跃入近代，却很快滑入军国主义。中国越来越多人具有近、现代意识。马勇在他《重寻近代中国》一书的自序中说：

从 1927 年到 1937 年，是中外史家公认的"黄金十年"。中国的资本主义，中国的现代化，在这十年获得了长足发展。如果没有这十年的发展，中国没有办法在 1937 年与日本开战，即便勉强开战，结局也不会太好。

1945 年抗日战争胜利，中国成为第二次世界大战重要成果——联合国的主要发起者之一。“那时的中国在经济上尽管还很穷，但中国在不知不觉中重回世界中心，成为战后国际秩序主导者、建构者”。

这之后中国的现代化之路仍然诸多坎坷，但总体上在一个寻求正确的方向上。特别是1978年开始的改革开放，使中国开始“重回世界中心”，并努力成为新的“国际秩序主导者、建构者”——习近平总书记力倡建构“人类命运共同体”。

20世纪80年代，日本还整出一个“雁阵模式”，即日本提供资金、技术、管理经验，为领导者，作雁头；亚洲“四小龙”“四小虎”提供廉价劳动力和资源为雁体和两翼；而中国则是最低级的成员，提供原材料、能源及技术含量最低级的工业品，为雁尾。这显然是“大东亚共荣圈”的翻版，只不过军事版与经济版之别。经济版“大东亚共荣圈”也一度有模有样，当时日本人毫不遮掩地高喊：“买下美国！”现在看来，日本经济总量已让位于中国。

军事版与经济版中日之争都见分晓了，那么文化版呢？中华文明能够重现辉煌、让日本悦服吗？新加坡国立大学、东亚所高级研究员郭良平新近撰文说：

> 在当今世界当头，靠武力征服早已行不通了，必须具备的基本条件是世界范围内的认同和追随，即别的国家和人民自愿接受你的价值理念、先进制度、做法和政策，自觉地学习和效法。

这里所谓别国自愿接受、自觉地学习与效法，就是我们古人所谓让远人“悦服”，“修文德以来之”。众所周知，历史上周边包括日本在内的众多国家曾经长期“悦服”儒家文化。欧洲也曾一度非常推崇中国儒家，挪威国防参谋部中国分析师小高及史蒂格·史丹斯利的《被扭曲的中国》一书，还专门有一图总结从马可·波罗到第二次世界大战时期西方对于中国看法的变化：

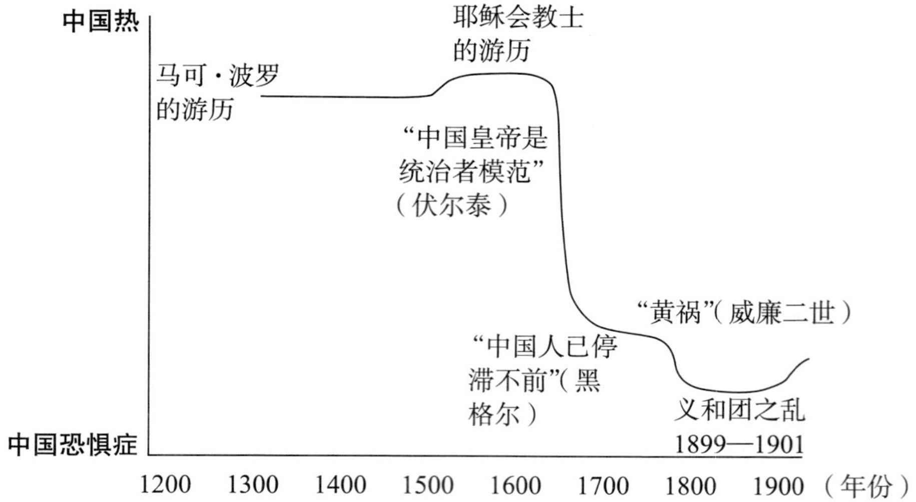

西方对中国的看法：从马可·波罗到第二次世界大战

在那场“中国热”当中，西方甚至认为：“哥伦布在美洲发现了新大陆，耶稣会士们在中国发现了东方文明”，“孔子启蒙了伏尔泰，伏尔泰启蒙了西方”，“柏拉图在《共和国》中作为理论叙述的理想，在中国已经被付诸实现”。特别是当时法国社会分三个等级：第一等级是教士和僧侣，第二等级是国王和贵族，第三等级是平民、商人等资产阶级和无产阶级。第一、二等级享有免税权，国家税赋全由第三等级承担，而在权利方面却相反。所以，差不多这时期，他们第一次听说中国圣人主张“民为贵，社稷次之，君为轻”，对中国崇拜到“何其荒谬和可笑”的地步。法国文豪伏尔泰认为中国是“举世最优美、最古老、最广大、人口最多和治理最好的国家”，毕恭毕敬在自己书房中挂着孔子像，每天一起床就向孔子行礼，并公开呼吁“全盘华化”。然而，他们深入中国一了解，却发现实际状况跟“民为贵，社稷次之，君为轻”恰恰相反……

中华文化能够第二次让西方“悦服”吗？

前文有述，“三代之治”是中国儒家热盼了几千年的政治童话。差不多与“中国热”同时，晚清也有一种“西方热”，用“三代”解读西方。第一次鸦片战争刚结束，福建巡抚徐继畬著《瀛寰志略》，惊叹美国“推举之法，几于天下为公，浸浸乎三代之遗志”。中国第一个驻欧大使郭嵩焘也在日记中写道："三代以前，独中国有孝化耳……自汉以来，中国教化日益微灭，而政教风俗，欧洲各国乃独擅其胜。其视中国，亦犹三代盛时之视夷狄也。"洋务运动主要领导者之一薛福成及曾纪泽、郑观应、康有为等人，都曾发表过类似看法，过度美化西方。最耐人寻味的是前文提及的刘锡鸿，他在《英轺私记》中如实记载观感：英国"真是仁义之极端也"，"诚未可以匈奴、回纥待之矣"。可他一回朝廷，腔调就全变了，一是反对商业，认为"官中多一商贾，即国多一蠹，民多一贼。岂政令不讲，民生不恤，而惟船炮机器之是恃，遂足治天下邪？"二是反对近代工业，认为"一意讲求杂技，使趋利之舟车，杀人之火器，争多竞巧，以为富强，遼谓为有用之实学哉？"三是反对军工近代化，说"如必欲用机器以壮军心，可令教操洋人代为购办，不必开局自制"。四是反对近代科技，认为"彼之实学，皆杂技之小者"。五是反对开铁路，专门写一篇长达 7000 字的《仿造西洋火车无利多害折》，说"火车实西洋利器，而断非中国所能仿行也。臣窃计势之不可行者八，无利者八，有害者九"，导致把买回国的铁轨运去沉海，中国铁路事业被延迟数年。中国的现代化步履似乎显得特别蹒跚。

现代化从某种意义上说就是"全球化"。一个人群从一盘散沙聚成国家，都必须历经游团、部落、酋邦、国家 4 个阶段，只不过某些人群或在某个阶段有快与慢之别。回眸鲜卑人、契丹人、女真人等"汉化"的历程，就不难理解如今"全球化"之艰难，但由此也信心倍增。许倬云在他新著《万古江河》一书的最后激情澎湃地写道：

> 中国曾经自成局面，俨然东亚天下的中心，中国文化的发展，也俨然有自己的过程。其实，中国从来不能遗世而独立；中国的历史也始终是人类共同经验的一部分……我们必须学会在互谅互信中，彼此扶助，相搞相将，完成人类文明另一次的重大突破……万古的江河，不只属于中国，也属于全人类。

读史当明势！

小结：只有明势，才可能真明智

我对朱熹多有批评，但对他的“史书不好看，损人神气”一说，却颇为赞同。

这本小书着重写盛世（治世、中兴），即历史上那些被认为最好的时光，却也“不好看”。如果用铁路比喻历史的话，那么这列历史的火车是从陕西驶入四川，或者从江西驶入福建，隧道一个接一个，没几分钟光亮又重陷黑暗。

其实，在过去几千年那个漫长的丛林时代，全世界都是“帝国的坟场”，外国史书也“不好看”，换言之人类的历史都“不好看”。但近、现代越来越不同，可望越来越“好看”。

为什么历史的亮点也不“好看”？

所谓盛世（治世、中兴）大都是自吹，或者是其后代吹捧的，洋溢着自大与自负，其实不过矮个里挑高个，稍好而已，远不是理想时代。美籍华人学者杨联陞说，有一种“朝代间的比赛”现象。特别是宋朝之后，常有人列举若干条“本朝事胜前代之事”。其实，都该拿到洗衣机里甩一甩。

儒家对于历史盛世也不是很满意的，朱熹就明说：“其间虽或不无小康，而尧、舜、三王、周公、孔子所传之道，未尝一日得行于天下之间也。”在朱熹眼中尚且如此，在我们现代看来，显然更多遗憾。中国社会科学院古代史研究员孟彦弘最近著文说：

我们研究历史的人，常常是从事后看，从国家利益来着眼，其实，我们还是要站在当时、普通人的立场来看。要以人为本。许倬云说，二十世纪许多坏事，都是打着国家、民族的旗号干的。他只认两头，一头是人类，一头是个体。我很认同。

现代应“以人为本”，多着眼当时普通人的生存状况。历史上动辄株连九族，甚至包括河对岸的邻里。我曾在《中国盛世》新书发布会上说：

我绝不是“厚古薄今”，也不算“厚今薄古”。不鼓励读者去崇拜我所认为一流的盛世，不是跪着写，也不希望有人跪着去读。事实上，历史上任何所谓盛世都不完美，至少有一大理由不值得我们现代人去羡慕：比如我是个良民，此时此刻老老实实规规矩矩坐在京城这里，可是老家一个亲戚涉嫌谋反，甚至只是街坊邻居，我就得受株连，你说我坐在这里能安心吗？能幸福吗？

所以，我总觉得：现代社会只要稍具民主与法制，就要比历史上最好的盛世更好！

历史上的盛世不值得我们现代人推崇，不值得我们现代人讴歌，但值得一读，值得三思，也有些值得借鉴利用之处。

民国初年学者李宗吾读遍四书五经、诸子百家与二十四史，忽然从三国曹操之流那里大悟：“古人成功的秘诀，不过是脸厚心黑罢了。”此论在报纸一出，读者哗然，每每叹息：“我谋事失败，就是不讲《厚黑学》的缘故。”又有人说：“某某声威赫赫，就是《厚黑学》研究得好。”这书在华人世界畅销不衰。某版《厚黑学大全集》，在封面就显著地诱导说：

《厚黑学》被誉为“民国第一奇书”，近年来更被视为一部不可多得的“成功学”巨著。足本珍藏，尽得“厚黑”精髓。识此术如手握尖矛厚盾，进可拓土，退可守成。只要用之以正道，自可为一己谋成功，为大众谋福利。

对此，我实在不敢恭维。问题还在于，这样的历史实用主义绝不只是“不入流”的书及草根读者。香港大学一位教授新近在某丛书中导读经典名著，强调“《战国策》的当代意义”：

一、当今国际形势复杂，有心于外交者，或可从此书有所启悟；

二、考察历朝历代之兴衰，六国之覆亡，秦国之独大，既有各自的内部因素，又是彼此之间的相互作用所产生的博弈结局，不同界别之人士均可引以为鉴；

三、策士之忍辱含垢，辅助诸侯以问鼎中原，足为职场中人之学习典范。

当今国内国际当真还需要春秋战国那类礼崩乐坏、不择手段、你死我活的竞争术吗？如果还需要，那将是多么可怕的前景啊！我总觉得当今之世，不论国际还是国内，更需要的是讲共存、双赢甚至多赢，与历史上明显不同。

实用主义史观深入现代人之心，我总感到某种不安。我曾在《危世图存》中写道：

历史自然有实用性，对比历史上某人某事，我今天应当这样做某事，而不应当那样做某事，挺长智慧。但我想这不够！更重要的是得“读史明势”，即千古历史怎么走来，又将很可能怎么走去。对于一个知识分子或者执政者来说，这点非常重要。

在新书《历史的季节》中，我进而写道：

以“父母官”经验当今天的“公仆”，以“红顶商人”经验经营今天的市场经济，以“尊尊亲亲”之类的伦理处理今天“地球村”的人际关系，也许会有某些“成功”，但于社会发展何益？所以，我认为不能简单提倡“读史明智”，而应当提倡“读史明势”。

一些明君确也“读史明智”，但由于不“明势”，终逃不脱“明君难终”的结局。至少可追溯至周公吧，他们就非常重视总结夏、商之亡的沉痛教训，破天荒提出“礼乐之治”，只可惜无法避免“礼崩乐坏”。《过秦论》问世后，稍读点书的人都熟知秦二世而亡之辄，却还是“异于秦始皇者无几矣”。康熙雄心壮志非同凡响，他明确声明“元人讥宋，明复讥元，朕不似前人，辄讥亡国也，惟从公论”，试图结束那种后一代讥讽前一代的历史怪圈，立志不让后人讥讽，但他的“康乾盛世”却被现代史家公认只不过“回光返照”。所以，历史学本身的意义也常常受到质疑。

柳宗元说“封建非圣人意也”，其实凡势如此。好比中国的主要河流，从小溪到大江，尽管有无数的旋涡甚至逆流，它们最终还都向东奔到大海，这是西高东低地势所决定的。而历史的长河，是由人心所决定的。人，如俗话所说“一样米养百样人”，古今中外之人千差万别，但总有一些人性是相通的，永恒的。如果站立在村头村尾张三李四一个个盘点过去看不清的话，那么请站立在城镇的街头巷尾，站立在二十四史之上，甚至站立到月球上……

司马迁所谓“究天人之际，通古今之变”，就是强调历史要研究从古发展到今之“变”——变化之来龙去脉，变化之因果，而不是强调历史上有什么经验可以照搬到千秋万代。董仲舒所谓“天不变，道亦不变”，在“三千年未有之变局”之前，自有其理，因为那几千年当中的“天”基本不变，秦始皇治下与朱元璋治下没有质的变化，秦时的《商君书》之类“宝训”，完全可以拿到明时之用。而在明清易世前后开始，世界及中国都发生了“三千年未有之变局”，今日中国的政体是共和国，与历史上的专制王朝发生了质的巨变，

“道”还能不变吗？还能套用《商君书》那类历史之智吗？

对于我们现代读史者来说，首先得“明势”，明了哪些是顺势、哪些是逆势，才可能谈得上“明智”。否则，刻舟求剑，适得其反，在所难免。

那么，回眸这十余年专题读史，我印象最深之势有哪些？

一、不奢望哪个王朝来得干净

美国作家欧文·斯通在他《梵高传》一书中写道：

> 艺术家的作品和他的私生活，就像正在分娩的妇女和她的婴儿。你可以看她的孩子，但却不可以掀起她的内衣去看她是否沾满血污。

我对这话深有同感，但觉得看文物、读历史则相反，非掀开它“内衣”不得其要领。周文王、周武王是儒家最推崇的，可他们原来是商王朝的臣属，趁商军主力在东南与外敌作战，王城空虚的时候，勾结蜀、羌等西南夷八国盟军，武力夺取政权，你说这“仁”在哪里、“义”在何方？所以，他们只能拼命抹黑商纣王。再说大唐，古今中外盛赞不已，可它来得干净吗？且不说李渊是杨广的姨表兄弟并“世受国恩”，只说李世民的“玄武门之变”，陈佳荣就曾剖析：

> 事变表明，建成、元吉毫无戒备，而世民却蓄谋已久、事先设伏、亲射乃兄……至于从事变到登基仅仅为时两月，也说明杀兄弟、威逼老父乃世民长期设计之预谋；杀兄害弟之后，又诛灭其后以斩草除根，更表现其为人之冷酷绝情……李渊闻讯惊叹曰“不图今日复见此事！”这才道出古往今来为争权夺位而导致骨肉相残的普遍规律……

李世民政变成功后，写成是建成、元吉兄弟想谋害他，不得已先下手，似乎就变正大光明了。康熙恬不知耻自吹“自古得天下之正莫如我朝”，其实真相妇孺皆知。我曾在《历史上的60年》中坦言：

我对清朝比其他入侵中原的少数民族政权多一份反感，因为它不仅残暴，还是个无赖。蒙古人入主中原，那是因为南宋打不过它，不得不服输。况且，不争气的南宋还给了他们一些借口。清朝就不一样了。当时，吴三桂为红颜怒发冲冠之际，只不过是邀请他们帮忙一下，就像家里遭遇小偷，呼喊抓贼，哪知贼跑了帮忙抓贼的会赖下不肯走，还要杀了主人取而代之，相当可恶。

刘仲敬说：“如果美国人看上去比较好，那是因为他们把前半截历史留在英国了。”英国“光荣革命”说是不流血的革命，并不等于“试管婴儿”般圣洁。英国人民比世界其他国家人民更早对专制制度进行了反抗，当时人们说：“英国人让自己承受了砍头、割喉……辱骂和相互残杀（以宗教和改革为借口）等野蛮、非人道和残酷的方式。”也许可以这么说：正因为此前流血太多，用中国史书上常见的话说是“流血有声”，革命与被革命者都害怕见血了。当时逃到美国的英国人，大都是被迫害的清教徒和保王党分子。何况建国之初的美国也不美丽，并非他们一上岸就立地成佛，也曾用枪驱赶土著的印第安人，也曾发生南北内战，同样到处血腥呢。然而，贵族武夫出身的华盛顿确实华丽转身得太漂亮，惊艳千古。

多读一些历史才发现自己有点儿错，读历史有时也该如对于艺术家的作品和他的私生活，专注于作品好了！所以，我认为夺权之后才分出统治者的高下，更应当注重是否“华丽转身”，应当像赏荷那样，不明知故问是否出于淤泥。

二、明君难终

有些王朝、有些帝王或迟或早华丽转身了，可是“明君难终”。孔子那么推崇的尧，后期德政也衰落。李纯整治藩镇，中央权威重树，大臣李翱及时提醒说至此只有武功，文德方面尚需要从六方面努力，否则太平盛世没指望，李纯却还是就此在功劳簿上躺下，转而求仙，以至死于丹药，藩镇势力很快死灰复燃，唐王朝最终死于藩镇势力。这 43 个盛世、治世与中兴之主大都堪称“明君”，可你看当中有几人英明始终？

所以，相对于华丽转身，我觉得还有一种“丑恶转身”。早在 2000 多年之前，《诗经·荡》就长叹：“荡荡上帝，下民之辟。疾威上帝，其命多辟。天生烝民，其命匪谌。靡不有初，鲜克有终……”老天爷啊，你委命的天子怎么无不都有漂漂亮亮的初心，却罕有保持至终？

也许世上原本就没有所谓丑恶转身之事，只不过是装得太累了，不得不卸下面具而已。朱元璋称帝后对革命战友大肆杀戮是丑恶转身吗？朱元璋本来就是一个走投无路的小和尚，只是在流浪中被卷入起义队伍；只是偶得“浙东四先生”为谋臣，其中章溢忠告说“天道无常，德能感天，只有不嗜杀的人才能一统天下”，朱元璋才开始装斯文；只是在进京的前一年，才由宋濂给他披上“驱逐胡虏，恢复中华，立纲陈纪，救济斯民”的漂亮外衣。李自成进京没几天就烧杀淫抢是丑恶转身吗？李自成本来就只是一个乡下小职员，因丢失公文而丢了饭碗，又因杀了债主夫妇，不得不投靠起义军；多次陷入绝境，只因官军腐败或决策失误起死回生；又因偶得举人李岩等儒生为谋士，李岩劝李自成尊贤礼士，对内提出“杀一人如杀我父，淫一人如淫我母”，整顿军纪，对外则喊出“均田免粮”的口号，在民间散布说“闯王仁义之师，不杀不掠”，把一个穷途末路的流寇精心打扮成穷苦百姓的大救星。那些开国帝王，无不有高超的骗术。

所以，我特别感慨叔本华《论女人》中一句话：

印度教“圣城”贝拿勒斯（即瓦拉纳西）的神猿，这只猴子当它知道自己被视为神圣而挂上“禁止杀伤”的招牌时，他便为所欲为地横行起来。女人的横行与任性似乎尤有过之。

我觉得这话用来揭示人类普遍的本性，特别是帝王的本性，也非常贴切。古今中外越来越多人认识到：不要幻想“圣王”，而要将权力关进笼子！既然你想要权力，再不快意，装也得装到底！

三、呼唤“孔子的笼子”5.0 版

明君是靠不住的。现代人有个共识：必须将权力关进笼子。我想周公、孔子们对此认识早得多，只不过他们所说的是“礼”的笼子，而现代人所说的是“法”的笼子。我泛称儒学为“孔子的笼子”。

周公们所说的“礼”不是现代“礼仪”之类。塞缪尔·E. 芬纳《统治史》写道：“‘礼不下庶人，刑不上大夫’，这里的‘礼’（ritec）是‘社会约制’（social control）——接受是非标准后所形成的约束力。”北京大学中文系教授、先秦考古研究及中国古汉语研究专家李零，在他的新书《我们的中国》中解释得更通俗更生动：

“礼”就是古人的一大发明。“礼”是用来约束人的，让人听话，让人守规矩。所谓“教化”，其实就是人对人的驯化。古人的想法是，牲口都要驯，何况人乎……礼的本质是把人分三六九等，要人循规蹈矩，遵守这样的秩序。

“孔子的笼子”1.0 版不久就“礼崩乐坏”了，“孔子的笼子”2.0 版却“述而不作”。孔子主张“克己复礼”，明确强调对权力要“约之以礼”，但没一个权力买账。西汉董仲舒推出 3.0 版，用“天人感应”之类材料加以改造，神化专制秩序和等级制度，“孔子的笼子”终于开始畅销，但权力不仅没被关进笼子，反而成为提笼子的人。宋时朱熹推出4.0版，又加上“三纲五常”之类材料，变成主要囚禁臣民（包括女人）的铁笼，连异族来的权力都爱不释手，根本不用销，强行摊派下去，山沟沟里的老人小孩都人囚一笼。那些“乱臣贼子”尽管胆大妄为大逆不道，只要一提上“孔子的笼子”，民众就臣服了。如此，一方面因为帝王敢于公然胡作非为，而借口造“无德”帝王之反是正义的，造成中国历史上的造反事件比欧洲多得多；另一方面则形成中国历史的“超稳定结构”，国家也就跟着长期停滞，从领世风之先变成落后于世界。不过，一旦从农业文明步入工业文明，“三纲五常”与宗法社会的根基就开始动摇，儒家也就难以为继。

“孔子的笼子”从1.0版到4.0版，历经3000多年修修补补，主观上无不想对统治者进行适当的约束，结果却无不适得其反，变得越来越有利于集权专制，其根本原因就在于缺乏“法”的材料，同时越来越“革尽人欲”。

要正确对待有些传统文化的退位，这是一种历史的无奈。“文房四宝”及算盘之类退出我们现代人的书房，并不是说它们不优秀，而是说它们在电脑面前显得落后了，当断不断反受其乱。对于现实中的新问题，只能用深化改革思维去对待。比如老年化问题日益突出，为此搬出“二十四孝”之类实属“成事不足，败事有余”，正确的对策应当是建立和完善现代养老制度。

儒家文化自然不可简单比之“文房四宝”及算盘之类，“孔子的笼子”可以进行5.0版改造。新版务必弘扬“人”之性，即《孝经》中孔子所云“天地之性人为贵”，摒弃“革尽人欲”的4.0版及玄乎的3.0版，回到2.0版孔子那个时代。国学大师汤一介在他代表作《瞩望新轴心时代》中指出：“人类文明的每一次发展都会回到原点去考虑如何发展的问题”，那么“我们能不能考虑新轴心时代，中国文明到底能不能对人类作出巨大的贡献？”只有“人”的文化，才可能将中国现实与孔子、马克思及现代西方人最广泛地沟通起来，实现中华各民族、现实与历史、中国与世界的“大同”。应当像欧洲当年文艺复兴那样，重新从春秋百家出发，广纳2000多年来的一切先进文化，创新中华文明，为中华民族复兴提供强大的精神动力！

30 年前，著名历史地理学家谭其骧曾经在复旦大学“儒学思想与未来社会”国际学术会上明说：

> 我认为中国之所以曾长期持续发展，汉族之所以长期屹立于世界民族之林，这主要是因为长期吸收各种文化，兼收并蓄，不排斥其他优秀文化……现在如果提倡儒学，事实上已经回不到孔子那里去，倒很可能回到明清时代的程朱理学、陆王心学那一套东西上去。

现在提倡儒学很可能回到明清时代的程朱理学那一套东西上去，我是很相信并很当心的，但对回不到孔子那里去之说，我还是存疑的。“历史主义”创始人库恩有个著名观点：新范式取代老范式，靠的不是范式之间的你死我活的论战，而是靠它对新一代人的吸引力。正是基于此，我创作小说《孔子浪漫史》，试图突出孔子的人性与诗性。我坚信：只要人性与诗性对新一代人具有永恒的吸引力，终将赢得世界！

四、文化上的“狗脚松”与“老鸡头”

较普遍认为，明清时期是一个相对停滞的时代。德国著名哲学家赫尔德生动地描述当时中国的状态：

> 这个帝国是一具木乃伊，它周身涂有防腐香料、描画有象形文字，并且以丝绸包裹起来；它体内血液循环已经停止，就如冬眠的动物一般。

这段文字很生动，也很深刻，但我觉得这些比喻不够贴切。木乃伊是死的，而明清虽然停滞但还活着。

高山草甸植物长不高，那是受气候影响，有外部条件制约。可是，在武夷山脉东西两侧，即江西东部与福建西部一些海拔仅一两百米的山峦，也有好些松树长不大，跟高山草甸上的松树一样，我家乡俚语称之为“狗脚松”。我特地向林业部门的友人讨教过，他们说那叫“马尾松”。可是查资料，有些挺拔耸天的苍松也叫“马尾松”。在京城长安街中国石油门前绿化带中也见到过这种矮小松树，该是“黄山松”之类风景林吧？我更糊涂了，还是让我称之“狗脚松”吧！这种松树的特征是，让它活百年千年也不成材，因为它自己拒绝成长。

要说中国不重武，显然冤枉。自从盘古开天地，没有几天不打仗。早在西周之初，官方就要求学生掌握“六艺”：礼、乐、射、御、书、数，其中“射”就是射箭的技艺。然而，在漫长的冷兵器时代，儒家却不将射箭作为军事项目，而只作为一种体育活动，一种礼仪，甚至只作为一种修身养性培养君子风度的方式。直到清朝仍然一年年沉醉于射礼，而将马戛尔尼带来的礼品——“轻便铜制野战炮”拒之门外。讲谈社《中国的历史》评述：郑成功威胁清除后，“清朝几乎从未在海上花费力气。当英国船舶处于技术高速革新之时，中式帆船却在17世纪之后几乎毫无改变”。林则徐有着比较清醒的认识，他认为只要从广州海关税收中拿出1%用于海防，就可以对付英国的武力进攻，但他只能守好他权限内的广州，只能在家信中深表担忧，眼睁睁等着国家和自己的悲剧到来。

如此像“狗脚松”一样顽固拒绝阳光春风、大地沃土的拥抱，死死不让根系、枝叶自由发展，它怎么可能长成参天大树？

不过，说“狗脚松”只不过揭示现象。那么，它为什么会是“狗脚松”？如果说马尾松在高山长不大是因为气候环境，那么它在低海拔山峦为什么也长不大？在南方长不大，在北方也长不大？在荒山野岭长不大，在京城帝都享受着至尊护养还长不大？可见更主要取决于它自己的选择，换言之就是它的基因，即特定的文化。

柏杨曾在一次演讲中说：

任何一个民族的文化，都像长江大河，滔滔不绝地流下去，但因为时间久了，长江大河里的许多污秽肮脏的东西，像死鱼、死猫、死耗子，开始沉淀，使这个水不能流动，变成一潭死水，愈沉愈多，愈久愈腐，就成了一个酱缸，一个污泥坑，发酸发臭。

于是有“酱缸文化”之说。我觉得这比喻也有些问题：酱毕竟是一种美味，即使用死鱼之类酿造也是化腐朽为神奇。前不久，韩国为接待美国总统特朗普，还用了一款“360 年历史的精酿酱油”蘸牛排，这老酱油比美国建国还早一个世纪，以示特别重视。可见，以“酱”比喻传统文化之弊，显然与他想要批评的初衷不符。唯有一点沾边，那就是愈酿愈黑，与“厚黑学”相符。

因此，我想说中国历史有一种“老鸡头文化”。民谚曰“十年的鸡头赛砒霜”，就是说鸡越老，鸡头的毒性越大。鸡在啄食中会吃进含有害的重金属物质，这些重金属主要储存于脑组织中，鸡龄越大，储存越多，毒性就越强。

我们有些传统文化就像老鸡头，越老毒性越大。老鸡头不会长智慧，不会新陈代谢，只会积储毒素。先秦儒家有些毒素但不大，到汉儒增大些，宋儒更大。清初思想家、教育家颜元慨然指出：“误人才，败天下事者，宋人之学也。”

不要简单地说中国历史多文明，或者多不文明，问题在于，越是后面的王朝就越像老鸡头一样积淀了越多的毒素。帝王换了一个又一个，每一个都汲取以往帝王的“统治经验”——毒素，才使得越后来的帝王越像老鸡头了。

前文梳理“孔子的笼子”，着眼于对于权力的约束，几千年渐行渐远。其实，整个儒家文化给我的都是这种感觉。“德治”“仁政”之类字眼几千年不离口，甚至独尊，不许言他，结果呢？野蛮之法“族刑”，所能追溯最早是儒家所推崇的“圣王”夏启和商汤，虽有“成康之治”时“刑措四十余年不用”，《孟子》疾呼“父子兄弟，罪不相及”，可是西汉株连由 3 族增至 5 族，随后又增至 9 族，明朝竟然多达 10 族，如果没那么多族人可株的话，连其河对岸的邻居也得遭殃。

中国历史悠久，文化底蕴丰厚，成语典故像数不清的城砖一样沉甸甸的。我最常想到的成语典故是画饼充饥、刻舟求剑、作茧自缚、削足适履，等等。当然，我记忆中也有不少美好的诗词，如“江山不夜月千里，天地无私玉万家”。不要抱怨“狗脚松”的土壤与气候，不要抱怨“老鸡头”的饲料，而要问它自己选择了什么、摒弃了什么。

五、超越中兴

华丽转身换言之就是改革，准确说是正确的改革，好的改革，进步的改革。

中国人对改革很早就有着清醒的认识。如果说宋朝是改革的时代，那么春秋更是，且前者多失败，后者多成功。赵武灵王深有感触地说：“循法之功，不足以高世；法古之学，不足以制今。”刘彻无奈地叹道：“汉家庶事草创，加四夷侵陵中国，朕不变更制度，后世无法；不出师征伐，天下不安。”范仲淹总结：“历代之政，久皆有弊，弊而不救，祸乱必生。”只可惜后儒越来越保守，而帝王无法突破那一私字的樊笼，历史上的改革失败多，成功少。所谓“中兴”，是中华民族历史上改革成功的典范。改革不是中兴的充要条件，并非只要一改革就能复兴。但改革是中兴的必要条件，没有改革就没有复兴可言。马勇老师在为拙著《危世图存——中国历史上的15次中兴》所作的序中说：

> 这部书在某种意义上说就是《旧制度与大革命》的中国版，或者说是中国例证、中国范式。
>
> ……

《旧制度与大革命》曾受王岐山公开推荐。法国当时对旧制度的大革命造成一连串悲剧，中国历史上对旧制度的改革则有15次成功，从而说明改革比革命好。马老师这话还有一层意思，众所周知，后世的所有革命者和统治者几乎都推崇《旧制度与大革命》，但托克维尔对他的妻子说："这本书不会讨好任何人，只有爱自由的人才会喜欢它。"他以翔实的史料证明革命不是发生在压迫最重的时期，而是压迫开始减轻时；经济繁荣不能为专制政权带来合法性，只会加速革命的到来，进而告诫人们：改革一旦开始，万万不可停止！

梳理完历史上的15次中兴，我觉得最大的遗憾是：中兴往往成为"回光返照"的代名词，"盛世"之余常常伴随着"末世"。因此，不能满足于一时的中兴，而应当不断深化改革。

六、"误国家者在一私字，困天下者在一例字"

我对慈禧曾经很反感。稍微想想，比如玩弄权术将光绪囚为傀儡，血腥扼杀"戊戌变法"，自私地挪用海军经费为自己贺寿等，很容易找到一堆反感的理由。然而，深入读些历史，又不能不予以一定理解与赞赏。政治人物善变，我读史感慨最深的是"明君难终"，慈禧则相反：昏君终明，华丽转身。前一类太多，后一类凤毛麟角。

八国联军入北京，慈禧打扮成农妇急忙"西狩"。逃亡之路是狼狈的，侥幸没被八国联军打死，逃到了西安。更值得庆幸的是，慈禧在那里面壁思过，痛定思痛，深刻反省，终于认识到一系列悲剧的根源。1901年初，她以光绪的名义发布《新政上谕》，沉痛指出：

> 我中国之弱，在于习气太深，文法太密；庸俗之吏多，豪杰之士少；公事以文牍相来往而毫无实际，人才以资格相限制而日见消磨。误国家者在一私字，困天下者在一例字。

所谓"例"，惯例，循例，法祖，而不改革。历代危机的根源就在于统治者太自私，拒绝深化改革。这总结太到位了！

想当初，满族统治者也是勇于并善于改革与革命的，否则怎么可能从东北一隅入主中原？而如果康雍乾不囿于“私”与“例”，何至于鸦片战争？如果慈禧当年不囿于“私”与“例”，何至于八国联军之灾？

其实，此言不仅是慈禧个人实际执政近半个世纪的切身体会，也不止清朝历史的总结。遥想当年，秦国改革为什么成功？就因为秦孝公不“私”不“例”，许以分封大赏，向天下广招变法人才。卫国的商鞅前来应聘，如期实现国富兵强目标，秦孝公兑现许诺，真要将王位让给商鞅，只是他不敢接。这说明秦孝公大公无私，以国家根本利益为重，而不囿于自己一家一族之私。秦惠王虽然出于私仇杀了商鞅，但坚持改革开放，继续重用大批外籍能臣，如魏人张仪等，进一步为秦始皇统一全国打下良好基础。

慈禧能在死之前七八年认识到这一点，算是有幸，可惜她没能将此作为政治遗产传下去。如果载沣他们能继承她这份政治遗产，稍不“私”一些，“宣统四年”何至于毁在那份名单上？何至于辛亥革命？何至于“宗社党”喋血？载沣他们看似维护满清小私利，其实误了他们的大私利。

改革是让天下人不“困”的伟大事业，需要天下人不囿于“例”字。

七、今后历史可望呈“射线式”

“天时”在四百年前就开始巨变了，从弱肉强食的丛林时代开始步入民主和平的文明时代。这步伐虽然迄今蹒跚，曲折艰难，但依然势不可当。有人认为当前疫情是压倒“全球化”的最后一根稻草，实难苟同。受此影响，“全球化”会更多些弯路是可能的，但此势不可能逆转。

在这几本历史随笔当中，我都努力强调一点：人民不死，国之永恒。因为虽然国际矛盾不可能没有，战争仍然时常发生，但毕竟走出了丛林时代，在联合国的保护之下，弱小国家也不大可能再有亡国之忧。今后每个国家的历史，都可望不再呈环链式，而呈射线式，相对平稳地、永恒地向前发展。

生活于这样一个时代，比之于历史上所有人都更幸运。

周公们就发现“天时”也不是一成不变的。当今天下，科学技术仍然呈突飞猛进之势，工业革命像昨天一样刚过去，今天我们正在经历着互联网革命，而人工智能革命的脚步声越来越响，人们对于社会的认识不可能停留于历史上的某一时刻。因为世界正在变为“地球村”，“地利”已不是重要因素了。只有“人和”，顺应“天时”之变，不“困”不“例”，不断深化改革，才可能让我们今后的历史呈射线式发展。

读史不应当满足于明一言一事之智，而应当明了历史整体或其中某些方面从过去而来、从今而去的大致之势。

主要参考书

1.《二十四史》，中华书局 2009 年版。

2. 张习孔等:《中国历史大事编年》，北京出版社 1997 年版。

3. 柏杨:《中国人史纲》，同心出版社 2005 年版。

4.〔美〕黄仁宇:《中国大历史》，生活·读书·新知三联书店 2007 年版。

5.〔英〕崔瑞德等:《剑桥中国史》，中国社会科学出版社 1992 年版。

6.〔日〕讲谈社:《中国的历史》，广西师范大学出版社 2014 年版。

7.〔英〕塞缪尔·E. 芬纳:《统治史》，华东师范大学出版社 2014 年版。

8. 漆侠:《中国改革通史》，河北教育出版社 1997 年版。

9.〔加拿大〕卜正民:《哈佛中国史》，中信出版集团 2016 年版。

10. 卜宪群:《中国通史》，华夏出版社 2016 年版。

11. 李学勤、郭志坤:《细讲中国历史》丛书，上海人民出版社 2015 年版。

12. 姚大中:《姚著中国史》，华夏出版社 2017 年版。

13. 许倬云:《万古江河》，湖南人民出版社 2017 年版。

14. 马勇:《重寻近代中国》，线装书局 2014 年版。

15.《资治通鉴》，长征出版社 1999 年版。

后 记

这本小书主要是在本人以下著述基础之上新写的:《历史上的60年》(福建人民出版社，2009)、《中国盛世》(新华出版社，2014)、《家天下是如何倒掉的》(新华出版社，2015)、《危世图存》(新华出版社，2016)、《历史的季节》(华夏出版社，2019)。甚至可以说这是我几本历史随笔的精华，或者说我几十年读史所获的大总结。

近年来,《学习时报》给我以极大鼓励，我在上面发表了多篇历史随笔。特别是2018年初，习近平总书记到中央党校讲课，提及秦二世而亡的教训，《学习时报》责编曹颖新老师特约我写一篇相关文章。我既感到荣幸又感到紧张。2000多年来秦二世而亡被无数人谈过，拾人牙慧容易，另辟蹊径难。思考了几天，我将自己这些年来所关注的创世、盛世、危世与末世串连起来看，似乎豁然开朗，更清晰地看到短命王朝与长寿王朝的基本原因所在，写了《强而无韧的秦王朝》一文。这篇文章见报后获中共中央党校（国家行政学院）领导的好评,《作家文摘》等媒体作了转载，所以还将此改为我系列随笔的总自序。现在中共中央党校出版社又出版我这本小书，李云、王玉兰老师及《学习时报》责编陈思老师热情予以诸多具体指导和帮助。此外，女婿郑家齐协助制作了《中国历史兴衰一览图》，福建省文艺创作（泰宁）基地为我回乡生活与写作提供了便利，一并鸣谢!

2020.03.30 于厦门